35년차 의사가 바라본 삶, 과학,
그리고 한국 사회 이야기

나는 오늘도
인간을 진단한다

나는 오늘도 인간을 진단한다

조항준 지음

35년차 의사가 바라본 삶, 과학,
그리고 한국 사회 이야기

렛츠북

서언

필자는 30년 이상의 진료와 사회생활을 통해 수많은 분을 만나고 그들과 소중한 대화를 나눴습니다. 그중 의미 있고 유용한 주제라고 생각되는 것들을 정리했습니다.
각계각층이 전하는 삶의 이야기를 듣다 보면, 비록 짧은 내용이라도 그냥 흘려보내기 아쉬운 것이 많았습니다. 그런 것들이 이 책의 주요 의제가 됐습니다.

다만 대화 내용의 대부분은 고객이 준 메시지를 근간으로 필자가 임의로 각색한 것이며, 특히 사회 편의 약 90%는 픽션입니다. 글 읽기와 이해의 편의를 위해 대화의 방식을 택했으나, 고객이 한 말의 대부분 또한 필자의 생각임을 밝힙니다. 즉 이 책에는 필자가 평생을 통해 알게 된 지식을 풀어낸 자전적 내용이 주를 이룹니다.
사회적 대화의 상대 역시 편의상 '고객'으로 칭했습니다. 물론 고객의 정보 보호를 위해 구체적인 신상은 알 수 없도록 유의했습니다.

1부 의료 편에서 가장 중점을 둔 부분은 '과학적 사고'입니다. 한국에서는 건강 및 의료 분야에 있어 아직도 자의적 판단과 행위가 성행합니다. 건강과 질병에 대처하는 데 있어 심리적 요인이 작용하는 것은 맞지만, 과학적 사고와 합리적 이해가 전제되지 않으면 원치 않는 결과를 초래할 수 있습니다.
또한 국내 시중의 서적은 물론, 매스컴이나 SNS에서도 너무나 많은 잘못된 지식이 난무합니다. “이렇게 해라, 저렇게 해라”, “이걸 먹어라, 말아라” 하는 식이죠. 심지어 의사가 나와서 하는 말조차 믿어야 할지 혼란스러울 때가 많습니다. 필자는 이 부분에 대한 해답의 실마리를 제공하고자 했습니다.

2부 사회 편의 경우, 필자가 각색하는 과정에서 다소 이상에 치우친 경향이 있습니다. 그러나 사회와 관련된 어느 글이나 책에서 이상을 지향하는 건 자연스러운 일이라고 생각합니다.
우리 사회는 풍요로운 경제력을 자랑하며 이제 누구나 잘 먹고 잘살 만한 시대가 되었습니다. 그런데도 학생, 청년, 부모, 노인 할 것 없이 힘들지 않다는 사람을 찾기 어렵습니다.
“한국은 과연 소박하게 벌어서 소박하게 쓰고 사람들의 삶이 대체로 평등하여 회사원, 자영업자 할 것 없이 누구나 평범한 행복을 누릴 수 있는 나라인가?”
이 물음에 대한 답을 찾아가며, 필자는 우리 사회의 과도한 경쟁과 불평등이 해소되어 모두가 보편적 행복에 한 걸음 더 다가가길 바라게 되었습니다. 또한 다음 세대의 청년들이 집 걱정, 교육 걱정 없이 아이를 낳고 잘 키울 수 있는 나라가 되길 바라는 마음을 담았습니다. 2부 곳곳에는 필자가 생각하는 '행복하게 사는 다양한 방법'도 함께 제시했습니다.

1장 '세상 사람들 사는 이야기'에서는 외국에서 지내다 온 분들과의 대화를 통해 한국의 문제점을 조명했습니다. 이는 외국으로부터 배울 점을 찾기 위함입니다.

2장 '우리들 사는 이야기'에서는 우리 사회의 여러 문제를 다루며 다소 부정적인 시선을 담았고, 3장 '잘 사는 이야기'에서는 제목 그대로, 잘 사는 분들과 나눈 긍정적인 이야기를 수록했습니다. "자기계발서를 쓰는 가장 큰 이유는 저자 스스로 그러하지 못하기 때문이다"라는 말이 있습니다. 같은 맥락에서 3장의 교훈들은 바로 저 자신이 가장 먼저 새겨야 할 내용임을 밝힙니다.

참고문헌은 책의 뒷부분에 정리했습니다. 그중 일부 인터넷 자료는 출처를 명확히 밝히지 못한 부분이 있음을 양해 부탁드립니다. 다만 인용한 내용은 단순히 옮겨 적은 것이 아니라, 충분히 이해하고 습득한 후 필자 나름의 소견을 더해 기술했습니다.

필자는 이 책을 쓰며 메모의 중요성을 절실히 깨닫게 되었습니다. 불과 몇 시간만 지나도 기억이 사라지곤 했기 때문입니다. 약 10년에 걸친 세월 동안 그렇게 기록한 것들이 모여, 제 능력에 비해 다소 과다한 분량이 되었습니다.

이 책이 세상에 나올 수 있도록 도와주신 렛츠북 출판사 류태연 대표님께 깊이 감사드립니다. 또한 이 책을 읽어주시는 모든 분께 진심으로 감사드리며, 신실하게 하나님을 모시는 아내와 가족, 그리고 모든 친지분께도 감사의 마음을 전합니다.

2025년 12월

조 항 준

목차

1부

의료 편

1장. 건강 이야기

° 아픈 데가 너무 많습니다

필자: 어디가 아프세요?

고객: 늘 기운이 없어서 활력이 없고 소화도 안 되고 불면증에 시달립니다.

필자: 그런 건 많은 사람이 겪는 흔한 증상입니다.

고객: 전 젊을 때부터 그랬네요.

필자: 재밌는 일을 만드세요. 사는 게 재미없으면 여기저기 아프다고 합니다.

고객: 재밌는 일이 뭐가 있겠습니까? 몸이 안 좋으니 그런 것도 없죠.

필자: 그래도 취미나 운동을 해야 합니다. 그게 약보다 좋은 치료법입니다.

고객: 하던 것도 다 그만뒀습니다.

필자: 본래 인간은 약하지 않습니까? 몸은 추위를 못 이겨서 옷으로 보호해야 하고, 발바닥은 지나치게 부드러워서 신발을 신어야 하죠. 언젠가 돌고래가 참 살기 편하겠다는 생각을 한 적이 있습니다. 인간이란 이 닦고, 샤워하고, 공부해야 하고, 돈 벌어야 하고, 이 모든 게 얼마나 귀찮고 어렵습니까? 돌고래는 그저 먹이 먹고 새끼만 낳으면 되죠. 만일 죽어서 다시 태어난다면 돌고래가 좋겠더군요. 그런데 어느 순간 그 생각을 접었습니다.

고객: 이유가 뭡니까?

필자: 어느 날 TV를 통해 돌고래 위장관에 엄청나게 많은 고래회충이 기생함을 목격했습니다. 회충의 크기도 징그럽게 크더군요.

고객: 어이가 없네요. 원장님이 뭐가 아쉬워서 돌고래를 부러워합니까? 차라리 하늘을 나는 새가 되지 그러세요. 이왕이면 독수리가 좋겠습니다.

필자: 그게 돌고래보다 낫겠군요. 이번에는 우리가 사는 지구 얘기를 한번 해볼까 합니다.

고객: 뜬금없이 또 무슨 말씀을 하려는 건지?

필자: 밤에 하늘을 보면 금성을 쉽게 찾을 수 있습니다. 금성이 새벽에만 보이는 건 아닙니다.

고객: 천문학에도 관심이 있습니까?

필자: 천문학은 아니고 건축이 하고 싶어서 중·고교 때 낙서 삼아 건물이나 주택의 도면 그리는 걸 자주 했습니다. 아무튼, 금성은 본래 지구와 쌍둥이별이라고 합니다. 크기가 비슷한 두 개의 별이 일정한 거리를 두고 같이 다니는 걸 말하죠. 그러다 서로 이끌려 부딪히기도 하는데, 금성과 지구가 먼 과거에 그랬다고 합니다.

고객: 두 별이 충돌했다니 언뜻 믿기지는 않네요.

필자: 아마도 수억 년 전 인류가 태어나기도 훨씬 전의 일이고, 천문학자들이 현대의 물리학적 지식을 근거로 추정하는 거죠. 그런데 지구와 충돌한 후 금성의 자전주기가 현저히 느려졌다고 합니다. 그렇게 되면 극지방을 중심으로 생성되는 자기장이 덜 나오게 되죠. 이 자기장은 태양으로부터의 유해 물질을 차단하는 역할을 합니다.

고객: 그래서 금성은 생명체가 살기 어렵다는 얘기네요.

필자: 더구나 충돌하면서 금성이 태양에 가까워지고 불덩이가 되면서 결국 불모지가 되고 만 겁니다. 참고로 태양계에는 물이 있는 행성이나 위성도 있다고 합니다. 그러나 아무 생물도 잉태할 수 없는 얼음의 형태라고 하죠.

고객: 그런데 대체 그런 게 제가 아픈 것과 무슨 상관이 있습니까?

필자: 그건 나중에 말씀드리고 하던 얘기를 이어보겠습니다. 태양계에는 8개의 행성이 있습니다. 최근 명왕성이 행성의 지위를 잃어서 8개입니다만, 현대 기술로 명왕성을 넘어 태양계 변두리까지 갈 수 있는 우주선이 있습니다. 그 우주선은 무중력의 탄력을 받아 총알의 20배 속도로 달려감에도 그곳까지 가는 데 20년이 걸린다고 합니다. 우주선이 목성을 넘어서는 쉬는 기간이 있어서 그렇다고는 하지만, 그만큼 태양계는 거대한 것입니다. 그러나 태양계도 우리은하의 한 점일 뿐이죠. 우리은하에는 별이 4천억 개나 있다고 합니다. 우주로 범위를 넓혀보면 가까운 안드로메다은하의 지름은 우리은하의 두 배 정도고, 별의 수는 무려 1조 개라고 합니다. 이런 은하도 우주의 크기에 비하면 해수욕장의 모래 한 톨도 안 되는 것입니다. 더구나 이 거대한 우주는 지금도 빠른 속도로 확장하는 중입니다. 우주는 정말 커요. 그 안에 수도 없이 많은 별이 있지만, 우주에서 물질이 차지하는 비율은 4%밖에 안 되고 96%는 공간이라고 합니다.

고객: 우리가 사는 지구 같은 곳이 또 있을까요?

필자: 충분히 있을 겁니다. 다만 지구와 똑같지는 않겠죠. 흔히 말하는 외계인도 인간을 닮은 것이 아니라 미생물이나 벌레의 형태

일 가능성이 더 클 겁니다.

고객: 외계인이 아니라 외계 생물이 더 맞겠네요.

필자: 인간은 지구의 환경이 조금이라도 변하면 살 수 없게 됩니다. 예컨대 태양의 활동이 변하거나 달, 목성 등의 중력이 변하면 인간은 멸종하게 되는 거죠. 바꾸어 말하면 딱 지금과 같은 환경이어야만 인간이 살 수 있는 겁니다.

고객: 혹시 우리가 살아있는 건 기적이라고 말하고 싶은 겁니까?

필자: 맞습니다. 인간은 누구나 기적입니다.

고객: 그렇지만 아픈 건 어쩔 수 없죠.

필자: 기적과 같은 삶에서 여기저기 조금씩 아픈 건 어찌 보면 사소할 수도 있습니다.

고객: 돈을 잃으면 조금 잃는 거고, 명예를 잃으면 많이 잃는 거고, 건강을 잃으면 다 잃는 거라고 합니다.

필자: 그래도 오래 사실 겁니다.

고객: 이렇게 아픈데 오래 산다고요?

필자: 당뇨나 고혈압 같은 큰 병은 없죠?

고객: 다행히 그런 건 없네요.

필자: 비만하지도 않으시고.

고객: 보다시피 마른 편입니다.

필자: 칼슘 보충에 신경 쓰세요. 마른 분들은 골격계만 튼튼하면 큰 문제 없이 오래 사실 수 있습니다. 우유를 하루에 2잔 정도 드시길 권합니다.

고객: 제 말씀을 흘려들으십니다. 이렇게 아픈데 오래 산다니….

필자: '골골백세'라고 하죠. 어느 정도 맞는 말입니다.

고객: 이렇게 부실한데 오래 산다고요?

필자: 그렇습니다. 큰 병은 없으니 걱정하지 마세요.

고객: 믿어도 되는지 모르겠습니다.

필자: 살다 보면 늘 피곤하고, 한 번씩 속도 쓰리고, 설사도 잘하고, 이명이라고 해서 귀에서 소리도 나고, 비문증이라고 눈에 뭔가가 떠다니기도 하고, 어지럽기도 하고, 머리도 아프고, 여기저기 가렵고, 허리도 아프고, 어깨도 굳어서 잘 안 올라가고, 심지어 발바닥도 아픕니다.

고객: 전 어지럼증도 심합니다.

필자: 참고로 지구의 자전, 공전 속도가 각각 1,670km/h, 10만km/h입니다. 즉 지구는 태양계에 떠서 정신없이 돌고 있는 공입니다. 사람이 100km/h로 달리는 차에 타도 그런데 그 속도에 어지럽지 않을 재간이 있겠습니까?

고객: 그건 관성 때문에 어지럽지 않고 지구 표면에 잘 붙어있는 거라고 합니다. 그렇다면 지구상의 모든 사람이 어지러워야겠네요.

필자: 저도 3년 전에 어지럼증이 심했던 적이 있습니다. 그런데도 저절로 잘 낫더군요. 이뿐 아니라 방금 언급한 모든 증상도 제가 한 번씩 다 겪은 것들입니다.

고객: 원장님은 의사니까 치료도 알아서 잘했겠죠.

필자: 위내시경 등 검사는 몇 가지 해봤지만 별다른 치료를 한 것도 없고, 대부분 저절로 잘 나았습니다.

고객: 그렇지만 여기저기 아프면서 오래 살아서 뭐하겠습니까?

필자: 그러니 취미나 운동을 반드시 하라는 겁니다.

고객: 그런 걸 할 의욕도 없습니다.

필자: 그래도 찾아야 합니다. 억지로라도 삶의 활력이 될 만한 걸 찾

아야 합니다.

고객: 체력이 안 따라주네요.

필자: 그렇다면 취미는 영화 감상 등의 정적인 것부터 시작하세요. 운동이라면 가볍게 하면 되죠. 이래저래 즐겁게 살지 못할 핑계만 대고 있을 수는 없습니다.

고객: 나 같은 사람이 많다고 했던가요?

필자: 누구나 자기 병은 특별하다고 생각합니다. 그러다 병원에 가면 똑같은 사람이 많다는 걸 알고 놀라다가 이내 적잖이 안심합니다. 사소한 병에 너무 집착하면 정신신체장애(Psychosomatic Disorder)나 건강염려증(Hypochondriasis)에 걸릴 수 있죠. 그러니 안심하고 즐겁게 살 궁리부터 해보세요.

° 모든 병의 95%가 자연치유 된다고 하더군요

필자: 맞는 말입니다. 인간의 자연치유 능력은 대단하죠. 인간뿐 아니라 지구상의 모든 생물이 그러하니 신의 축복이라고 하지 않을 수 없습니다.

고객: 한 가지 아쉬운 건 신이 치아를 왜 이렇게 부실하게 만들었는지 모르겠어요. 지금도 치과에 다니고 있는데 무척 힘들고 불편합니다.

필자: 동감합니다. 상어는 이가 끊임없이 재생된다는데 인간은 왜 그런 능력이 없는 건지.

고객: 따지고 보면 불편한 게 한두 개가 아니죠. 애 낳는 것도 새처럼

알을 낳으면 편할 겁니다.

필자: 기발한 생각이네요.

고객: 그리고 다른 모든 부위가 멀쩡해도 한 군데만 아프면 사람이 제대로 살아가기가 어렵지 않습니까? 손가락에 가시 하나만 박혀도 아무 일도 못 하게 되죠.

필자: 단 한 개의 장기 이상으로 전체 생명을 잃는 것도 따지고 보면 억울한 일입니다.

고객: 불평을 늘어놓긴 했으나 저 역시 인간의 치유 능력은 대단하다고 생각합니다. 상처가 낫는 것만 봐도 그렇죠. 저절로 메꿔지니까요.

필자: 저도 오래전 학생 때 실습을 돌다가, 대수술을 받고도 2주 만에 멀쩡한 환자를 보고 자연치유의 힘을 알게 됐습니다.

고객: 그래도 수술받았으니 살았겠죠.

필자: 수술 후에는 온전히 환자의 몫입니다.

고객: 자연치유 되는 병에 걸리면 '마지막에 만나는 의사가 명의'라고 합니다.

필자: 이것저것 다 해도 안 되더니 저절로 나을 때쯤 만난 의사가 마치 다 낫게 해준 것처럼 착각하게 되는 거죠.

고객: 수술이나 항암치료까지 다 하고 산에 들어가서 무슨 약초나 물을 먹고 암이 나은 것처럼 착각한다는 얘기는 들었습니다.

필자: 그런 얘기가 많습니다. 뭘 먹고 나았다는, 그런 얘기들 말입니다. 의심부터 해야 할 일입니다.

고객: 대부분 자연치유 된다면 의사가 하는 일은 뭡니까?

필자: 주로 병의 경과를 줄이고 불편을 해소하는 겁니다.

고객: 경과를 대폭 줄일 수 있습니까?

필자: 병에 따라 다르죠. 우선 현대의학은 외과, 수술 분야에서 획기적인 성과를 자랑합니다. 암에 대해서도 경과를 대폭 줄인 건 물론이고 생존율을 현저히 높였습니다. 항생제의 발전으로 세균에 의한 전염병도 대폭 줄었죠. 한국을 비롯하여 문명화된 국가에서는 이질, 콜레라, 장티푸스, 파상풍, 디프테리아, 페스트 같은 병은 찾아보기 어렵습니다.

고객: 항생제는 바이러스도 치료합니까?

필자: 항생제로는 세균만 치료하며, 바이러스에는 항바이러스 치료제가 쓰입니다.

고객: 문제는 바이러스 아닙니까? 특효약이 없다고 하더군요.

필자: 사실입니다. 아직 인류는 바이러스에 의한 질병을 제대로 치료하지 못합니다. 또한 암에 대해서도 수술 방법은 좋아졌지만, 항암제는 기대에 미치지 못합니다. 즉 항바이러스제와 항암제가 의료계의 숙제인 셈이고, 이를 잘 만들어 낸다면 인간의 평균 나이를 30년은 더 높일 수 있을 겁니다.

고객: 신약이나 신기술이라고 발표되는 것들은 많습니다.

필자: 임상시험을 거의 완벽하게 거쳤음에도 그 효과가 미진한 경우가 많습니다. 더구나 연구 단계에서 미리 정보를 공개하기도 하죠. 심지어 회사의 주가를 올리기 위한 것인지 의심스러울 때도 있습니다.

고객: 의사가 모든 병의 경과를 대폭 줄이는 건 아닐 겁니다.

필자: 물론 그렇습니다. 솔직히 결과적으로 하나마나 한 치료도 많습니다.

고객: 효과가 없음에도 치료한다는 겁니까?

필자: 그럴 리는 없겠으나 결과가 예상과 달리 좋지 않을 때도 많다

는 겁니다. 이럴 때 의사 또한 자연치유의 힘을 기대하게 됩니다.

필자: 환자에게 치료적·경제적 편익이 없는 과잉 진료가 있다고 합니다.

필자: 그 또한 어느 정도 사실입니다.

고객: 환자가 과잉 진료를 알 수는 없겠죠?

필자: 환자뿐 아니라 치료하는 의사조차 모르기도 합니다. 의사 스스로 효과가 없는 걸 있다고 착각하는 거죠.

고객: 큰일이네요. 제대로 교육받고 면허증을 취득한 의사가 그럴 수 있다는 말입니까?

필자: 그래서 의사는 임의로 치료해서는 안 됩니다. 교과서나 논문을 근거로 치료해야죠. 만일 자신이 새로운 방법을 개발했다면 치료 전에 논문을 내고 철저한 검증을 받은 후에 환자에게 적용해야 합니다. 이러한 과정 없이 자기 멋대로 치료하면 그때부터는 의사가 아닌 게 되는 겁니다.

고객: 교과서에서 배운 대로 치료하면 되겠죠.

필자: 학생 때는 교과서로 공부합니다. 이후 전공의부터는 교과서보다 논문을 통해 새로운 지식을 얻게 됩니다. 따라서 전공의 때는 논문 찾는 게 일이었고, 그로 인해 스트레스도 많았습니다. 다만 논문도 엉터리가 많으니 잘 골라서 봐야 합니다.

고객: 어떻게 골라야 합니까?

필자: 외국이나 국내의 유명한 의료 저널에 실린 논문이라면 믿을 만합니다. 그러나 신기술과 관련된 논문이라면 그 또한 의심을 잃지 말아야 합니다.

고객: 요즘은 인터넷으로 다 찾지 않습니까?

필자: 이렇게 좋은 시절이 올 줄도 모르고 당시는 고생했습니다.

고객: 그렇게 고생해서 제대로 된 치료를 했음에도 더 나빠지기도 합니다. 종종 의료사고라고 언론에 뜨기도 하죠.

필자: 의료사고는 확률상 어쩔 수 없이 일어납니다. 의사의 실수나 잘못이라면 당연히 의사가 책임져야 하지만, 최선을 다했음에도 불가피한 일이었다면 의료인 배상보험이나 국가 재원의 도움을 받아야 할 겁니다.

고객: 다시 자연치유로 돌아가서 내 병이 자연치유 될 수 있는지 아는 방법이 있습니까?

필자: 좋은 질문이네요. 우선 주치의에게 물어보는 게 좋습니다.

고객: 그런 얘기는 안 해주더군요. 자연치유 된다면 병원에 안 올까 싶어서 그런가.

필자: 경과를 줄이는 것도 중요하니 병원을 피할 이유는 없겠죠. 힌트를 드리자면 해당 질병으로 2년 이상 고생하거나, 사망이나 불구가 되는 사람이 없다면 자연치유 된다고 보면 됩니다.

고객: 내가 앓고 있는 병으로 오래 고생하는 사람이 있는지 알아보라는 건가요?

필자: 예컨대 오십견이 있는 50대라면 같은 병으로 70세가 넘도록 오래 고생하는 사람이 있는지 알아보는 겁니다. 아마도 거의 찾기 어려울 테니 오십견도 자연치유 된다고 할 수 있습니다. 달리 말하면, 노년층에게서 발견되지 않는 병은 대부분 자연치유 되는 거라고 볼 수 있습니다.

고객: 오래 살면 치매의 확률이 높아집니다. 예전에는 치매를 죽기 전에 누구나 겪는 노화 과정으로 여겼습니다만, 요즘은 질병으로 본다고 하더군요. 치매는 치료할 수 있습니까?

필자: 어렵습니다. 치료제나 뇌기능개선제가 있지만 그 효과가 뚜렷하지는 않습니다. 만일 치매가 자연치유 된다면 머리가 세월을 역행해서 좋아진다는 얘기가 될 겁니다.

° 먹으라는 게 너무 많네요

필자: 예전에 무릎 관절이 아픈 할머니들이 고양이를 삶아 먹었다고 합니다. 고양이의 점프력이 뛰어난 걸 보고, 그처럼 건강한 관절을 만들어 보겠다는 생각이었죠.

고객: 뭐에 좋다는 먹거리가 왜 그렇게 많은지 그거 다 챙겨 먹다가는 밥 안 먹어도 배부를 지경입니다.

필자: 돈도 만만치 않게 들죠.

필자: 의사가 직접 TV에 나와서 얘기하니 꼭 먹어야 할 것만 같습니다.

필자: 한국에는 '카더라 통신'이 난무합니다. TV에서 먹으라고 주장하는 의사도 반드시 그 분야에 대해 잘 아는 건 아닙니다.

고객: 의사가 잘 알지도 못하면서 말을 한다는 겁니까?

필자: 제품을 만드는 회사나 관련 단체에서 조사한 논문이나 자료를 미리 제작진에게 제공하는 경우가 많죠. 해당 작가가 내용을 각색해서 의사에게 전해주면 의사는 원고를 그대로 읽거나 외워서 코멘트하는 겁니다.

고객: 회사에서 제공한 내용은 믿을 만한 겁니까?

필자: 가끔 그것도 의문입니다.

고객: 그래도 의사가 믿을 만하니 권하겠죠.

필자: TV에 출연해서 공적인 발언을 하려면 스스로 논문을 찾아보는 수고는 해야 합니다. 그렇지 않고 사적 목적을 위해 전달받은 정보를 무조건 과학적 신뢰성이 있는 것처럼 언급해서는 안 된다고 봅니다.

고객: 사적 목적이라면 개인 홍보를 위해 나온다는 건데, 그게 문제라면 나올 의사가 없겠죠.

필자: 공신력을 위해서라면 안 나오는 게 나을 수 있습니다. 잘 모르면서 타인의 자료를 그대로 읽는 것보다는 말입니다.

고객: 양식 있는 의사라면 진실을 대중에게 알려야 하는 거 아닙니까?

필자: 선진국에서는 약이나 건강식품이 효과가 없다는 논문이 많죠. 그러나 한국은 사정이 달라서 의사들이 대체로 침묵하는 편입니다.

고객: 그럼 먹을지 말지는 어떻게 결정합니까?

필자: 저도 확실히 말씀드리지 못하겠습니다. 다만 전 세계 사람들, 특히 장수 국가 중 하나인 일본을 비롯하여 선진국 사람들이 상용해서 그 무엇인가에 효과가 있다면, 더 나아가 최소한 10년 이상 꾸준히 팔리고 있는 제품이라면 한 번쯤 먹어볼 생각을 해도 되지 않을까 싶습니다.

고객: 그 사람들은 우리와 체질이 다르지 않습니까?

필자: 그 말에는 동의하기 어렵습니다.

고객: 먹어야 한다는 것도 아니고 먹어야 할지 고민해 보라는 건가요?

필자: 그렇죠. 뭔가를 잠깐 먹는다고 건강이 매우 좋아지는 건 아닙

니다.

고객: 그 말인즉 먹어서 좋을 게 없다는 얘기로 들립니다.

필자: 사실 그것도 잘 모릅니다.

고객: 그래도 먹어서 나쁠 건 없지 않겠습니까?

필자: 결국 그런 정도의 목적일 겁니다.

고객: 몸에 좋다는 음식은 죄다 찾아 먹는 사람도 있습니다.

필자: 비만한 분이 그러다 살이 더 찌기도 하죠. 오히려 건강에 역행하는 행위입니다. 예전 못 먹던 시절도 아닌데 너무 먹는 걸 밝히는 분이 많습니다.

고객: 건강식품에 비해 약은 좋지 않다고 합니다.

필자: 병은 좋겠습니까? 병의 치료를 위해 어쩔 수 없이 먹는 겁니다.

고객: 약 대신 건강식품으로는 해결이 안 됩니까?

필자: 병에 특화된 약이 있는데 왜 효과도 불분명한 식품을 찾는지 의문일 때가 많습니다.

고객: 건강식품의 효능은 어떻게 입증합니까?

필자: 본래 건강식품은 의약품이 아니므로 특정 질병에 효과가 있다는 치료적 문구를 적시하거나 광고하지 못하게 되어있습니다.

고객: 건강식품이 질병 치료를 위한 게 아니라면 먹을 이유가 없겠네요.

필자: 오래 축적된 정보는 있습니다. 특정 약에 비해 효과는 적지만, 방금 언급하신 대로 보조적으로 먹어서 나쁠 건 없다고 생각하면 되겠죠.

고객: 병이 없는 사람이 건강 유지를 위해 먹는 식품도 있습니다.

필자: 그 또한 다를 게 없습니다. 가장 좋은 건 식단을 건강식으로 바꾸고 영양소를 생각해서 음식을 골고루 먹되 소식하는 겁니다.

고객: 너무 뻔합니다.

필자: 그 뻔한 걸 안 하고 다른 데 가서 알아보면 답이 없습니다.

고객: 누군가 그러더군요. '많이 드세요'라는 인사말은 못 먹던 시절의 얘기고, 이제는 '많이 먹고 살쪄서 일찍 돌아가세요'라는 뜻이 될지도 모르니 대신 '맛있게 드세요'나 '즐겁게 드세요'로 바꿔야 한다고요.

필자: 그보다 '조금만 드시고 오래 사세요'라고 하는 게 더 나을지도 모르겠습니다.

° 건강에 대한 정보가 너무 많아서 헷갈릴 때가 많습니다

필자: 다음 내용 중 옳은 게 무엇인지 맞춰보세요. 어지러움은 빈혈 때문이다. 눈 옆이 떨리는 건 마그네슘 부족 때문이다. 뒤 목이 뻐근한 건 혈압이 높아서 그렇다. 알레르기는 면역력이 떨어져서 생긴다. 피곤하면 주로 간이 나빠서 그렇다. 몸이 부으면 신장이 나빠서 그렇다. 팔다리가 저린 건 혈액순환이 안 좋아서 그렇다.

고객: 거의 상식 아닙니까? 다 맞습니다.

필자: 실은 다 틀린 말입니다. 어지러움은 주로 귀 안쪽 내이(內耳)에 있는 전정기관(평형기관)의 이상 때문입니다. 근육이 떨리는 건 피로나 스트레스에 의해 근육 내 산소가 부족하기 때문입니다. 목이 뻐근한 건 혈압과는 관계가 없으며 대부분 근육이 뭉쳐서 그렇습니다. 알레르기는 유발 요인에 대해 면역이 과다하

게 작용하여 발생합니다. 즉 면역력이 떨어진 게 아니라 과해서 생기는 겁니다. 사람이 피곤한 가장 흔한 이유는 체내에 산소가 부족하기 때문입니다. 몸이 붓는 건 특히 여성에서 호르몬의 부조화 때문인 경우가 가장 많습니다. 저린 증상은 대부분 신경 계통의 이상에 의합니다. 이상은 대표적인 예일 뿐 이외에도 잘못 알려진 의학상식은 넘치도록 많습니다.

고객: 한국 사람들은 거의 의사라고 하더군요.

필자: 병에 대해 아무한테나 물어봐도 매우 친절하게 가르쳐 줍니다. 그러나 엿장수 마음대로 가르쳐 주는 게 문제입니다.

고객: "위험은 우리가 모르는 곳에 있지 않다. 실제로는 알지도 못하면서 안다고 생각하는 데 있다"라는 격언이 있습니다.

필자: 남의 병에 함부로 조언하는 건 위험천만한 일입니다. 엉뚱한 치료에 매달리다가 시기를 놓쳐 심각한 결과를 초래하기도 합니다.

고객: 약을 선물하는 사람도 있더군요.

필자: 환자마다 체질이 다르며, 병명이 같다고 약이 다 같은 건 아닙니다.

고객: 요즘은 인터넷에서 약의 부작용에 대해 금방 찾아볼 수 있습니다. 부작용이 겁나서 못 먹겠다는 사람도 있다고 합니다.

필자: 아무래도 오래 쓰인 약이 안전한 건 맞습니다. 특정 질병에 효과적으로 써왔는데 새롭게 발견된 부작용으로 폐기되는 약도 있습니다.

고객: 충격적이네요. 그걸 복용한 사람은 무슨 죄입니까?

필자: 그러나 현대의학에서는 임상시험이 세밀하므로 새로운 부작용이 발견됐다고 해도 그 정도가 심각하지는 않습니다. 부작용

이 피해를 초래하기 전 우려 단계에서 폐기되는 약도 많습니다.

고객: 꼭 필요한 약의 약효가 부작용보다 우세하거나 부작용이 건강에 큰 해를 끼치지 않는다면 써야겠죠.

필자: 합리적인 생각입니다.

고객: 한때 숙변이 몸에 안 좋다는 얘기도 있었습니다.

필자: 의학계에서 숙변이란 단어조차 본 적이 없습니다. 변이 몸에 계속 남아있을 수는 없죠. 다 배출되면 또 새로운 변이 쌓이는 것뿐입니다.

고객: 잘못된 의학 정보에는 매스컴의 책임도 있다고 봅니다.

필자: 검증되지 않은 의학 정보를 잘못 발표하기도 합니다. 효과의 검증에 오랜 기간이 필요함에도 제약사나 병원이 홍보용으로 언론에 미리 흘린다고도 하죠.

고객: 의사가 아니라면 그런 걸 어떻게 알겠습니까?

필자: 일단 의심부터 하는 게 좋습니다. 누가 그러더라고, 매스컴에 나왔다고, 외국에서는 그렇게 하더라고 무작정 믿지 말고 우선 주치의에게 물어보세요.

고객: 건강에 관심 있는 건 좋으나 지나친 건강 정보의 홍수 속에 오히려 불안과 혼란이 가중됩니다.

필자: 전부 내게 해당하는 것만 같죠. 멀쩡한 사람을 환자 만들기도 쉽습니다. 그러니 믿을 만한 주치의가 꼭 필요합니다.

고객: 병이라면 그렇게 해야 하나 주치의도 건강 관리에 대해서는 별 얘기가 없습니다.

필자: 한국의 의사는 바쁘니 그런 얘기까지 나눌 시간이 부족한 건 맞습니다. 그래도 웃으면서 물고 늘어지세요. 귀찮게 해야 합

니다. 미리 질문을 정리해서 물어보면 더 좋죠.

° 의학이 그렇듯 건강도 과학이라고 합니다

필자: 당연합니다. 과학적 사고방식이 중요합니다.

고객: 어떻게 해야 그런 사고방식이 생깁니까?

필자: 과학의 시작은 '의심'부터라고 합니다. 이과뿐 아니라 문과에서도 이 방식은 유용해서 심지어 인간관계에도 적용됩니다.

고객: 남의 말도 의심부터 하라는 얘기네요.

필자: 나쁜 의미의 의심은 아닙니다. 좋다 나쁘다가 아니라 옳고 그름을 판단하라는 거죠. 심지어 남뿐만 아니라 나에 대해서도 의심해야 합니다. 그러니 내가 무조건 옳다고 믿는 사람도 비과학적 사고방식에 사로잡힌 겁니다.

고객: 한국인은 그런 성향이 높아 보입니다. 자기 멋대로 생각하고 얘기하는 사람이 많죠.

필자: 전문가에게 알아보지 않고 나만 믿고 혼자서 뭔가를 결정하기도 합니다. 이 또한 비과학적 태도입니다.

고객: 건강만큼 과학적 근거가 중요한 분야는 없습니다.

필자: 최소한 인터넷에서 직접 찾아봐야죠. 주워들은 얘기로는 부족하고 정확하지도 않습니다.

고객: 인터넷이라고 정확합니까?

필자: 물론 다 그렇지 않습니다. 신뢰할 만한 사이트만이 정확성을 보장합니다. 백과사전 정도면 믿을 만하죠. 다만 그곳에서도

'효과가 있다고 전해진다'거나 '알려져 있다'가 아니라 '효과가 있다'라는 건 믿을 만합니다.

고객: TV에 비해 인터넷은 글이 많아서 더 신뢰성이 있다고 합니다.

필자: 사람은 말보다 글을 더 신뢰하기도 하지만, 상업적 목적의 글은 신뢰성이 담보되는 것도 아닙니다.

고객: 사회 전반적으로 과학적 사고가 부실한 건 학생 때부터 과학 교육의 부실 때문이라고 봅니다.

필자: 전적으로 동감합니다. 다만 단순히 물리, 화학 등의 내용을 가르치는 데 그치는 게 아니라 합리성, 객관성을 담보로 하는 과학적 사고방식을 터득시켜야 하는 겁니다. 이는 타자와의 끊임없는 토론 과정을 통해서도 습득될 수 있습니다.

고객: 영국을 비롯한 유럽의 대학 입시에서는 과학이 공통과목이라고 합니다. 한국의 수능에서도 문과생에게 기초과학을 보게 한다니 다행입니다.

필자: 사실 문과, 이과를 나누는 것조차 의미 없죠. 예컨대 인문학을 인문과학이라고 칭하는 것도 적절해 보입니다.

고객: 시나 소설을 쓰겠다는 사람이 과학이 필요하겠습니까?

필자: 시, 소설도 과학의 근간인 객관성과 합리성을 가져야 한다고 봅니다. 그렇지 않으면 자기만의 공허한 외침이 될 겁니다.

고객: 과학은 논문으로 시작해서 논문으로 끝난다고 합니다.

필자: 오랜 기간 지켜지고 있는 논문의 틀에 박힌 형식이 사고의 자유로운 표현을 방해한다는 논란은 있습니다만, 누가 뭐래도 과학은 논문이라고 할 수 있습니다.

고객: 그러나 일반인이 건강에 대한 논문을 찾아볼 수는 없습니다.

필자: 이 또한 인터넷 백과사전 등 신뢰할 만한 사이트의 자료가 유

용합니다. 특히 과학 분야에 있어서 각종 논문에 실린 정보를 기초로 하는 사이트도 꽤 있습니다.

고객: 저도 며칠 전 아내에게 과학적 지식을 알려준 바가 있죠. 아내가 집에서 깍두기를 담았는데 오래 지나도 무가 싱싱하더군요. 그 이유를 물으니 담을 때 소주를 넣었다고 합니다. 소주를 넣으면 왜 무가 오래가느냐고 되물었더니 아내의 답이 누군가에게서 들은 거라고 합니다.

필자: 그런 건 삶의 경험인 걸 무슨 이유까지 물었습니까?

고객: 이유를 알면 더 새롭고 흥미롭지 않겠습니까?

필자: 머리만 복잡하겠네요.

고객: 조금만 생각하면 알 수 있습니다. 반면 생각이 없으면 남의 말에 휘둘리기 쉽습니다.

필자: 그래서 이유를 아십니까?

고객: 소주에는 에탄올이라는 알코올이 들어있는데, 에탄올은 소독제로 쓰이기도 합니다. 즉 삼투압에 의해 세균의 표면을 잘 뚫고 들어가고 세균의 단백질을 응고시키죠. 게다가 에탄올은 탈수 효과도 있습니다. 그러니 무가 부패하지 않고 오래가는 겁니다.

필자: 알고 보니 과학을 생활화하십니다.

고객: 재미 삼아 제가 과학적 문제를 하나 내보겠습니다. 친구 셋이 놀러 가서 펜션에 묶기로 했는데 방값이 얼마인지를 몰라 일하는 직원에게 1인당 1만 원씩 총 3만 원을 주었죠. 그런데 방값이 2만5천 원이므로 직원이 5천 원을 돌려줘야 하는데, 이를 세 사람에게 공평히 나눠줄 방법이 없었습니다. 생각 끝에 손님 1인당 1천 원씩 주고 나머지 2천 원은 자신이 슬쩍 가졌습니

다. 그러면 1인당 얼마를 낸 겁니까?

필자: 1만 원 내고 1천 원을 받았으니 각각 9천 원씩 냈네요.

고객: 따라서 셋이 낸 돈이 2만7천 원이죠. 거기에 직원이 가져간 2천 원을 더하면 2만9천 원입니다. 즉 처음에는 3만 원이 나왔는데 나중에 계산해 보니 2만9천 원밖에 안 되는 겁니다. 모자란 1천 원은 어디로 간 거죠?

필자: 과학이 아니라 산수 문제네요.

고객: 문제가 쉽다는 겁니까?

필자: 낸 돈은 낸 돈끼리, 받은 돈은 받은 돈끼리 더해야 하건만 느닷없이 낸 돈과 받은 돈을 더한 꼴이니 문제의 계산 방식이 잘못된 거죠.

° 스테로이드 약은 위험하다고 하더군요

필자: 인류가 개발한 수많은 약 중에 3대 명약이 있습니다. 페니실린, 아스피린, 스테로이드가 그것입니다.

고객: 알려진 것과 달리 명약이라니 놀랍습니다.

필자: 스테로이드는 의사가 보기에도 매우 신기한 약입니다. 소염·진통 효과가 탁월하고, 식욕이 돋고 기운이 나서 활력이 생깁니다. 이 외에도 항알레르기, 면역 억제 작용이 있죠.

고객: 면역을 억제하면 좋을 게 없지 않습니까?

필자: 인체에는 면역이 과다해서 생기는 병이 많습니다. 천식, 알레르기 비염이나 자가면역질환 등이 그것인데, 스테로이드는 이

를 치료하는 유용한 약입니다.

고객: 가끔 주위 사람들로부터 자가면역질환이란 병명을 듣습니다.

필자: 우리 몸의 정상세포를 적으로 보고 이에 대항해서 파괴하는 질환을 말합니다. 류마티스 관절염, 루푸스, 갑상샘염, 건선, 궤양성 대장염, 다발성 경화증 등 그 종류가 백여 가지에 이릅니다.

고객: 왜 그런 일이 벌어지는 거죠?

필자: 유전적 성향은 있으나 병의 기전에 대해서는 정확히 알 수 없습니다. 호르몬의 변화나 스트레스에 의해 악화하기도 합니다.

고객: 면역이란 게 정확히 뭔가요?

필자: 외부에서 침입하거나 내부에서 생성된 유해 물질을 제거하는 과정이라고 보면 됩니다. 주로 백혈구가 이런 기능을 담당하는데, 백혈구의 종류 중에 중성구, 단핵구, T 림프구, 자연살생세포(Natural Killer Cell) 등은 세균, 바이러스 등의 유해 물질을 직접 처리하고, B 림프구는 항원이 되는 유해 물질에 대해 대항군인 항체를 만들어서 직접 파괴하거나, 훗날을 대비해 항체를 많이 준비해 둡니다.

고객: 면역치료라는 것도 있더군요.

필자: 예방접종과 같은 맥락으로, 환자에게 문제를 일으키는 특정 항원을 소량 주입해서 미리 대비하는 방법입니다. 그러나 흔히 쓰이지는 않습니다.

고객: 면역을 높이는 방법이 있습니까?

필자: 특별한 건 없고 스트레스를 받지 않는 게 가장 중요합니다. 또한 피로하지 않도록 하고, 적절한 단백질 섭취가 도움이 됩니다.

고객: 다 아는 내용이네요. NK세포의 활성도에 관해 들은 적이 있습

니다.

필자: 활성도를 나타내는 검사는 가능합니다. 그러나 활성도를 증가시키는 방법에도 딱히 특별한 건 없습니다.

고객: 스테로이드 약도 오래 쓰면 안 좋다고 합니다.

필자: 몸이 붓고 혈당이 올라가는 부작용이 있으므로 부득이한 경우가 아니라면 장기 복용은 피해야 합니다.

고객: 관절이나 근육에 맞는 스테로이드 주사도 안 좋은 겁니까?

필자: 그렇지 않습니다. 특히 관절에 맞는 스테로이드는 '뼈 주사'라며 회피하는 경향이 있죠. 그러나 적절한 용량과 기간을 지키면 아무런 문제가 없고, 효과 면에서도 매우 우수합니다.

고객: 결국 스테로이드를 무서워할 필요는 없다는 말씀이네요.

필자: 분명히 그러합니다.

° 건강을 위해 피해야 할 게 뭐가 있습니까?

필자: 중요한 세 가지만 말씀드리자면, 스트레스, 비만, 중독입니다.

고객: 족집게처럼 제게 해당하는 것들만 나열하십니다.

필자: 많이들 그렇죠. 한국 남자의 현실이라고 해도 될 정도입니다.

고객: 먹고 살아야 하고, 또 놀아야 하니 그렇게 된 거 아니겠습니까?

필자: 그렇긴 하나 건강을 해칠 정도로 무리할 필요가 있을까 싶습니다.

고객: 다이내믹 코리아라는 바쁜 현실에서 스트레스는 피하기 어렵습니다.

필자: 알프레드 아들러는 모든 스트레스가 대인관계에 의해 생긴다고 했죠.

고객: 제 경우는 일 때문에 그렇습니다. 따지고 보면 일을 시키는 것도 사람이긴 하네요.

필자: 인간은 이성보다는 감정의 동물이라고 합니다. 따라서 누군가가 싫으면 100% 싫은 겁니다. 이성적으로 판단해서 좋은 면이 50%쯤 되더라도 그냥 100% 싫은 거죠.

고객: 특히 한국인은 감정이 우세합니다. 저도 이성적으로 판단하고 행동하려 하지만 생각대로 잘되지 않습니다. 과거의 기억도 스트레스죠. 잘했던 것보다 잘못했던 게 더 많고, 그게 항상 뇌리에서 떠나질 않습니다.

필자: 위험회피의 본능이란 게 있습니다. 그런 경험과 기억들이 다시는 잘못을 되풀이하지 않겠다는 학습효과를 제공하기도 합니다.

고객: 긍정적인 순기능도 있네요.

필자: 또 다른 스트레스가 있습니까?

고객: 그냥 사는 게 재미가 없죠. 나이를 먹으니 더 그렇습니다.

필자: 만성 스트레스는 인체의 면역기능을 떨어뜨려 암을 비롯한 각종 실병을 야기하고 삶의 의욕을 떨어뜨립니다. 말씀드린 세 가지 요인 중에서도 스트레스는 가장 중요한 건강의 적이며, 나머지 비만과 중독의 원인이 되기도 합니다.

고객: 스트레스 관리를 어떻게 해야 합니까?

필자: 남과 다름을 인정하고 완벽주의를 피해야죠. 취미생활을 즐기는 것도 필수입니다.

고객: 저도 그렇고 주위에 배 나온 친구들이 많습니다. 체중은 정상

인데 배만 나와도 비만이라고 하더군요.

필자: 피하지방보다 내장지방에서 각종 염증을 일으키는 물질을 분비하는 것으로 밝혀졌고, 그로 인해 주로 심장이나 혈관성 질환이 생깁니다.

고객: 배가 나오면 무엇보다 보기 안 좋습니다.

필자: 비만은 질병입니다. 흔히 미용 문제라고 생각합니다만, 그건 체중이 정상 범위에 있으면서 모델 같은 몸매를 원하는 사람들의 얘기고, 비만의 범주에 들면 생명을 위협하는 중대한 질병을 앓고 있는 겁니다. 따라서 보기 안 좋은 게 아니라 생명을 구하기 위해 감량해야죠.

고객: 먹지 말아야 하는 것도 고욕 아닙니까? 이대로 먹고살다 가겠다는 사람도 있습니다.

필자: 이대로 살다 가면 좋으나 사는 거 같지 않게 살다 가는 수가 있습니다.

고객: 비만의 합병증을 말씀하십니까?

필자: 고혈압, 당뇨병, 심장병, 뇌졸중 등 생명을 위협하는 병이 대체로 비만과 연관됩니다. 비만하면서 100세 이상을 산 사람은 없다고도 합니다.

고객: 개인적으로 술을 좋아합니다. 그러다 보니 저녁에는 폭음, 폭식이 일상이네요.

필자: 한국인의 음주량은 전 세계 평균의 두 배입니다.

고객: 술을 조금만 마시면 건강에 좋다고 하더군요.

필자: 사람에게 허용되는, 마셔서 득이 될 수도 있는 술의 양은 하루에 남자 30g, 여자 20g 정도입니다. 대략 하루에 남자 3잔, 여자 2잔 이내가 적당량이 되며, 이 정도면 혈액순환 및 기분전환에

도움이 됩니다.

고객: 폭탄주가 오가는 마당에 지킬 수 없다고 봅니다.

필자: 분위기 따라 조금만 마시는 게 안된다면 담배처럼 아예 끊어버리는 게 상책이겠죠.

고객: 요즘은 억지로 권하기보다 알아서 마시는 문화입니다.

필자: 술 대신 즐길 거리가 많아진 것도 하나의 이유일 겁니다.

고객: 술이 발암성이 있다고 하더군요.

필자: 술의 원료인 에탄올이 분해되면 아세트알데하이드가 되는데, 이 물질이 발암성이 있다고 합니다.

고객: 가끔 TV에서 주량을 자랑삼아 얘기합니다.

필자: 담배를 하루에 두세 갑씩 피운다고 자랑하는 것과 같습니다.

고객: 한국은 음주에 관대하죠.

필자: 서양에서는 술 마신 후 비틀거리고 주정하면 알코올 중독자 취급해서 가까이하기 어려운 사람으로 봅니다. 더욱이 술 마시고 다른 사람에게 시비를 걸면 한 대 맞아도 싸다는 뜻으로 받아들인다고 합니다.

고객: 술 마시면서 담즙산이 들어간 약을 먹으면 좋다더군요.

필자: 담즙산은 지방과 알코올을 분해하는 데 도움을 줍니다. 흔히 팔리는 간장약에 충분한 양이 포함되어 있죠. 물고기나 동물의 담낭(쓸개)에 담즙산이 있지만, 처방 없이도 손쉽게 구할 수 있는 약이 있는데 그런 걸 꼭 먹어야 하는지 의문입니다.

고객: 그 약을 먹으면 술을 많이 마셔도 되는 거 아닙니까?

필자: 병 주고 약 주고, 소중한 몸에 생체 실험하는 격입니다.

고객: 전 담배도 하루 한 갑을 피웁니다.

필자: 담배의 해악은 잘 아실 테니 언급할 필요도 없을 테고, 잇몸이

붓고 치아를 빠지게 하는 주범이기도 합니다. 특히 나이가 들면 담배를 이기지 못하고 피곤해서 아무것도 못 하게 되죠.

고객: 솔직히 요즘은 집에 오면 피곤해서 잠만 자고 싶습니다.

필자: 예전 중국인이 긴 파이프로 아편을 흡입하고 누워 잠만 자는 사진이 남의 일이 아닐 수 있겠네요.

고객: 한국에서도 마약이 확산한다고 합니다.

필자: 전 세계적으로 한 해에 약 3천만 명이 마약을 경험한다고 하더군요. 한국만큼은 마약 청정지역이 되길 바랍니다.

고객: 의사로서 제게 조언 한 말씀 부탁합니다.

필자: 당장 운동이나 취미 등 생활습관을 바꿔야 할 겁니다. 그러다가 살얼음판을 걷게 생겼습니다.

° 너무 피로합니다

필자: 피로해서 쇼핑은커녕 설거지도 어렵다는 분이 계십니다.

고객: 그런 이유가 뭡니까?

필자: 체내에 만성적으로 산소가 부족하기 때문입니다. 이렇게 되면 대사 작용이 불충분해지고, 피로를 유발하는 산성 물질이 누적됩니다. 각종 성인병으로 말초의 혈액순환이 원활하지 않아도 이런 일이 생기죠.

고객: 저는 마른 편이고 성인병도 없습니다.

필자: 그렇다면 운동 부족이나 환경 요인을 생각해야 합니다.

고객: 운동해서 산소를 많이 마셔야 한다는 얘기네요.

필자: 사람에게 적당한 운동은 필수죠. 그러나 너무 지나치면 젖산 등으로 인해 피로가 가중되기도 합니다. 따라서 너무 과하게 하는 건 좋지 않습니다. 또한 호흡법이 피로의 한 원인인데, 스트레스가 심하면 복식이 아닌 흉식 호흡으로 숨이 얕아지고 체내에 산소가 부족하게 됩니다.

고객: 스트레스라면 일도 포함되겠죠?

필자: 일이 힘들면 긴장하게 되고 여유로운 호흡이 될 리가 없습니다.

고객: 환경도 무시 못 할 겁니다. 대도시는 공해가 너무 심합니다.

필자: 공기 좋은 시골에서 자면 오래 안 자도 덜 피곤합니다. 오래전 관악산 꼭대기에 올라서 남쪽을 바라보니 공기가 깨끗하더군요. 그에 비해 북쪽의 서울은 공해로 거무튀튀해서 완전히 대비되는 광경이었습니다. 지금은 그 차이가 덜할지 모르겠으나, 어쨌든 대도시에 산다면 공기청정기가 필요해 보입니다.

고객: 그러면 창문 열고 환기해도 좋을 건 없다는 얘기네요.

필자: 집안의 먼지나 조리 중의 오염물질을 배출해야 하니 그렇지는 않죠.

고객: 나이가 들면 더 피곤하다고 합니다.

필자: 특별한 질병이 없다면 대개 폐 기능이 감소하기 때문입니다. 체내 산소가 부족하므로 걷는 것도 힘들고, 나중에는 아무것도 하고 싶지 않을 정도로 피곤해집니다. 근육량의 저하와 폐 기능의 감소가 건강한 노년을 방해하는 장애물로 작용합니다.

고객: 치매만큼이나 좋지 않네요.

필자: 장수하는 분들이 많아지면서 치매와 폐 기능 저하가 중요한 사망원인으로 대두됩니다. 본래 두 가지는 뇌와 폐의 자연스러운

노화로 여겼으나 지금은 암이나 뇌·심장혈관질환처럼 생명을 위협하는 질병으로 간주됩니다.

고객: 나이 들어 폐 기능이 감소해서 피로한 건 어쩔 도리가 없지 않습니까?

필자: 너무 집에만 있지 말고 적당한 운동과 야외 활동을 해야죠. 풍선 불기가 폐활량에 도움이 될 수 있습니다.

고객: 산소 부족 말고 피로한 원인이 있습니까?

필자: 호흡만큼 중요한 건 수분입니다. 혈관에 수분이 충분해야 산소 공급도 원활합니다.

고객: 나이가 들면서 오줌소태 때문에 물을 덜 마시게 됩니다.

필자: 노년층에서 그런 분들이 많습니다만, 귀찮더라도 물을 많이 마시고 화장실에 자주 가는 게 낫습니다. 소변량이 적으면 방광이 예민해져서 도리어 화장실에 가는 횟수가 늘기도 합니다. 양은 적은데 자주 가는 이유죠.

고객: 수분이 부족한 건 어떻게 알 수 있습니까?

필자: 입안에 침이 넉넉하면 수분이 충분하고, 반대로 입과 혀가 마르고 침이 끈적이면 부족한 겁니다.

고객: 전 수분 부족이 맞네요.

필자: 침이 부족하면 입 냄새도 심하죠. 입 냄새의 원인 중 가장 흔한 것이 수분 부족입니다.

고객: 흡연하는 사람은 물을 많이 마시라고 합니다.

필자: 흡연으로 발생한 독성 물질을 배출하려면 물이 필요한데, 흡연 자체가 수분을 빼앗는 성질이 있습니다. 더구나 수분이 부족하면 기관지 건강에 지장이 생깁니다. 기관지 내벽에는 점액과 섬모를 통해 가래를 배출하는 기능이 있는데, 수분이 부족하면

이 기능이 현저히 떨어집니다.

고객: 저처럼 잘 붓는 사람도 물을 많이 마셔야 합니까?

필자: 약간의 부기가 있더라도 수분 부족으로 피로한 것보다는 낫죠. 여성은 호르몬의 영향으로 잘 붓기도 합니다. 심장이나 신장의 질병에 의한 것이 아니라면 그런 부기는 운동으로 땀만 빼도 간단히 해결됩니다.

고객: 어느 정도나 마셔야 할까요?

필자: 하루 남성은 3.5리터, 여성은 2.5리터의 물이 필요한데 이 중 20%는 음식에서 섭취됩니다. 그러니 산술적으로 남성은 2.8리터, 여성은 2리터를 마시면 됩니다. 꽤 많은 양이지만 식사와 함께 마시는 물이나 차, 커피, 우유 등을 제외하면 일부러 마셔야 하는 양은 그보다는 적습니다.

고객: 하루에 몇 리터라는 목표를 두고 계산해 가며 마시라니 그 또한 피곤한 일이네요.

필자: 목이 마를 때 침이 충분하다 싶을 만큼 마시면 되겠죠.

고객: 물에도 종류가 많습니다.

필자: 깨끗한 물이면 됩니다. 물까지 따져서 마셔야 한다면 그거야말로 피곤한 일입니다.

° 언니 것도 제가 낼게요

필자: 혹시 생일 선물하시는 겁니까?

고객: 그냥 해주고 싶어요. 제가 어릴 때 언니가 업어서 키웠죠. 오랜

만에 언니 얼굴을 보니 말이 아니네요. 전 1년에 한 번씩 피부 치료를 받았는데 언니는 이제껏 한 번도 해본 적이 없다고 합니다.

필자: 좋은 언니에 좋은 동생입니다.

고객: 엄마가 37세 때 난소암으로 일찍 돌아가셨어요. 제가 4살, 언니가 10살이었는데 전 너무 어려서 당시 엄마 얼굴이 기억나지도 않습니다.

필자: 너무 일찍 돌아가셨군요. 아빠는 혼자 사셨습니까?

고객: 몇 년 후 재혼하셨죠.

필자: 새엄마가 잘해주던가요?

고객: 애들한테 신경도 안 썼어요.

필자: 그때는 친엄마라도 그랬을 겁니다. 다들 가난했으니까요. 그냥 아이들끼리 모여서 놀고, 부모들은 자식들 밥이라도 먹이면 다행이었죠.

고객: 그런 건 이해하지만 새엄마는 평생 욕심도 많았어요. 아버지 돌아가실 때도 자기 몫 챙길 궁리만 하더군요.

필자: 아빠가 딸들을 예뻐해 주지 않던가요?

고객: 천만의 말씀입니다. 술 안 마시고 들어오면 다행이었죠. 우리와는 얘기조차 없었습니다. 우리는 그냥 꿔다놓은 보릿자루였어요.

필자: 새엄마는 생존해 계십니까?

고객: 아직도 정정하다고 합니다. 아버지 돌아가시고 한 번도 안 찾아갔으니 벌써 5년이 됐네요.

필자: 두 분 자매는 지금 잘 지내시죠?

고객: 언니 위에 오빠가 있었는데 일찌감치 겉돌기 시작해서 지금도

어렵게 살고 있고, 우리 자매도 그저 그래요.

필자: 두 분이 인상도 좋고 편안해 보입니다.

고객: 인상은 친엄마 닮아서 그렇다는데 속으로는 평생 맺힌 한이 많았습니다.

필자: 왜 안 그랬겠습니까? 엄마로부터의 애정이 아쉬웠을 겁니다.

고객: 최소한 남과는 다르다고 생각하고 살았습니다.

필자: 엄마의 애정을 듬뿍 받고 살면 좋았겠다 싶으세요?

고객: 그렇게까지 바라진 않지만 다른 애들은 모두 친엄마가 있는데 우린 뭔가 싫었죠.

필자: 지금도 그렇게 생각하세요?

고객: 친엄마가 있었으면 지금보다 더 잘되었을 거라고 생각은 합니다.

필자: 더 잘되지 못한 이유가 오로지 새엄마 때문은 아니겠죠.

고객: 가정사가 불편하면 공부에 집중할 수 없기 마련입니다.

필자: 충분히 이해합니다. 다만 공부를 안 했다고 다 잘못되지는 않습니다.

고객: 다행히 크게 잘못된 건 아니네요.

필자: 혹시 새엄마가 핑계는 아니겠죠? 핑곗거리가 있으면 자책할 필요가 없으니 마음이 편하긴 합니다.

고객: 편하다니요? 새엄마 생각만 하면 아직도 불편하고 속이 끓습니다.

필자: 친엄마도 새엄마도 두 분에게는 어쩔 수 없었던 일입니다.

고객: 새엄마에게 우릴 사랑해 달라고 한 것도 아니고 최소한 자기만의 욕심은 부리지 말았어야죠.

필자: 그래도 새엄마가 자식이 셋이나 있는 아버지에게 시집와서 밥

해 주고 빨래해 주고, 찾아보면 감사한 부분이 있을 겁니다.

고객: 원장님은 안 당해봐서 모릅니다. 친엄마가 없으면 그냥 애정결핍이란 게 저절로 평생을 따라다니게 되어있어요.

필자: 그렇겠죠. 그런 감정이 이성적으로 설명해서 이해되거나 해결되는 건 아닐 겁니다.

고객: 이해나 해결을 바라는 것도 아니고 그냥 그렇다는 얘기입니다.

필자: 지금은 삶에 만족하세요?

고객: 만족이란 게 있겠습니까? 그냥 평범한 사람과 결혼해서 그저 그렇게 살고 있습니다.

필자: 그런대로 괜찮은 거네요. 유명인이 아니라면 대부분 그저 그렇죠. 하지만 그런 삶이 진정 자유롭고 좋은 거 아니겠습니까?

고객: 그렇게 생각할 수도 있겠죠. 하긴 어릴 때부터 마음고생한 걸 생각하면 지금은 괜찮은 편입니다.

필자: 현재가 중요하지 않겠습니까? 과거는 과거고 지금 내가 하고 싶은 걸 잘하고 있는지, 아니면 하릴없이 세월만 보내고 있는지가 더 중요할 겁니다. 그런 건 새엄마와는 전혀 상관없는 일이기도 합니다.

고객: 하긴 요즘은 이혼도 많은 데 지금 이나마 사는 게 다행이다 싶을 때도 있습니다.

필자: 새엄마에게도 한 번쯤 찾아가 보세요.

고객: 가면 돈 쓸 일만 생기겠죠.

필자: 이복동생은 없습니까?

고객: 아들 둘을 낳아서 같이 자랐지만, 아버지 돌아가신 이후로는 왕래도 없습니다.

필자: 새엄마는 둘이 모시겠네요.

고객: 알아서들 하는 거 같습니다.

필자: 그럼 돈 쓸 일은 없을 거 아닙니까? 새엄마에게 찾아가는 건 새엄마가 아닌 자신을 위해 필요할지도 모릅니다.

고객: 자신을 위해서라니요?

필자: 새엄마라고 완벽했겠습니까? 그럴 수 있었다고 받아들이면 늦게나마 조금 위로가 되겠죠.

고객: 저도 나이를 먹으니 가끔 그런 비슷한 생각이 듭니다만, 찾아가는 건 좀 더 생각해 볼 일입니다.

필자: 만나서 포옹할 건 아닐 테고, 그냥 데면데면 얼굴 한번 보는 정도라도 해보세요. 그게 뭐 대단히 어려운 일이겠습니까? 사는 게 또 그런 건지도 모릅니다.

° 정신의학과를 하고 있습니다

필자: 저도 학생 때 정신의학과를 하고 싶었습니다만, 복잡한 병명과 진단 기준으로 외울 게 많아서 질리긴 했습니다.

고객: 공부가 그렇죠. 처음엔 외울 게 많아도 익숙해지면 저절로 이해되면서 지식으로 습득되지 않습니까?

필자: 평균 10명당 1명이 정신신경증을 앓고 있다고 합니다.

고객: 정신증(Psychosis)과 신경증(Neurosis)을 분리해서 봐야죠. 정신증보다는 신경증 환자가 늘어나는 추세입니다.

필자: 사회가 고도화하고 복잡해져서 그렇겠죠. 더구나 삶의 질에 관심이 높아지니 정신의학과를 찾는 사람이 늘어날 거로 보입니

다.

고객: 갈수록 정신적 문제에 관심이 높아지는 건 사실이죠. 전처럼 정신병원이 미친 사람이나 가는 데라는 편견도 덜합니다.

필자: 병원에 오지 않는 사람은 어떻게 해결하고 있습니까?

고객: 정신증과 달리 신경증은 본인은 물론 주위 사람들도 잘 알지 못하니, 그렇게 모르고 사는 사람이 태반입니다. 해결은커녕 그냥 모르고 사는 거죠. 주위에서도 저 사람이 왜 저러나 하고 피하려 하지 신경증이라고는 생각하지 못하는 경우가 많습니다.

필자: 중국 격언에 "3명이 이상하다고 하면 그 사람은 진짜 이상한 사람이다"라는 말이 있습니다.

고객: 주위 사람 대다수가 이상하다고 여기면 그 사람은 정신의학과의 특정 진단명에 합당한 질환이 있다고 보면 됩니다. 사람이 사회생활을 하는 데 있어서 중요한 건 보편타당성인데, 이게 보통 사람에게는 가능하나 소수의 사람에게는 어렵습니다.

필자: 실은 간염 같은 질병을 앓고 있는 사람과 다를 바가 없죠. 다만 뇌와 마음의 병으로 아픈 부위만 다를 뿐.

고객: 그래서 신경증 환자에게 뒤에서 욕을 하거나 피하기보다는 적극적으로 치료를 권해야 합니다.

필자: 주위 사람도 환자임을 모르고 본인도 그걸 인정하지 않는데 치료하러 갈까요?

고객: 그러니 더욱 신경증에 대한 폭넓은 이해가 요구됩니다.

필자: 정신의학과 의사들이 가장 먼저 나서서 해야 할 일이라고 봅니다.

고객: 동의합니다. 병명과 증상에 관해 적극적으로 알릴 필요가 있습

니다.

필자: 신경증에서 가장 많은 병명은 무엇입니까?

고객: 정신의 감기라고 불릴 정도로 우울증이 가장 많습니다. 그다음으로 불안장애, 극도의 불안증인 공황장애도 흔합니다.

필자: 인격장애도 많죠?

고객: 전에는 인격장애라고 불렀으나 이제는 성격장애(Personality Disorder)라고 합니다. 히스테리성, 경계성, 반사회적, 편집형, 자기애적, 분열성, 강박성, 회피성, 의존성, 수동 공격성 등 다양한 형태가 있습니다.

필자: 누구나 한 가지 정도는 있겠네요.

고객: 장애까지는 아니더라도 누구나 하나쯤 그런 성향이 있긴 합니다.

필자: 경계성 성격장애도 많다고 합니다.

고객: 꽤 많이 보는 형입니다. 감정의 기복이 심하고 자기중심적이며, 지나친 피해의식으로 자신의 속내를 드러내는 걸 꺼리므로 속 깊은 대화가 어려워 사회적 고립을 겪기도 합니다. 물질 남용, 분노조절장애 등도 흔한 증상입니다.

필자: 성격장애는 여리고 착한 사람이 많다고 하더군요.

고객: 신경증 환자 중에는 대인관계나 사회생활에서 좋은 의미의 포장이나 가면을 잘 활용하지 못하는 경우가 많습니다. 또한 신경증, 성격장애의 근본에는 대체로 불안이 존재한다고 봅니다.

필자: 뻔뻔하지 못해서 여리고 착하면 불안이 더 심하지 않겠습니까?

고객: 일리는 있습니다만, 그것만으로 불안을 다 설명하지는 못합니다.

필자: 병식(Insight)이 중요하다고 합니다.

고객: 자신이 성격장애가 있다는 사실을 인지하는 거죠. 병식은 지성과 연관이 있는데, 지성은 자신을 객관적으로 보게 하는 거울이 됩니다. 또한 지성을 통해 남이 나를 어떻게 보는지를 정확하게 파악하고, 자기만이 아닌 남을 생각하는 능력도 갖추게 됩니다.

필자: 셀프세차장에 가면 강박, 결벽 성향이 있는 분이 많습니다. 운전하다 보면 곧 더러워질 텐데 뭘 그렇게 열심히 닦는지 이해가 안 되기도 합니다.

고객: 젊은 층에서 흔하게 나타납니다. 청결의 문제뿐 아니라 젊을 때는 자신만의 세계가 전부인 것처럼 생각하고, 때로는 그런 성향을 남에게 강요하기도 합니다.

필자: 강박증이 심하면 내 것만 소중하게 여기는 경향이 있습니까?

고객: 그럴 수 있습니다. 사회적으로도 자기만 알면 주위 사람으로부터 환영받기 어렵죠.

필자: 제가 어릴 때만 해도 흙에서 놀고 흙탕물에 빠지기도 했습니다. 아파트에서 자란 친구들은 그런 경험이 없으니 더욱 깔끔한 걸 좋아하지 않을까 싶습니다.

고객: 그런 환경적인 요인을 무시할 수 없습니다.

필자: 전 자동차를 포함해서 중고를 잘 삽니다. 그게 편하죠. 새 걸 사서 애지중지 신경 써야 하는 게 더 피곤하더군요.

고객: 삶도 그러해서 적당히 때도 묻고 그럭저럭 사는 게 편하기도 합니다. 너무 허술해서도 안 되나 지나칠 정도로 완벽을 추구하면 더 힘들어지죠.

필자: 자기애적 성격장애는 왕자병, 공주병입니까?

필자: 강박성과 함께 빈도가 높아지는 유형으로 자식을 적게 낳아서 과잉보호하는 영향이 있을 겁니다. 단순히 왕자병, 공주병이면 얼마나 좋겠습니까만, 자기중심적이고 감정의 교류가 어려워서 심하면 가족이나 주위 사람들에게 적지 않은 피해를 줍니다. 대체로 어떤 유형의 성격장애라도 정도가 심하면 주위 사람은 잘 알지도 못한 채 피해를 받게 됩니다.

필자: 편집형 성격장애까지는 아니더라도 잘못된 정보나 사고에 집착하는 사람이 있습니다.

고객: 객관적이 아닌 비과학적, 비합리적 믿음에 집착하죠. 그 또한 지성과 연관이 있습니다.

필자: 그런 사람과 대화하면 매우 답답함을 느낍니다.

고객: 그 믿음을 바로잡아주기가 어렵기 때문입니다.

필자: 어린아이처럼 의존형 성격장애도 많아진다고 합니다.

고객: 살기가 어려우면 더 그럴 수 있겠죠. 다중인격을 갖는 해리성 정체성 장애에서는 내 안의 다른 '나'가 되며, 의존형 성격장애에서는 '어린아이'가 됩니다.

필자: 대개 성격장애의 원인은 유전입니까?

고객: 90% 이상이 부모의 영향이라고 할 수 있습니다. 이 중 부모로부터 받은 유전적 요인이 50%, 후천적 요인이 50%라고 하나 제 경험에 의하면 부모에 의한 가정환경, 즉 후천적 요인이 더 중요해 보입니다.

필자: 그게 부모의 잘못이라고 볼 수 있습니까?

고객: 잘잘못을 떠나서 부모의 성격과 양육방식으로부터 지대한 영향을 받게 되는 거죠. 어릴 때 부모는 사회의 거울입니다만, 부모에 대한 믿음이 형성되지 못하면 성장해서도 사람과 사회를

잘 믿지 못하고 성격이 불안정해지기도 합니다.

필자: 부모의 이혼도 큰 이유가 될 겁니다.

고객: 한국은 성인이 되어도 부모에게 의존도가 높은 문화이니 상대적 박탈감이 더 심할 거라고 봅니다. 서구에서는 성인만 되면 알아서 살아가므로 한국보다는 덜하겠죠.

필자: 어떻게 조언합니까?

고객: 역시나 병식이 중요해서 자신과 환경을 통찰하고 인지하면 극복이 수월해집니다. 내가 그래서 그랬음을 인지하고, 앞으로 내 삶을 온전히 내 것으로 가꾸겠다는 자세가 필요합니다.

필자: 그런 자세가 쉽지는 않겠죠.

고객: 솔직히 젊을 때는 병식을 갖기가 쉽지 않습니다. 또한 머리로 아는 것과 극복은 다른 문제이기도 합니다. 삶을 잘 살아가는 사람은 극복이 쉬운데, 알다시피 우리네 인생이 다 잘 살아지던가요? 삶이 어려운 사람은 부모를 좋은 핑계로 여기기도 합니다.

필자: 그러니 부모에 대한 이해가 선행되어야 할 겁니다.

고객: 실제로 부모가 자신보다 더 힘든 삶을 살아왔음을 깨닫고 동정심을 갖게 되면 매우 희망적입니다.

필자: 네 잘못이 아니라는 말이 도움이 됩니까?

고객: 개인에 따라 다릅니다. 성격장애가 상담을 몇 시간 한다고 좋아지는 건 아니고 10년 이상을 치료해도 안 되는 경우도 많습니다.

필자: 알프레드 아들러를 기술한 《미움받을 용기》를 감명 깊게 봤습니다. '과거와의 단절'[1]을 강조하더군요.

고객: 쉽게 말해서 '부모는 부모고, 나는 나'라는 거죠. 저도 아들러가

제시한 개인심리학을 선호하는 편입니다.

필자: 열등감에 관한 내용도 많더군요.

고객: 아들러 심리학의 절반이 열등감에 대한 거라고 보면 됩니다. 그 자신이 유년기에 병약하고 성적도 좋지 않아서 열등감에 빠져있었다고 하죠. 이를 만회하기 위한 노력으로 의사 겸 학자가 됐다고 합니다.

필자: 승화(Sublimation)를 보여준 분이네요.

고객: 인간은 누구나 열등감을 느끼는데 이것이 생활양식의 근본을 결정하며, 열등감의 대표적인 유형이 가족관계에서 생긴다고 했습니다.

필자: 결손 가정도 그렇지만 우리 세대에는 어릴 때 집안이 가난했던 사람이 많았습니다.

고객: 그 또한 극복하기 어려운 기억입니다. 그러나 40세가 되면 자기 얼굴에 책임을 져야 한다고 하죠. 최소한 성인이 된 20세부터라도 그 얼굴을 만들기 시작해야 하는 겁니다.

필자: '잘 되면 내 탓, 잘못되면 조상 탓'하는 격입니다.

고객: 그런 통찰이 있으면 아마도 성격장애 환자가 대폭 줄 겁니다.

필자: 어릴 때의 나쁜 기억으로부터 빠져나올 방법이 있습니까?

고객: 기억을 잊을 수는 없죠. 심지어 어릴 때의 기억은 그 사람의 전부라고 합니다. 어릴 때의 성폭행, 부모의 조기 사망, 가난, 부모의 파산 등은 당연히 평생의 상처가 되고, 역으로 그런 에피소드를 잘 찾아내면서 치료가 시작되기도 합니다.

필자: 나 말고도 같은 사람이 많다는 생각이 도움됩니까?

고객: 일반화가 도움되기도 합니다. 나아가 자기보다 못한 환경의 사람들을 이해하면 치료에 도움이 됩니다.

필자: 부모의 이혼이라면 이해할 수도 있겠으나 학대나 성폭행을 당했다면 쉽지 않을 겁니다.

고객: 잊을 수는 없더라도 용서하는 대범함이 필요한데 결코 쉬운 일이 아니죠. 대범함에는 자신의 인생을 책임져야 한다는 의무도 포함되니 더욱 그렇습니다.

필자: 자신에 대한 책임은 모든 성인의 기본 조건입니다.

고객: 반대로 성인이 되어서도 일이 안 풀릴 때마다 부모나 남 탓을 하고, 쉽게 알코올 중독에 빠지기도 합니다. 결혼해서도 부모에 대한 원망을 배우자에게 투사하여 가정을 망치기도 하죠.

필자: 멀쩡하게 부모가 있어도 자신에게 해준 게 없다고 탓하는 사람이 많습니다.

고객: 지미 버틀러라는 미국 프로농구 선수가 귀감이 됩니다. 신장 201cm의 유능한 선수인데 어릴 때 아버지가 집을 나가고, 어머니는 “너 때문에 짜증 난다”라며 잘 돌보지도 않았다고 합니다. 정처 없이 거리를 떠돌다가 한 친구의 집에 놀러 가서 그 집의 양자로 들어가게 되죠. 친구의 어머니도 새 남편의 아이들까지 6명을 키우고 있었는데, 처음에는 버틀러를 맡을 생각이 없었으나 친구 동생의 간청을 듣고 흔쾌히 받아줬다고 합니다.

필자: 새엄마가 잘 키운 모양입니다.

고객: 버틀러의 가족들은 그를 진심으로 대했고, 그 역시 가족에 대한 애정이 남달라서 동생들에게 모범이 되어달라는 부모님의 당부를 충실히 이행했다고 합니다. 성인이 되어서도 별다른 스캔들이 없었고, 농구에서도 수비에 헌신하는 등 이타적인 모습을 보입니다. 인터뷰 중에 이런 말을 했더군요. “현재가 중요하고 과거는 생각하지 않는다.”

필자: 그야말로 '과거와의 단절'을 실천했네요.

고객: 아무리 좋은 새 부모를 만났더라도 버틀러처럼 험난한 과거를 가진 사람은 성공하기가 쉽지 않습니다. 부모 탓을 하고 쉽게 포기해 버리는 사람이 더 많은 게 현실이죠.

필자: 버틀러의 성공에는 큰 키라는 유전적 혜택도 무시하지 못합니다.

고객: 무시 못 할 조건임은 분명해서 현실은 그런 혜택조차 받지 못한 사람이 대다수입니다. 그러니 성공하기가 더 어렵다는 거고, 그만큼 자신을 책임지기 위해 얼마나 큰 노력이 필요한지 인지해야 합니다. 아들러나 버틀러의 말처럼 과거는 과거일 뿐, 현재에 충실하지 않으면서 환경 탓만 하고 있을 수는 없죠.

필자: 부모 그늘을 벗어나지 못하는 캥거루족도 많습니다.

고객: 좋은 환경에서 자랐다고 다 잘되는 건 아니며, 당당하게 자신의 힘으로 일어선 사람만이 박수받을 자격이 있습니다.

필자: 처절한 대범함이 필요하겠군요.

고객: 용서와 함께 툴툴 털고 웃음 짓는 것이야말로 대범함일 겁니다.

필자: 상처받았는데 용서가 쉽겠습니까?

고객: 감사한 부분을 찾아야 하며, 그게 용서의 첫걸음입니다.

필자: 낳아준 것만으로도 감사한 일이긴 합니다.

고객: 감사하지 못하면 자기존중이 있을 수 없습니다. 역으로 자신을 존중하는 사람이 감사한 걸 잘 알게 됩니다.

필자: 대범함과 감사, 두 가지를 들었습니다만 그걸로 충분합니까?

고객: 그 외에도 여러 가지가 있죠. 믿음, 사랑 등입니다. 거기에 사회적으로 자기계발을 위해 노력한다면 병원에 올 필요도 없습니

다. 더욱이 봉사할 정도라면 최고 수준입니다. 여러 가지 방어기제 중에 승화가 가장 바람직한데, 자신을 뛰어넘어 사회에 봉사하는 사람은 저보다도 나은 분입니다.

필자: 참 많은 걸 해야 하니 어렵네요.

고객: 어려운 거 같으나 사실은 성인의 대부분이 잘하고 있는 것들입니다.

필자: 정신의학 분야의 3대 원조로 지그문트 프로이트, 칼 융, 알프레드 아들러를 꼽습니다.

고객: 세 사람은 1800년대 중반부터 거의 동시대를 살았고, 연구나 토론도 같이했던 사이입니다. 프로이트가 나이가 가장 많았고, 정신분석에 관해서도 선두 주자였죠. 그의 학설이 천재적이고 독창적이었으나, 다소 독단적인 면이 있어서 아들러와 융이 연이어 결별을 선언하게 됩니다. 프로이트는 오이디푸스 콤플렉스, 꿈의 해석, 의식, 무의식 정신발달 과정의 이드(Id), 자아(Ego), 초자아(Superego) 등 수많은 용어를 제시했으며, 가장 중요한 업적은 단연 정신분석학입니다. 반면에 융은 분석심리학으로 유명합니다. 프로이트의 영향을 받아 정신분석에 관심이 많았으나, 프로이트가 성적 심리를 지나치게 강조한 데 대해 이의를 제기하면서부터 자주 의견의 불일치로 갈등하게 되고, 결국 그와 결별해서 독자적인 학설을 냅니다. 인간은 무의식에 억압된 충동뿐 아니라 행동과 자기 조정에 관한 보편적인 유형을 갖추고 있다고 했습니다.

필자: 프로이트와 아들러를 비교하기도 합니다. 프로이트가 과거의 원인으로 현재의 결과가 만들어지는 원인론, 즉 운명론적이라면, 아들러는 목적론으로 그 해결방식까지 제시했다고 합니

다.[2]

고객: 결과는 피할 수 없는 운명으로 보입니다만, 원인이 같다고 해서 결과도 같아서 모두가 똑같은 삶을 사는 건 아니죠. 결과보다는 경과에서 제기되는 문제점들을 해결하는 데 아들러의 방식이 더 현실적이고 유효하긴 합니다.

필자: 열등감이 발전의 원동력이 되기도 합니다.

고객: 아들러는 인간은 지금보다 나은 완전한 상태를 위해 노력하는 존재인데, 열등감을 극복하지 못하면 자기완성이 어렵다고 봤습니다.

필자: 열등감의 또 다른 유형은 무엇입니까?

고객: 타인과의 비교가 흔합니다.

필자: 어떻게 극복해야 합니까?

고객: 자신이 비교하는 타자도 자기완성을 위해 부단히 노력하는 한 인간일 뿐이죠. 단지 '남의 떡이 더 커 보이는 것'임을 인지해야 합니다.

필자: 열등감의 반대어를 우월성 추구라고 합니다.

고객: 건강한 사람은 열등감을 극복하고 완성에 도달하기 위해 우월성 추구를 하므로 건설적 생활양식을 갖게 되고 심리적 건강을 달성합니다.

필자: 신체적 열등감은 어떻게 합니까?

고객: 완벽한 사람은 단 한 명도 없으며 장애인, 비장애인 누구나 능력에 감사하고 한 분야에 집중하면 고귀함을 얻을 수 있겠죠.

필자: 만일 휠체어에서 생활한다면 앉아있는 시간이 더 많으므로 컴퓨터 관련 일을 하는 것도 좋은 방법이네요.

고객: 그런 분이 성공하면 두세 배의 찬사를 받게 됩니다. 아들러는

인간은 자아실현을 위해 노력하는 존재이자 사회적 존재인데, 다른 사람들과 비교하여 자신을 평가하기에 열등감이 생길 수밖에 없다고 했습니다. 따라서 인간은 언제나 열등감과 함께하는 존재이며, 이를 극복하는 과정이 바로 자아실현이라는 겁니다.

필자: 우월 콤플렉스라는 것도 있습니다.

고객: 개인적 우월성 추구에 집착하여 파괴적 생활양식을 갖게 되고 신경증에 걸리기도 하죠. 좋은 차, 명품 등에 집착하고 이를 드러내 보이고 싶어 하는 것도 흔한 예입니다. 이외에도 유명 인사를 안다거나 예전에 잘나갔다는 말을 반복하는 것도 마찬가지입니다.

필자: 타인과의 비교가 아닌 어제의 나와 경쟁하라고 합니다.

고객: 좋은 말입니다. 남이 아닌 나를 위해 사는 거죠.

필자: 인간은 왜 고독할까요?

고객: 자신을 충분히 사랑하지 않기 때문입니다.

필자: 아들러의 생활양식(Life style)은 무엇입니까?

고객: 아들러의 개인심리학에서 가장 기반이 되는 개념으로, 생을 영위하는 근거가 되는 기본적 전제와 가정이라고 할 수 있습니다. 이에는 인생의 목표, 자아 개념, 타인에 대한 감정, 세상에 대한 태도 등이 포함되죠. 아들러에 따르면 4, 5세 때 형성된 생활양식은 안정적으로 거의 변하지 않으며, 한 개인이 어떻게 인생의 장애물을 극복하고 문제의 해결점을 찾아내며 어떠한 방법으로 목표를 추구하는지에 대한 방식을 결정해 준다고 합니다.

필자: 융의 집단무의식은 유효합니까?

고객: 저는 대단히 유효하다고 봅니다.

필자: 고독하면 알코올 중독에 빠지기도 하죠. 예전에는 정신의학과 입원실에 알코올 중독자가 많았습니다.

고객: 가족들이 못 견디고 강제 입원시키기도 합니다. 그에 비하면 지금은 인권 문제로 많이 줄었습니다.

필자: 제 생각은 조금 다릅니다. 하루에 소주를 수십 병씩 마시는 알코올 중독자의 가족은 엄청난 고통에 시달립니다.

고객: 그러니 입원시켜서 치료해야 하는 건 맞습니다.

필자: 공격적 성향이 있으면 강제 입원이 불가피하겠죠.

고객: 각종 중범죄로 교도소에 가는 사람 중 많은 수가 반사회적 성격장애입니다. 요즘은 교도소에서도 정신 치료를 시행합니다만, 한국은 아직도 전문적인 정신 치료감호소가 태부족입니다.

필자: 지자체가 주도하여 전문가로 이루어진 위원회를 두고 이를 통해 공격성이 있는 환자를 선별하면 좋겠네요.

고객: 현재 보건복지부로부터 허가받은 사설 이송 업체가 그 일을 하고 있습니다. 그러나 국민이 피부에 와닿을 정도로 사고나 범죄 예방에 큰 역할을 하는지는 의문입니다.

필자: 반사회적 성격장애와 분노조절장애는 어떤 관계가 있습니까?

고객: 전자라면 후자를 동반하는 경우가 많고, 후자가 있더라도 심하지만 않으면 반사회적으로 행동하지 않습니다.

필자: 분노 조절이 안 되어 운전하다 싸우는 사람들도 많이 봅니다. 단순히 성격이 급해서 그런 건 아니죠?

고객: 사람이 화가 나면 그럴 수도 있다고 생각하지만, 분노조절장애는 그 자체로도 확실한 질병입니다. 또한 다른 여러 질환에서 흔한 증상으로 나타나기도 하죠. 욱하는 성질이 별다른 예고도

없이 폭발하기도 하고, 평소에는 얌전한데 스트레스에 대한 대처가 원만하지 못해서 급하게 욱하기도 합니다.

필자: 누구나 그럴 수 있는 거 아닙니까?

고객: 절대 그렇게 봐서는 안 됩니다. 살인을 부를 수도 있는 위험천만한 일이죠. 가끔 순간을 참지 못하고 우발적 살인을 저지른 범죄자의 부모가 이렇게 말하는 걸 듣게 됩니다. "그토록 얌전하던 아이가 그럴 리가 없어요." 다음의 자가 진단 리스트를 참고해도 좋겠습니다.

( ) 성격이 급하며 금방 흥분하는 편이다.
( ) 내가 한 일이 잘한 일이라면 반드시 인정받아야 하며 그렇지 못하면 화가 난다.
( ) 온라인 게임에서 본인의 의도대로 되지 않아 화가 난 적이 여러 번 있다.
( ) 자신이 하는 일이 잘 풀리지 않으면 쉽게 포기하고 좌절감을 느낀다.
( ) 타인의 잘못을 그냥 넘기지 못하고 꼭 마찰이 일어난다.
( ) 다른 사람들이 나를 무시하는 것 같고 억울하다는 생각이 자주 든다.
( ) 화가 나면 상대방에게 거친 말과 함께 폭력을 행사한다.
( ) 화가 나면 주변의 물건을 집어 던진다.
( ) 분이 쉽게 풀리지 않아 우는 경우가 종종 있다.
( ) 내 잘못도 다른 사람의 탓을 하면서 화를 낸다.
( ) 중요한 일을 앞두고 화가 나 그 일을 망친 적이 있다.

이 중 1~3개에 해당하면 분노 조절이 가능한 단계이고, 4~8개면 조절 능력이 부족하며, 9개 이상이면 전문적 상담을 받아야 합니다.

필자: 단기 반응성 정신증(Brief Reactive Psychosis)과 다른 점은 무엇입니까?

고객: 정신증은 신경증과는 달리 망상, 환각 등 증상이 기괴합니다.

필자: 토론 교육을 잘 받으면 분노 조절이 훨씬 쉬울 겁니다.

고객: 분노는 대인관계의 문제이고, 대인관계에서는 토론과 타협이 중요하죠. 남의 얘기를 잘 듣고 자기 의견을 합리적으로 피력하는 게 토론의 방식이건만, 이게 안 되면 타협은 요원해집니다. 급기야 폭발하게 되고, 또한 습관이 되어 시도 때도 없이 재발하게 됩니다.

필자: 그런 상황으로부터 회피하는 건 어떻습니까?

고객: 좋은 방어기제입니다. 잠시 피해서 약간의 시간을 두고 생각해보면 상대방이 그럴 수도 있겠다 싶죠. 그러면 그만입니다. 더구나 중요하지도 않은 일에 폭발하는 것처럼 비능률적인 건 없습니다. 똥이 더러워서 피해야 하건만 똥과 뒤엉켜 싸우는 격이며, 멍청한 짓임에도 자신은 정의로운 줄 아는 사람도 있습니다.

필자: 싸울 때는 꼭 자기보다 약해 보이는 사람을 택하더군요.

고객: 강자와 싸운다 해도 진정한 용기는 아닙니다. 피할 땐 피해야 하는 겁니다.

필자: 최근 '묻지마 범죄'에 대한 공포가 있습니다. 타인에게 상해를 입힐 수 있는 정신질환은 어떤 게 있습니까?

고객: 폭력 성향이 있는 질환이 되겠죠. 분노조절장애, 반사회적 성격장애가 대표적이고, 소수 조현병 환자에서 확률이 높습니다.

따라서 정확한 진단으로 미리 대처해야 합니다.

필자: 정신증은 뇌 회로에 구조적 문제가 생긴 것이므로 근본적 치료가 불가능합니까?

고객: 전혀 안 될 것 같던 환자가 회생하듯 정신증 환자가 낫기도 합니다만 가능성이 낮은 게 사실입니다. 따라서 재활에 더 중점을 두게 되죠. 반면 신경증은 쉽지 않으나 완치는 가능합니다.

필자: 나이가 들고 철이 들면 나아지기도 합니까?

고객: 병에 따라 그럴 수 있죠. 그러나 나이를 먹어도 변함없이 철없는 사람이 있듯 신경증도 그렇습니다. 심지어 더 심해지기도 합니다.

필자: 치료에 도움될 만한 게 있습니까?

고객: 좋은 사람을 만나야 합니다. 의사는 물론이고 주위에 병에 대한 이해가 높고 사랑으로 대해주는 사람이 있으면 좋습니다. 그래도 치료 기간은 오래 걸립니다. 그만큼 정신 문제는 완치가 쉽지 않습니다.

필자: 병식(Insight)을 말씀하셨는데 의사가 병명을 확실히 알려주는 게 도움이 됩니까?

고객: 아무리 알려줘도 처음부터 자신이 신경증이 있음을 인정하는 환자는 적습니다. 반면 인정하는 순간 병의 반은 나은 거죠. 그만큼 병식이 중요합니다. 문제는 신경증 환자의 대다수가 병원에 오지 않는다는 사실입니다.

필자: 한국에는 자살이 많아서 OECD 국가 중 단연 1위입니다. 삶의 의미를 잃어버리는 사람이 세계에서 가장 많은 셈입니다.

고객: 인간에게는 식욕, 성욕 등 기본적 욕구 외에 인정욕구라는 게 있죠. 고차원적인 욕구라고는 하지만, 단순히 회사에 나가서

일하는 것만으로도 충족될 수 있습니다. 가정에서 일하는 전업 주부도 가족으로부터 인정받으면 욕구가 충족되죠. 학교에서의 학생도 그렇습니다.

필자: 아무리 힘들더라도 자살이 평범한 사람이 선택할 수 있는 건 아닙니다.

고객: 전문가인 저로서도 이해하기가 쉽지 않습니다.

필자: 세상에 부러울 게 없을 것 같던 아름다운 외모의 소유자 이은주 씨도, 재산이 6천억 원이었다는 이건희 회장의 막내딸도 20대 중반의 꽃다운 나이에 스스로 목숨을 끊었습니다.

고객: 외모도, 돈도 삶의 포기를 막지는 못하는 모양입니다.

필자: 자살 시도는 재발률이 높다고 합니다.

고객: 집단 따돌림, 성적, 경제적 추락 등 원인에 대한 대처가 시급하죠. 학생들에게 수월한 면담 기회를 제공하고, 지자체에서는 최소한 경제적 이유로 자살하는 일이 없도록 시스템을 점검해야 합니다.

필자: 너무 많은 사람이 경제적 곤란을 겪는 게 현실입니다.

고객: 국가가 도울 수 있는 만큼 도와야죠. 겉보기에는 문제가 없어 보여도 드러나지 않는 폭력 등으로 좌절하는 가정이 많습니다.

필자: TV에서도 자주 나오더군요. 정신의학과 의사가 환자의 동의하에 지자체의 도움을 요청하는 것도 필요해 보입니다.

고객: 의사뿐 아니라 주위 이웃이나 친지 등 누구라도 그렇게 해야죠.

필자: 대다수 국가의 자살률은 떨어지는데 한국은 우울증 치료율이 너무 낮아서 10년 만에 두 배로 상승했다는 보도를 봤습니다.

고객: 누구라도 우울하거나 마음의 스트레스를 받을 때 정신의학과

를 쉽게 이용하면 좋겠습니다. 감기 걸렸을 때 병원에 가는 것처럼 말입니다.

필자: 환자가 의사를 사랑하는 '전이'의 경험은 없습니까? 의사가 환자를 사랑하는 '역전의'도 있다고 합니다.

고객: 본래 정신의학과에서 의사의 사랑이 없다면 치료가 어렵습니다. 신뢰를 기반으로 자신의 어려움을 토로하고, 의사는 사랑으로 치료에 임해야죠. 그러다 보면 가끔 사적 감정이 들기도 합니다. 그러나 그 이상의 진전은 철저히 배제합니다.

° 네 명이 함께 심리상담센터를 운영하고 있습니다

필자: 최근 오은영 박사의 프로그램을 보면 아이의 문제는 부모의 문제에 의한다는 인상을 받습니다.

고객: 아이를 낳고 키우는 연령대가 주로 2, 30인데 그 나이의 부모라고 철이 있겠습니까? 진정한 사랑으로 대하기보다 잔소리와 강요가 심하기도 하죠. 맞벌이 가정이 늘면서 양육을 전담하는 조부모가 그런 경우도 많습니다. 더욱이 아이가 사춘기에 들면 잔소리나 강요는 통하지도 않고 관계가 악화하기만 합니다. 그러니 적절히 내버려 두는 게 나을 때도 있습니다.

필자: 부모부터 배우고 상담받아야 한다고 봅니다.

고객: 부모의 어릴 적 환경부터 알아봐야 할 때가 많죠. 참고로 전 고교 교육 과정에서 부모 역할을 반드시 가르쳐야 한다고 생각합니다.

필자: 입시 교육에 밀려서 그게 가능하겠습니까? 차라리 상담사가 해주셔야겠네요.

고객: 아쉽지만 제게 아이 문제로 상담하는 고객은 없죠.

필자: 주로 무슨 상담을 합니까?

고객: 인간관계, 연애사가 많습니다. 그냥 사람 사는 얘기입니다.

필자: 치료가 잘 됩니까?

고객: 내담자 중에는 신경증이 있는 사람이 많은데, 잘 들어주고 공감하는 것에서부터 시작해서 조언하는 거로 마무리합니다.

필자: 심리학과 전공이라면 대학에서 무슨 과목을 배웁니까?

고객: 저학년 때는 수학, 과학, 통계 등을 배웁니다.

필자: 심리학과는 거리가 있어 보입니다.

고객: 심리학은 기존의 마음 탐구를 넘어 과학적 방법론을 추구합니다.

필자: 주요 전공과목은 무엇입니까?

고객: 심리학 외에도 사회학, 윤리학, 사상, 철학, 교육학 등 전반적 지식이 요구됩니다.

필자: 정신분석보다 행동심리학에 따른 교정이 우세해 보입니다.

고객: 전혀 그렇지 않습니다. 두 방법은 빙산의 일각일 뿐이고, 행동심리학도 최근의 대세가 아니라 오래전 얘기입니다. 더구나 행동심리학은 이미 수많은 비판을 받아왔습니다.

필자: 스키너가 행동심리학의 대가라고 합니다.

고객: 프로이트에 이어 두 번째로 유명한 심리학자라고 알려져 있죠. 행동주의에 대한 이론보다는 방법론적 행동주의의 잘못된 개념들을 수정하고, 행동주의에 대한 오해를 바로잡고자 했습니다.

필자: 방법론적 행동주의가 무엇인지요?

고객: 관찰이 불가능한 의식이나 마음을 배제하고 행동만을 관찰하는 겁니다. 이에 비해 급진적 행동주의는 행동을 관찰할 때 감정이나 마음, 사적 사건, 경험 등을 포함한다는 차이점이 있습니다.

필자: 과거의 환경이나 인격의 형성 과정을 무시하고 현재의 행동만을 교정하는 게 가능하겠습니까?

고객: 방법론적이든 급진적이든 기본적으로 과거의 학습된 기억을 무시하는 건 아닙니다.

필자: 행동을 수정하는 요령이 있습니까?

고객: 충분한 시간이 있다면 꾸준한 강화를 통해 좋은 경험을 만들어 줍니다. 단기적으로는 보상이나 벌을 통해 행동을 변화시킬 수 있다는 조작적 조건화 이론을 활용하기도 합니다.

필자: 그것만으로 치료가 완전하진 않겠죠.

고객: 여러 가지 방법을 병행합니다만, 제 개인적으로는 내담자의 불합리한 생각이나 믿음을 교정하는 인지 치료라는 걸 선호하는 편입니다.

필자: 어릴 때부터 체득된 무의식은 어떻게 다룹니까?

고객: 우선 무의식에 대해 알아볼 필요가 있습니다. 최근 학설에 의하면 인간의 마음과 생각은 깊지 않다고 합니다.[3] 바다가 아니라 접시에 담긴 얕은 물이라는 거죠. 마음과 생각이란 과거의 경험과 기억에서 조각조각 하나씩 끌어다 쓰는 것에 불과하고, 그에 따른 행동도 특별히 깊이가 있는 건 아니라는 겁니다.

필자: 그럼에도 행동에 깊이가 있는 사람이 있습니다.

고객: 유난히 점잖은 사람은 있죠. 그러나 그런 행동이 무의식이나

의식의 깊이를 반영하는 건 아닙니다.

필자: 인간의 사고가 천박하고 무의식도 없다는 말씀이네요.

고객: 없다는 게 아니라 표현을 더 정확히 해야 한다는 거죠. 무의식보다는 경험에 따라 '내재한 기억'이라는 표현이 더 설득력을 얻습니다.

필자: 기억력이 남보다 좋은 사람도 있습니다.

고객: 자주 꺼내쓰는 차이일 뿐입니다. 즉 의식적이고 의도적인 반추의 횟수가 기억력에 비례하는 거죠. 그렇지 않으면 잊히기 마련입니다.

필자: 그러면 갓 태어난 아기가 젖을 빠는 건 무엇입니까?

고객: 그건 무의식이 아니라 본능입니다.

필자: 꿈은 무의식의 발현이라고 합니다.

고객: 꿈은 깊지 않은 생각이 수면과 각성의 중간 단계에서 일어나는 생리적 현상이라고 설명합니다. 즉 꿈은 현실에서 경험했거나 상상했던 생각들로 이루어지며, 깊은 무의식을 드러내는 건 아니라는 거죠.

필자: 독서를 통해 얻는 사고의 깊이는 어떻게 설명합니까?

고객: 사고가 깊어지는 게 아니라 다양한 정보로 기억되는 겁니다. 정보에는 감정이 포함되기도 하죠. 물론 잊어버리는 것이 더 많습니다.

필자: 정보 역시 기억인 건 맞습니다만, 기억에 따른 감정은 어떻게 봐야 합니까?

고객: 기억은 대개 감정을 수반합니다. 그렇지 않으면 좋은 기억, 나쁜 기억이 성립하지 않죠.

필자: 뇌에서 감정을 담당하는 부위와 기억이 저장되는 부위는 각기

다릅니다.

고객: 두 기능이 대뇌변연계에서 이루어지는데 위치가 매우 가깝고 빠른 속도의 연합능력이 있습니다. 감각신경계에서 통증을 느끼면 운동신경계를 동원하여 피하게 되는데, 이 둘이 거의 동시에 빠른 속도로 이루어지는 것과 같습니다.

필자: 그러나 인간은 한 번에 한 가지밖에 할 수 없습니다.

고객: 테니스를 치면서 수학 공식을 생각할 수는 없죠. 그게 된다면 테니스가 아니라 수학을 하는 겁니다. 운전자가 운행 중 표지판을 본다면, 서울이라는 표지판을 봄과 동시에 서울로 가는 길을 인식하는 게 아니라 극히 짧은 시차를 두고 두 가지를 연이어 하는 겁니다. 단지 그 시차가 워낙 짧아서 동시라고 착각하는 거죠. 이게 뇌와 인공지능의 차이점입니다. 인공지능은 인간의 명령에 따라 동시에 여러 가지 연산을 수행할 수 있습니다.

필자: 깊이 있는 학문이라는 수학, 물리학은 무엇입니까?

고객: 선배들의 생각들 위에 또 다른 생각을 얹어가는 오랜 과정에서 현재의 그런 학문이 빛을 발하는 거고, 더구나 그 생각들이 사고나 경험이 아닌 무의식에서 유래된 건 아닙니다. 이는 음악, 미술 등 예술에도 적용됩니다.

필자: 꿈에서 뱀이 만든 링을 보고 벤젠의 구조식을 발견했다고 합니다.

고객: 꿈이 무의식의 세계가 아님은 이미 말씀드렸습니다.

필자: 그렇다면 믿음은 무엇입니까?

고객: 무의식을 부정하는 학자들은 믿음 또한 깊이의 세계는 아니라고 합니다. 그렇게 보면 신의 말씀대로 바르게 행동하는 게 더

중요할 수 있습니다.

필자: 성령을 받는다거나 도를 깨우친다는 건 어떻게 설명합니까?

고객: 이미 말씀드린 대로 심리학도 과학의 한 분야입니다. 솔직히 종교는 믿음의 세계인만큼 과학과는 다르죠. 그러니 심리학자가 종교를 평가하는 것은 적절하지 않고, 또한 그렇게 해서도 안 된다고 생각합니다.

필자: 말씀대로라면 마음과 사고도 천박한 거 아닙니까?

고객: 변연계에서는 감정이나 마음을, 전두엽에서는 사고를 담당합니다만 그곳에서도 정보의 처리나 저장이 깊이 있고 불명확한 형태로 이루어지는 건 아니라고 봅니다.

필자: 두뇌의 가장 내측에 있는 변연계는 동물에서도 상당히 활성화되어 있고, 작은 동물이라도 변연계의 크기가 인간과 비슷하다고 합니다.

고객: 반면 인간은 전두엽이 상대적으로 커서 연산과 사고에 능합니다.

필자: 마음과 감정을 다스리려면 어떻게 해야 합니까?

고객: 가장 중요한 건 자신을 격려하고 사랑하는 자세입니다. 자신의 현재 모습 그대로를 사랑하지 않고서는 마음이나 감정이 잔잔해질 수 없습니다. 나아가 자신을 진정으로 사랑하는 사람이 이타주의를 발휘할 가능성도 커지는데, 이타주의야말로 인간이 발휘할 수 있는 최고의 선(善)입니다.

◦ 한국 성인의 80%가 자신의 머리가 상위 20% 내에 속한다고 믿는답니다

필자: 세상 사람 누구나 그렇게 믿지 않겠습니까?

고객: 한국 남성이 흔히 하는 3대 착각이 있는데 자신은 머리가 좋고, 잘 생겼고, 노래를 잘한다고 믿는다는 거죠.

필자: 그 또한 전 세계 모든 남성이 그럴 겁니다.

고객: 남자가 자기 멋으로 사는 건 맞습니다만, 착각이 지나친 건 자신에 대한 평가가 객관적이지 못하기 때문입니다. 나아가 객관성이 떨어지는 건 머리가 좋지 못하기 때문이죠.

필자: 자신이 머리가 좋다는 것도 머리가 나빠서 하는 착각일 수 있다는 겁니까?

고객: 그렇죠.

필자: 그러면 저처럼 머리가 나쁘다고 생각하는 사람은 머리가 좋은 거네요.

고객: 묘하게 갖다 붙입니다만, 그럴 수 있습니다.

필자: 전 머리가 나쁜 걸 대학 졸업하고 의사가 되어서야 알았습니다. 그러니 그때부터 열심히 산 겁니다.

고객: 아무래도 좋습니다. 진심으로 머리가 나쁘다고 생각했다면 그때 비로소 착각에서 벗어나게 되고, 그때부터 머리가 좋아지기 시작하는 겁니다. 반면 그런 것도 모른 채 착각 속에서 한평생을 사는 사람이 많습니다.

필자: 머리가 나빴다가 좋아질 수 있습니까?

고객: 머리는 쓰면 쓸수록 좋아지며, 안 쓰면 나빠지는 겁니다.

필자: 대체 머리가 좋다는 게 뭡니까?

고객: 지능과 지성을 구별할 필요가 있는데, 우선 지능은 공부나 학습 능력을 뜻합니다. 즉 '공부 머리'라고 불리는 거죠. 이에 비해 지성은 지능에 해당하는 공부와 학습을 포함하여 사물을 객관적으로 인식하고 판정하는 능력, 합리성, 도덕성, 사회에서의 적응이나 협력 등 통합적이고 포괄적인 능력을 말합니다. 따라서 타인과의 관계나 사회생활을 원만하게 해주는 건 지능보다 지성에 의하며, 머리가 좋다는 건 지능보다 지성에 의해 결정됩니다.

필자: 차라리 지능적인 머리, 지성적인 머리 따로 있다고 보는 게 낫겠습니다.

고객: 그렇게 보는 게 이해하기 더 쉽겠네요. 분명한 건 사람에게는 지능보다 지성이 더 필요한 요건입니다.

필자: 지능이 높다고 합리적 판단과 원만한 사회생활을 하는 건 아니라는 겁니까?

고객: 맞습니다. 공부만 잘한다고 되는 게 아니라는 얘기입니다. 반면 지성이 높다면 가능하죠.

필자: 지능이 높은 사람이 사회에 유용한 발명품을 만들지 않습니까?

고객: 지능이 높다고 해서 훌륭한 발명가가 되지는 않습니다. 지능보다는 한 분야에 대한 집중력과 지구력이 높은 사람이 발명가가 될 가능성이 커지고, 창작도 그런 과정에서 나옵니다.

필자: 지능이 높아서 그런 게 아니라면 소위 천재란 무엇입니까?

고객: 전 천재를 인정하지 않는 사람 중 하나입니다. 다시 말씀드리자면 한 분야에 오랜 기간 노력한 사람이 창조적 결과물을 만들어 낼 확률이 높은 겁니다. 즉 본래부터 그 사람이 지능이 좋

아서 그런 건 아니죠. 더구나 그런 사람이 모두 대단한 지성을 갖춘 것도 아닙니다.

필자: 기존의 상식과는 괴리가 크네요. 그러면 모차르트나 아인슈타인이 천재가 아닙니까?

고객: 머리가 좋다는 게 지능보다 지성이라면 그들 또한 반드시 머리가 좋다고 단정할 수는 없습니다. 대신 그들은 한눈팔지 않고 한 분야에 많은 시간을 들여서 성공적인 창조물을 많이 만들어 낸 겁니다. 심지어 번득이는 아이디어도 지능보다는 오랜 숙고 끝에 나오기 마련입니다.

필자: 어쨌든 창조물이 많으니 천재 아닙니까?

고객: 천재의 기준을 창조물에 국한한다면 간단히 그렇게 말할 수 있죠. 다만 지능이나 지성이 높다는 것과는 별개입니다.

필자: 암산을 잘하는 건 머리가 좋아서가 아니라 남보다 암산을 많이 했기 때문인 건 맞습니다.

고객: 오히려 지성이 대단히 높지 않으면서도 단순한 사람이 한 분야에 오래 집중하는 능력이 있습니다. 심지어 지능이 높지 않은 사람이 그런 능력을 보일 때도 있습니다.

필자: 그렇다고 혼자만 잘해선 창조가 이루어지지 않습니다.

고객: 중요한 지적입니다. 그런 일은 드물죠. 주위 환경이 중요해서 토론 문화가 성숙하지 않은 나라에서 창조물이 잘 나오지 않는 이유입니다. 에디슨의 발명품들이 혼자 이룬 건 아니며, 기존의 기술을 바탕으로 연구소 내의 많은 사람이 머리를 맞대고 만들어 낸 겁니다.

필자: 그렇다고 모차르트나 아인슈타인이 지성적이 아니라고 할 수는 없습니다.

고객: 상당한 수준의 지성도 갖추었겠죠. 다만 일반적으로 천재라고 불리는 사람이 날 때부터 유난히 머리가 좋은 건 아니라는 말씀입니다.

필자: 유난히 공부를 잘하는 사람도 있지 않습니까?

고객: 공부를 잘하는 것도 지능이 높아서라기보다 공부를 오래 하는 능력이 남보다 낫기 때문입니다.

필자: 그게 지능 아닙니까? 지능이 없으면 공부가 재미없으니 집중력이 안 생기고 산만해집니다.

고객: 지능보다는 철이 들어서 생각하는 태도가 성숙한 사람이 진득하게 공부도 오래 하죠. 여기서 철이 든다는 건 지능이 아니라 지성에 의합니다.

필자: 지성적인 사람이 철이 있다는 얘기네요.

고객: 그렇죠. 지성적인 사람은 철없이 함부로 행동할 가능성이 작습니다.

필자: 지성을 높이려면 어떻게 해야 합니까?

고객: 가장 효과적인 방법은 역시 책입니다. 개인의 지성을 위해서라면 끊임없이 공부하고 사고해야죠. 다만 집단 지성은 사회체계의 영향을 받으므로 정치인이 해야 할 몫이 있습니다.

필자: 캠핑 가서 종일 먹는 사람은 많으나 책 읽는 사람은 보기 어렵습니다.

고객: 세상이 아무리 정보화, 고도화되더라도 책이 도외시되지는 말아야 합니다.

필자: 반면 책을 많이 읽었다고 매우 지성적이라고 착각하는 사람도 있더군요.

고객: 경계해야죠. 그런 사람은 아집이 더 강해서 잘 변화하지 못합

니다.

필자: 지성적이면 예측이 가능한 사람이 된다고 합니다.

고객: 약속을 잘 지키고, 신용이 있고, 남에게 피해를 주지 않고, 차분하고, 깊이가 있고, 멋스럽기도 합니다.

필자: 그러나 머리를 쓰지 않아도 특정한 일에 전문가나 숙련가가 되어 만인의 존경을 받을 수 있습니다.

고객: 단순한 일처럼 보여도 머리가 필요하며, 그분들도 특정한 일을 위해 그렇게 했을 겁니다.

필자: 주위에서 보면 머리를 쓰지 않으려는 사람이 많습니다.

고객: 가장 큰 이유는 단연코 게으름인데 그나마 몸이 게으른 건 낫습니다. 머리 쓰길 게을리하면 성공과는 거리가 멉니다. 게으른 사람은 뭔가를 찾아볼 생각도 하지 않습니다. 그러니 자기 생각이 옳다는 착각에 빠져 살 가능성이 큽니다.

필자: 은연중에 자신이 머리가 나쁘다고 판단해 버리기도 합니다.

고객: 머리를 많이 쓰지 않으려는 습관에 따라 지레 포기하는 것일 뿐, 그가 원래부터 머리가 나쁜 건 아닙니다. 마찬가지로 말이나 발표를 잘하는 것도 오랜 연습의 결과이며, 원래부터 그런 걸 잘하는 사람은 없습니다.

필자: 정주영 회장은 배운 게 없어서 부지런했다고 합니다.

고객: 배운 게 없어서 머리가 나쁘다는 것도 완전히 틀렸습니다. 그분처럼 머리를 많이 쓰면 당연히 좋아집니다.

필자: 그래도 타고난 지능이 높은 사람이 있습니다.

고객: 당연히 있죠. 그런 사람이 재능을 발휘해서 공부를 잘하고 출세할 확률이 높은 것도 사실입니다. 그러나 지능은 높은데 지성이 낮은 사람은 이기주의자가 될 가능성이 큽니다. 남의 사

정을 살필 줄 모르고 자기밖에 모르기 때문입니다.

필자: 그런 사람이 사기 등의 범법행위를 잘하기는 합니다.

고객: 그럼에도 스스로 머리가 좋다고 착각하죠. 진정 머리 좋은 지성인은 그런 행동을 하면 감옥에 가거나 인생이 망가진다는 합리적인 생각을 합니다. 지능과 잔머리도 구별해야 합니다. 사기를 잘 치는 사람은 지능이 아니라 잔머리가 좋은 거죠. 즉 잔머리는 지능은 물론이고 지성이 낮은, 머리 나쁜 사람의 전유물입니다.

필자: 한국에는 이기적인 사람이 많아 보입니다.

고객: 집단에 그런 사람이 많으면 집단 지성이 낮다고 하며, 그런 사회에서는 화합 대신 갈등이 우세합니다.

필자: 한국의 정치인들이 서로 잘났다고 싸우는 것도 지성이 낮기 때문이네요.

고객: 지성이 낮으면 자기밖에 모르고, 남을 인정 안 하니 싸움이 잦을 수밖에 없습니다. 그런데 자기밖에 모르는 건 바꾸어 말하면 자기를 제대로 알지 못하기 때문입니다. 흔히 자기를 과대평가하는 거죠. 이는 대인관계에서도 잘 드러나는데 자신은 스마트하지 않으면서 상대는 그러길 바라기도 합니다.

필자: 자기만 잘났다고 생각하는 사람은 실은 자기가 못나서 그런 거라고 합니다.

고객: 남은 생각 안 하고 자기 멋대로 하는 것도 그렇지만 남에게 너무 잘하려는 것도 상대에게 부담을 지우는 행위가 될 수 있습니다.

필자: 지나치게 친하려 하거나 뭔가를 사주려는 사람이 있습니다.

고객: 그 또한 자기 생각만 해서 그렇죠. 본래 적당한 선을 지킨다는

게 쉽지 않은 겁니다. 사람은 언제나 자기 생각이나 믿음이 틀릴 수 있다는 사실을 유념해야 합니다.

필자: 자기 자식만 잘되겠다고 사교육에 매달리거나 자기만 생각해서 사소한 교통사고에도 드러눕고 입원하는 행위 등도 지성이 낮기 때문이네요.

고객: 그런 집단 지성이 낮음으로 인해 발생하는 피해는 결국 자신에게 되돌아옵니다.

필자: 한국인의 집단 지성이 낮다고 보는 겁니까?

고객: 저는 냉정하게 그렇게 봅니다.

필자: 지성은 교육과 관련이 있습니까?

고객: 지성이 학력과 비례하는 건 맞습니다. 한국인이 학력이 높아지면서 지성도 높아지는 건 사실이죠. 그러나 대학 진학률이 높지 않은 국가에서도 집단 지성이 우세한 건 사회 분위기가 중요한 요인이라는 증거입니다.

필자: 사회 분위기라면 어떤 걸 말합니까?

고객: 사회적으로 평등하게 잘 살면 그럴 가능성이 커집니다. 남과 비슷하게 생활이 안정되면 여유가 있고 사고가 깊어지는 거죠.

필자: 대체로 지능이 좋은 사람이 지성도 높지 않습니까?

고객: 그럴 확률이 높긴 하나 반드시 정비례하는 건 아닙니다. 지능이 높지 않아도 풍부한 지성으로 평안한 삶을 살면서 주위에 덕을 베푸는 사람이 많습니다.

필자: 독일처럼 지성적인 국가가 제2차 세계대전을 일으킨 건 어떻게 설명합니까?

고객: 그건 지성이 아닙니다. 다른 나라에 심각한 피해를 준 행위는 지성이 아니며, 당시 독일이 집단 지능은 높았다고 하더라도

집단 지성은 최악이었던 겁니다.

필자: 지성과 행복도는 비례합니까?

고객: 지능이 높다고 반드시 행복하지는 않으나 지성이 높으면 대체로 행복합니다. 아무리 부자, 전문직이라고 지성이 높지 않으면 행복한 삶을 살 수 없게 되는 거죠. 같은 논리로 집단 지성이 높을수록 국가의 행복지수는 높아집니다만, 왜 한국인의 행복지수가 경제력에 비해 늘 하위권에 맴도는지 깊이 고민해 봐야 할 때입니다.

외롭고 우울하니 잠도 잘 안 옵니다

필자: 외로울 시간을 줄여보세요. 직장을 구해서 일하면 좋겠지만 구하기 힘들면 운동, 취미, 동호회 등 다 좋습니다. 인간은 혼자 시간이 남으면 고독하고 우울하기 마련입니다.

고객: 그렇다고 매일 나돌아다닐 수는 없죠.

필자: 매일 나돌아다녀야 합니다. 아무리 주부라도 답답해서 종일 집에 있겠습니까?

고객: 돈 많이 쓰게 생겼네요.

필자: 사정이 허락하는 대로 쓰면 되죠. 그편이 외로운 것보다 낫습니다.

고객: 개를 키우라는 친구도 있습니다.

필자: 좋은 생각입니다. 개가 주는 정서적 이득 외에도 외로운 시간을 줄여주는 효과가 큽니다.

고객: 제가 한가해서 외로운 건 아닙니다.

필자: 직장인보다는 시간이 많겠죠. 혼자 있는 시간이 적은 사람은 외로움을 덜 느낀다는 보고가 있습니다. 그러니 말씀과는 달리 한가해서 외로울 수 있습니다.

고객: 제 주위에 바쁜 사람도 외롭다고 합니다.

필자: 외롭지 않은 사람이 어디 있겠습니까? 그래도 한가한 시간이 적다면 외로움은 덜할 겁니다.

고객: 전 어릴 때부터 지금까지 항상 뭔가가 부족한 느낌입니다.

필자: 보상심리가 작용해서 완벽하기를 바라고 때로는 상상의 세계에서 현실과 다른 자신을 꿈꾸기도 합니다만, 그런 환상이 더욱 부족함을 자극하고 우울하게 만들죠.

고객: 제가 한심한 건가요?

필자: 친한 사람이라면 그런 말을 했을지도 모릅니다. 뭔가 결정해서 부딪혀 보세요. 지금 이대로는 답이 없습니다.

고객: 우울하면 잠도 안 오고 일상생활이 어렵습니다.

필자: 잠이 잘 오는 조건은 두 가지가 있습니다. 피곤해야 하고, 누워서 자기 전에 기분 좋은 생각을 해야 합니다.

고객: 생각을 하는데 잠이 옵니까?

필자: 기분 좋았던 생각은 심신을 편안하게 해서 잠들기 쉽게 해줍니다. 반대로 조금이라도 기분이 나쁘거나, 갈등이나 해결되지 않은 문제에 몰두하면 카테콜아민이라는 흥분, 각성 물질이 분비되어 잠을 방해합니다.

고객: 전 기분 좋은 일도 없습니다.

필자: 당장 만들기 어렵다면 기분 좋은 상상이라도 해보세요. 단 말씀드린 대로 현실을 부정하는 방식은 아니어야 합니다.

고객: 남들은 피곤하면 잠이 잘 온다는데 전 그렇지도 않습니다.

필자: 역으로 잠이 안 온다는 건 피곤하지 않다는 뜻입니다.

고객: 저처럼 피곤한데 잠이 안 오는 게 문제죠.

필자: 실상은 마음만 피곤하고 몸은 덜 피곤한 겁니다.

고객: 일단 운동이라도 해야겠네요. 그래도 역시나 잠이 안 올 땐 어떻게 합니까?

필자: 책을 읽어보세요.

고객: 그것도 해봤고 술도 마셔봤습니다.

필자: 이도 저도 안 되면 안 자면 됩니다. 스트레스받느니 마음 편히 밤새우죠. 다음 날 피곤해서 잘 자게 될 겁니다.

고객: 다음 날 낮에 잘 게 뻔합니다.

필자: 그래서 불면증이 있으면 낮잠은 금물입니다.

고객: 결론인즉 제가 시간이 남아서 외롭고, 덜 피곤해서 잠이 안 온다는 겁니까?

필자: 사연이 많으시겠죠. 그러나 문제를 단순화하자면 그럴 수 있습니다.

° 코로나 사태, 어떤가요?

필자: 코로나바이러스는 이미 40년 전, 제가 학생 때부터 배웠던 것입니다. 감기를 일으키는 바이러스는 아형까지 치면 무려 2백여 가지가 있다고 합니다만, 인플루엔자 독감에 비해 경미한 바이러스는 아데노(Adeno), 라이노(Rhino), 코로나(Corona)

등입니다. 이중 코로나바이러스는 변이를 통해 독성이 강해진 건 확실해 보이나, 민생에 심각한 지장을 초래할 정도로 대응해야 하는지에 대해서는 개인적으로 이견이 있습니다.

고객: 외국의 사례를 적절히 참고해야죠.

필자: 중국처럼 지나친 전체주의는 불필요하다고 봅니다.

고객: 코로나바이러스는 없어질 수 있습니까?

필자: 그렇지는 않고 다른 변종이 많이 나타나겠죠.

고객: 코로나바이러스에 의한 폐렴이 무서운 겁니까?

필자: 폐렴은 수많은 요인에 의합니다만, 미생물에 의한 것이라면 세균과 바이러스가 대표적입니다. 이중 세균은 항생제에 잘 듣죠. 즉 세균성 폐렴은 치료가 잘 되는 편입니다. 반면 현대의학에서 바이러스를 퇴치할만한 약은 특별한 게 없습니다.

고객: 그렇다면 바이러스성 폐렴의 사망률이 높다는 거네요.

필자: 그런 편입니다만 다행스럽게도 바이러스 감염은 인체의 저항력으로 대부분 자연치유 됩니다.

고객: 저항력이 약한 노인에서 폐렴이 패혈증으로 잘 진행한다고 합니다. 패혈증이 정확히 무엇입니까?

필자: 혈액 속에 균과 독성 물질이 돌아다니는 질병입니다. 독감이나 코로나바이러스에 의해 면역력이 떨어지면 이차적으로 각종 세균에 쉽게 노출되고, 저항력마저 떨어지면 패혈증으로 발전하게 됩니다.

고객: 사망률이 높다고 하더군요.

필자: 균이 혈액을 통해 마음대로 돌아다닐 정도면 거의 모든 장기에 손상을 입혀 사망률이 30%에 이릅니다.

고객: 항생제가 발달해 있는데 그런 세균을 통제하지 못합니까?

필자: 발병 후 치료 시기를 놓쳤거나 항생제에 유독 내성이 있는 균주라면 손 쓰기가 매우 어렵죠. 특히 신장의 손상 여부가 생존을 결정하는 요인이 됩니다. 신장은 혈관으로 이루어진 장기이므로 패혈증에 의해 손상을 잘 받습니다. 반대로 신장이 잘 견뎌서 소변이 잘 나오면 생존의 가능성이 커집니다.

고객: 코로나바이러스에 의해 폐렴이 증가한 건 맞습니까?

필자: 정확한 통계가 없어서 불확실합니다.

고객: 그것도 확실치 않다면 원래부터 있었다는 코로나 때문에 뭐하러 그 난리를 쳤답니까?

필자: 팬데믹 사태 전과 후의 코로나바이러스 폐렴의 유병률과 사망률을 비교한 자료가 요구되나, 사태 전에는 바이러스성 폐렴의 원인이 코로나바이러스였는지 정확히 검사하지 않았으니 비교분석이 불가능한 겁니다.

고객: 전체 바이러스성 폐렴에 의한 사망률은 분석할 수 있겠죠.

필자: 그건 가능합니다. 매우 중요하며 반드시 확인해야 할 과제입니다.

고객: 규제로 인해 바이러스의 확산을 막고 사망하는 사람이 준다면 그만한 가치가 있을 겁니다.

필자: 단 한 사람이라도 사망을 줄인다면 가치가 있죠. 그러나 그를 위해 국민의 생업을 중단해야 하는지는 딜레마가 아닐 수 없습니다. 사태 이후에 각국에서 행한 규제의 범위와 함께 유병률과 사망률을 철저히 비교 검토해야 하건만, 그런 작업을 했다는 얘기를 들어보지 못했습니다.

고객: 그건 의사들이 검토해서 발표해야 할 일이라고 봅니다.

필자: 의사 각자가 자료를 건네주고 질병관리청 등의 기관에서 해야

죠.

고객: 한국에서는 시시각각 통계를 발표했습니다.

필자: 한국만이 아닌 각국의 통계가 더 중요한데 단순히 질병 통계만 발표해서는 실효가 없습니다. 규제의 정도, 백신 접종률, 발병률 등을 비교 분석해야 적절한 가이드라인이 생기게 됩니다. 특히 규제와 발병률의 관계를 철저히 파악해서 향후 정부의 대응 방안에 지침으로 삼아야죠.

고객: 세계적인 조사는 WHO에서 해야겠네요.

필자: WHO에서 각국의 규제나 대응체계까지 비교해서 검토하지는 않을 겁니다. 그러니 각국에서 알아서 해야 할 일이기도 합니다.

고객: 한국에서도 유행 당시 확진자가 하루 1천 명 이상이면 2명, 이하면 4명만 모이라는 식으로 규제했습니다.

필자: 그 근거가 무엇인지 지금도 의문입니다.

고객: 마스크를 썼음에도 확진자와 접촉했다는 이유로 자가격리를 강제하고, 또한 공무원이 개별적으로 감시하는 나라는 많지 않았던 것으로 압니다.

필자: 혼잡한 버스, 지하철에서의 감염은 그대로 두고 사회생활을 전혀 못 하게 하는 건 무리라고 봅니다.

고객: 개인이 위생을 철저히 하는 게 중요하지 않겠습니까?

필자: 그게 기본이며, 국가는 중증 환자의 치료 기반을 확보해야죠. 다만 기저질환이 없는 환자는 대부분 별 탈 없이 낫게 되므로 규제는 매우 신중하게 해야 합니다. 과학적, 통계적 근거가 명확하지 않다면 더욱 그렇습니다.

고객: 코로나백신은 안전합니까?

필자: 시기적으로 도리 없었으나 심근염 등 부작용도 만만치 않았죠. 꾸준히 모니터링을 해야 하며 가능한 부작용에 조속히 대처할 체계를 갖춰야 합니다. 다만 백신에 대해 지나치게 불안해할 필요는 없어 보입니다.

고객: 백신으로 발병률과 사망률이 주는 건 확실합니까?

필자: 그건 분명합니다.

° 비뇨의학과를 하고 있습니다

필자: 최근 몇 년 사이에 지인 두 분이 신장암 진단을 받았습니다. 한 분은 지하철 화장실에서 소변을 보는데 색깔이 붉게 나오더라는 겁니다. 그 길로 응급실 통해 입원해서는 신장을 절제한 후 지금은 잘 지내고 계시나, 한 분은 불행하게도 옆구리 통증으로 완화치료만 받다가 시기를 놓쳐서 돌아가셨습니다.

고객: 극적이네요. 같은 암이라도 결과가 그렇게 다를 수 있습니다. 혈뇨라는 뚜렷한 증상이 있었던 분이 운이 좋았던 거죠.

필자: 의사로서 검사를 게을리해서는 안 된다는 교훈을 줍니다.

고객: 전립선암도 전립선비대증과 증상이 유사해서 놓치는 경우가 있습니다. 초기 암은 어느 장기에서나 다 그렇죠. 의사로서도 참 어려운 문제입니다.

필자: 수명이 연장되면서 전립선비대증 환자가 늘어갑니다.

고객: 비대증은 치료법이 좋아져서 너무 걱정할 건 아닙니다. 더구나 전립선과 정력은 전혀 상관없음에도 과하게 걱정하는 분이 많

습니다. 전립선은 정액의 3분의 1을 만드는 기관일 뿐입니다. 사정 전 남성 요도에 남아있는 소변이나 여성의 질 분비물은 산성인데, 알칼리성인 전립선의 정액이 이를 중화해서 정자를 보호하는 역할을 합니다.

필자: 대체 정력이란 게 뭡니까?

고객: 사랑하는 기술이겠죠. 그건 머리와 마음의 분야고, 특별한 질병이 없다면 누구나 터득해서 잘할 수 있는 겁니다.

필자: 나이가 들거나 당뇨병 등의 질병이 있으면 정력이 감소하는 건 사실입니다.

고객: 그러나 그런 이유로 정력이 감소할 거라고 예단하는 게 더 큰 문제일 수 있습니다. 실제 그렇지 않음에도 지레 그럴 거라고 여기는 심리적 요인이 더 큰 문제라는 거죠.

필자: 한국인은 먹어서 어떻게 좀 해보겠다는 생각이 큽니다.

고객: 비아그라 등의 약이 아닌, 무언가를 먹어서 좋아진다면 외국인들은 왜 안 먹겠습니까? 이외에도 비과학적인 생각들이 많습니다.

필자: 그나마 일시적으로 심리적 자신감은 생길 겁니다.

고객: 그런 위약효과(Placebo Effect) 정도는 얻을 수 있겠죠.

필자: 누구나 나이를 먹으면 전립선이 비대해집니까?

고객: 맞습니다만 정도의 차이가 있어서 남성 호르몬이 많으면 그럴 가능성이 더 큽니다.

필자: 누구라도 나이를 먹으면 소변 줄기가 가늘어질 수 있겠네요.

고객: 그 또한 맞습니다. 그러나 전립선이 정력과 관계없듯 소변 줄기도 정력과 아무 관계가 없죠.

필자: 다만 그런 현상들이 나이를 먹어서 생기는 거고, 나이를 먹으

면 정력이 감소하는 건 사실 아닙니까?

고객: 그렇다면 흰머리가 나서 정력이 감소한다고 하지, 하필이면 전립선과 소변 줄기 탓을 하는지 이해가 안 됩니다.

필자: 그 근처니 그런 심리가 생기나 보죠.

고객: 허벅지 굵기를 갖고 또 정력 얘기를 합니다. 얼토당토않은 얘기를 하는 사람들이 많습니다.

° 허리도 아프고 무릎도 아픕니다

필자: 나이가 들수록 척추관협착증과 퇴행성 관절염이 많아집니다.

고객: 피할 방법은 없습니까?

필자: 젊을 때부터 너무 무리하지 말아야 합니다.

고객: 일단 생기면 완치는 어렵습니까?

필자: 젊을 때로 되돌릴 수도 없고, 심하면 수술해서 기능을 회복해야죠. 치료하면서도 무리해서 쓰지는 말아야 합니다.

고객: 의사마다 의견이 조금씩 다릅니다. 어느 분은 걸으라고 말씀하더군요.

필자: 걷는다고 통증이 덜해지는 건 아니며, 오히려 더 악화하기도 합니다.

고객: 허리나 무릎 주위의 근육을 강화하면 도움이 된다고 알고 있습니다.

필자: 근육이 쇠퇴하지 않도록 평소에 운동을 잘해야죠. 그러나 일단 발병하고 나서 시행하는 근육 운동은 기대만큼 대세에 큰 영향

을 미치지 못하는 게 사실입니다.

고객: 운동을 안 하면 살이 찌고, 그러면 무릎이 더 아플 겁니다.

필자: 평소 운동은 신진대사와 심폐 기능의 개선에 필수적입니다. 그러나 일단 허리 병이나 무릎관절염이 발병하면 수영 등의 허리나 무릎에 부담이 가지 않는 종목을 택해야 합니다.

고객: 수술은 언제 해야 합니까?

필자: 약물이나 물리치료 등의 보존적 치료에도 반응이 없거나, 통증이 심해서 일상생활을 하지 못하는 경우, 요통과 함께 다리 쪽으로 신경마비가 오는 경우 등에서 수술을 권합니다.

고객: 50대 초반에는 오십견으로 고생했습니다.

필자: 누구나 한 번쯤 걸릴 정도로 흔합니다. 팔을 위로 올리고 자거나, 올려서 일해야 하는 직업군에서 잘 걸립니다. 팔을 올리는 근육의 인대가 견갑골 상부에서 눌리고 마모되면서 병이 시작됩니다.

고객: 치료할 때 팔을 빙빙 돌리라고 하지 않습니까?

필자: 관절까지 굳는 걸 방지하는 목적이나 너무 세게 돌리면 통증만 심해질 수 있습니다.

고객: 말씀을 듣고 보니 운동치료를 선호하지 않는다는 인상을 받습니다.

필자: 그렇지는 않습니다. 적절한 운동치료는 꼭 필요하죠. 특히 뇌졸중 등에 의한 마비, 골절 후의 구축 등에서는 열심히 운동해야 합니다. 그러나 관절염, 척추협착증 등 퇴행성 질환에서는 발병 후 무리해서 운동하다가 오히려 악화하지 않도록 유의해야 합니다.

고객: 젊을 때부터 무리하지 말라는 건 무슨 뜻입니까?

필자: 운동을 적절히 해야 하나 너무 지나치게 하지는 말라는 겁니다. 기계도 너무 쓰면 닳는 이치입니다.

위경련이 잘 생깁니다

필자: 스트레스가 많은 편입니까?

고객: 심하죠. 직장이나 가정이나 내 맘대로 안 됩니다.

필자: 누가 내 맘대로 되는 삶을 살겠습니까? 다 그러려니 삽니다.

고객: 병원에서는 신경성이라고만 합니다. 나는 괴로워 죽겠는데 의사는 신경성이라고만 하니 주위 사람들도 꾀병이라고 비웃는 것 같습니다.

필자: 스트레스에 민감한 장기는 뇌보다 심장과 위장관입니다. 즉 스트레스에 뇌보다 위가 먼저 알아서 이상 반응을 보이면 위경련으로 나타나는 거죠.

고객: 역시나 위경련이 신경성이라는 얘기네요.

필자: 스트레스, 히스테리 등에 의한 정신적 갈등이 신체 증상을 만들어내는 걸 정신신체장애(Psychosomatic Disorder)라고 합니다. 진단 기준을 요약하자면 일상생활의 50% 이상을 마비시킬 정도의 피로가 6주 이상 지속되고, 여러 가지 검사에서 특별한 질병이 발견되지 않을 때를 말합니다.

고객: 병이 발견되지 않더라도 증상이 심하면 괴로운 겁니다.

필자: 물론 괴롭고 그래서 치료가 필요하죠. 정신신체장애에 포함되는 증상은 두통, 근 경련, 손발 저림, 소화불량, 위경련, 위염, 위

궤양, 호흡곤란, 성 기능 이상, 월경불순, 빈뇨, 가려움증, 신경성 피부염, 만성 피로, 불안, 우울증, 불면증 등으로 매우 다양합니다. 나아가 고혈압, 협심증, 위염, 위궤양, 천식, 당뇨병, 비만증 등의 질환을 유발하기도 합니다.

고객: 위경련은 내시경 검사를 해도 특별한 이상이 나오지 않더군요.

필자: 검사에서 천식, 궤양 등 질환이 드러나면 역설적으로 환자가 다행스러워하기도 합니다. 주위에 할 말도 좀 있고, 치료하면 좋아질 거란 기대 때문이죠. 그런데 각종 검사에도 이상이 없다면 환자는 더욱 괴롭습니다. 지나친 걱정에 매사에 의욕이 떨어지고 일이 손에 잡히지도 않습니다. 용하다는 병원은 다 찾아다니며 병원 쇼핑을 하고 한약, 건강식품을 포함하여 약이란 약은 다 먹어봅니다.

고객: 결국 마음이 편해야 한다는 거네요.

필자: 정신신체장애를 앓는 분은 그 원인이 되는, 즉 심리적으로 영향을 주는 상황에 대해 왜곡된 반응을 보이는 경우가 많습니다. 흔히 관찰되는 증상은 매사에 강박적으로 반응하는 겁니다. 따라서 자신에 대한 족쇄를 풀고 자유로운 사고를 갖는 게 중요합니다. 대충 느리고 느긋하게 사는 자세가 바람직할 겁니다.

고객: 저 같은 사람이 많습니까?

필자: 너무 많죠. 한국처럼 복잡하고 치열하며 대인관계가 얽힌 사회에서 얼마나 많은 분이 같은 병으로 고생하겠습니까?

고객: 제 경우 모든 게 경제적인 문제에서 시작됐습니다. 지금도 워낙 쪼들리니 되는 일도 없고, 직장에서나 가정에서나 짜증만 앞섭니다.

필자: 경제적 이유가 정신적 압박의 원인이면 치료가 더 어려울지 모릅니다.

고객: 지금의 상황이 나아질 기미도 없습니다.

필자: 누구나 그렇죠. 상황이 나아질 날이 오겠습니까? 현 상태에서 최대한 행복을 찾아보세요. 그것만이 근본 해결책입니다.

고객: 정신신체장애 말고도 위경련이 생기는 원인이 있습니까?

필자: 스트레스 다음으로 자극적 음식이나 약물이 원인이 됩니다. 위염, 위궤양이 있으면 위경련이 잘 생깁니다만 그 또한 피로, 스트레스에 의한 경우가 많죠.

고객: 위염은 헬리코박터균 때문이라고 합니다.

필자: 위암의 원인이라고도 하나 헬리코박터균을 반드시 박멸해야 하는 건 아닙니다. 그러나 위궤양, 합병증을 동반한 십이지장궤양, 조기 위암, 위장 내 림프종 등이 있으면 균 치료를 받아야 합니다.

필자: 우유가 위염을 예방하는 효과가 있습니까?

고객: 우유 속의 칼슘이나 단백질이 위산 분비를 촉진해서 역효과를 일으킨다고 합니다. 또한 담배도 위산에 대한 위벽의 방어기능을 떨어뜨려서 위염의 재발에 일조합니다.

° 혈압약을 평생 먹어야 합니까?

필자: 특히 비만한 분에서 체중을 줄이지 않으면 그럴 가능성이 큽니다.

고객: 속 버리겠네요. 기운도 떨어질 테고.

필자: 그런 일은 없을 테니 걱정하지 마세요.

고객: 그래도 혈압약이 몸에 좋지는 않겠죠.

필자: 약이란 게 좋아서 먹는 건 아닙니다. 그런데 정작 고혈압은 과연 좋은 걸까요? 고혈압을 방치하면 작은 혈관부터 망가져서 나중에 큰 화를 입기도 합니다. 고혈압을 무서워해야 하건만 반대로 혈압약을 무서워하는 분이 많습니다.

고객: 약이란 게 부작용이 있는 거 아닙니까?

필자: 부작용이란 단어의 '부' 자는 아닐 不가 아니라 부가적인 副입니다. 부작용이 좋은 건 아니나 절대로 생겨서는 안 되는 치명적인 게 아닙니다. 더구나 혈압약을 평생 먹더라도 그 부작용은 미미합니다. 이는 고혈압뿐 아니라 당뇨병을 비롯한 어느 만성 질환에도 적용되며, 약은 필요하면 써야 하는 겁니다. 자꾸 딴 데 가서 알아봐야 별 대책도 없으면서 혼란스럽기만 할 뿐입니다.

고객: 약 먹기를 밥 먹기처럼 좋아하는 사람도 있더군요.

필자: 조금만 아파도 견디질 못하고, 약을 먹지 않으면 무조건 큰 병으로 진행될 거라는 분도 있습니다. 약을 절대 안 먹겠다는 것도 문제이나 남용하는 것도 마찬가지입니다.

고객: 한약이 더 안전하지 않습니까?

필자: 양약의 원료라고 갑자기 하늘에서 뚝 떨어진 게 아니라 동·식물이나 곰팡이에서 만들어진 것들이 대부분입니다. 한약은 원료를 그대로 가져다 쓰는 거고, 양약은 원료에서 필요한 물질만 추출해서 먹는 거죠. 따라서 양약이 해롭다는 편견은 가질 이유가 없습니다.

고객: 그래도 부기가 있다면 약 대신 호박을 먹는 게 몸에 부담이 없을 겁니다.

필자: 한국에는 그런 속설이 너무 많죠. 우선 호박은 이뇨 작용이 거의 없습니다. 과일에 함유된 칼륨이 이뇨 작용에 도움을 주나, 호박에는 칼륨이 많은 편도 아닙니다. 꼭 필요하면 저렴한 이뇨제 한 알만 복용해도 안전하게 부기가 잘 빠집니다.

고객: 그게 중독성이 있어서 부기 때마다 이뇨제를 먹어야 하는 거 아닙니까?

필자: 부기가 생기는 근본 원인을 치료해야겠죠. 심장, 간, 신장, 갑상샘 등의 문제라면 전문적 치료가 필요하고, 비만이나 나트륨 과다섭취에 의한다면 적절할 관리가 필요합니다. 가장 흔한 이유는 여성에서 호르몬의 변화로 잘 붓는 일차성 부기(Essential Edema)입니다. 이 경우에도 정 심할 때나 이뇨제를 처방받아서 복용하면 간단합니다.

고객: 일반적으로 한국에서는 약 처방이 너무 많다고 합니다.

필자: 인정하지 않을 수 없습니다. 의사부터 신중해야 하고, 환자도 약은 꼭 필요할 때 필요한 만큼만 먹겠다는 개념을 가져야 합니다.

° 누구나 심폐소생술(CPR)을 배워야 합니까?

필자: 배워두면 좋겠죠.

고객: 평생에 그걸 할 일이 없을 것 같습니다. 잘 모르기도 하지만 배

워도 안 쓰면 까먹는 거 아닙니까?

필자: 술기가 어렵진 않습니다.

고객: 병원에 있으면 많이 해보셨겠네요.

필자: 과에 따라 달라서 큰 병원의 내과나 마취과라면 심폐소생술(Cardiopulmonary Resuscitation, CPR)과 같이 생활한다고 해도 과언이 아닙니다. 어느 의사라도 수련의 시절부터 CPR과 친숙하긴 합니다.

고객: 원장님 경험은 어떻습니까?

필자: 30회 정도 시행한 것으로 기억합니다.

고객: 많이 살렸습니까?

필자: 두 케이스 있었습니다.

고객: 의사가 했는데도 성공률이 그 정도밖에 안 됩니까?

필자: 병원에서는 이미 생존의 가능성이 낮은 분에게 CPR을 시행하게 되죠. 고령에서 잠시 생명을 연장하다가 이내 돌아가시는 겁니다. 다만 요즘은 존엄사가 많아지는 추세라 그에 따라 CPR의 빈도도 줄었습니다.

고객: 어차피 돌아가실 분이라면 그게 더 현명한 결정으로 보입니다.

필자: 동의합니다.

고객: 병원이 아니라 일상생활 중에 주변에서 급작스럽게 심, 폐 정지가 왔다면 CPR로 살릴 가능성이 큽니까?

필자: 익수사고나 심근경색증을 생각해 보죠. 같은 사고나 질병이라도 경증과 중증이 있습니다. 그런데 CPR이 필요한 경우는 생명이 위태로운 중증이라서 현실적으로 살릴 가능성이 크다고 말할 수는 없습니다. CPR로 생명을 살렸다면 뉴스에 나올 정도니 그만큼 빈도가 드물다는 뜻이기도 합니다.

고객: 그럼에도 모든 사람이 CPR을 숙지하는 게 좋기는 하죠?

필자: 이태원 사건 때 내심 놀랐습니다. 화면이 흐릿했지만 많은 분이 눈물겹도록 열심히 잘하시더군요.

고객: 심장 압박은 갈비뼈가 부러질 정도로 세게 하라고 합니다.

필자: 너무 셀 필요는 없으나 도중에 대개 갈비뼈가 부러지게 됩니다.

고객: 심장충격기를 설치해 놓은 곳도 있습니다.

필자: 1분 1초가 급한 상황에서 한 번도 써본 적이 없는 기계를 다루는 건 어렵습니다. 따라서 설치하는 것만큼이나 사용법에 대한 홍보가 중요합니다.

° 한국에는 사고가 너무 흔합니다

필자: 한국에서 40세 이전의 사망원인 중 불의의 사고가 3위를 차지합니다. 그중에도 교통사고가 가장 흔한데, 아직도 후진국형이라고 할 수 있습니다.

고객: 1위는 무엇입니까?

필자: 단연코 자살입니다.

고객: 교통사고도 그렇지만 한국에는 왜 그렇게 화재 등의 사고가 잦은 건지 모르겠습니다.

필자: 여유가 없고 바쁘기 때문이겠죠. 아직도 대충 하는 게 성행한다고도 합니다.

고객: 그나마 많이 나아지긴 했습니다. 예전에는 웬만한 건 뉴스에

나오지도 않을 정도로 사고가 흔했습니다.

필자: 응급실에서 근무하면 사람이 이렇게 다칠 수도 있구나 싶었죠. 특히 오토바이를 조심해야 합니다. 안전장치가 미흡한 이동 수단으로 인식해야 함에도 속도를 내거나 자동차 사이를 내달릴 때는 참으로 걱정됩니다. 전 폭주족을 제외하고 오토바이로 여행하는 분들을 멋지다고 생각하며, 오토바이를 타고 생업에 종사하는 분을 진심으로 존경합니다. 그러니 꼭 안전 운전하시길 바랍니다.

고객: 농촌에서는 일 끝나서 술 한잔 걸치고 경운기 모는 분이 있다고 하더군요. 가끔 논길을 가다가 경운기와 함께 추락하는 사고가 있다고 들었습니다.

필자: 예전 한 정형외과 교수가 유럽에서 개최된 외상학회에서 발표했는데 그 주제가 사지 절단이었다고 합니다. 그런데 당시 유럽 의사들이 놀라며 한국은 왜 그렇게 절단 환자가 많으냐고 하더랍니다. 지금은 그 정도는 아니더라도 아직도 선진국에 비해 사고가 많은 건 사실입니다.

고객: 운전할 때나 작업할 때나 조심하고 또 조심해야죠.

필자: 본인과 가족의 인생이 한순간에 무너질 수도 있는 안타까운 일입니다.

° 내과로 개원한 지 40년이 다 되어갑니다

필자: 내과 의사야말로 진정한 의사이자 학자입니다.

고객: 그래도 외과만 하겠습니까? 외과 의사가 더 존경스럽죠. 그분들도 내과적 지식을 다 알아야 하고 거기다 복잡하고 어려운 수술 술기까지 익힙니다.

필자: 그런데 현실은 외과 계열의 인기가 낮습니다.

고객: 수술이나 시술의 수가가 너무 적죠. OECD 국가 중에 꼴찌라고 합니다. 재고의 여지가 없어요. 올려야 한다고 봅니다.

필자: 특히 내과에서는 근거중심의학(Evidence-based Medicine)이 중요합니다.

고객: 내과뿐 아니라 모든 의료행위의 기본입니다. 근거도 없이 혼자만의 생각으로 치료하는 건 돌팔이나 다름없습니다.

필자: 의사도 경쟁이 심해지니 경영에서부터 자유롭지 못하고, 때로 사술의 유혹을 이기지 못합니다.

고객: 그 순간 이미 의사가 아닌 거죠.

필자: 논문과 정확한 데이터에 근거한 치료는 당연하나 가끔 직관이 필요할 때도 있긴 합니다. 제게도 그런 경험이 있어서 90년대 초 전공의 3년 차 때 지방의 한 병원에 파견 갔을 때 겪은 일입니다. 당시 내과 과장님이 50대 후반의 한 환자를 입원시켰는데 거의 한 달을 잘 먹지도 못하고 기력이 소진된 상태였습니다. 그런데 온갖 검사를 다 해도 원인을 찾지 못하겠더군요.

고객: 수액으로 영양공급은 잘된 거죠?

필자: 할 수 있는 건 다 했음에도 회복이 안 되었고 의식조차 점점 흐려졌습니다. 한 가지 단서는 미열이 계속 떨어지지 않는다는 거였죠.

고객: 감염에 의한 불명열이네요.

필자: 항생제도 이것저것 다 써봤으나 효과가 없었습니다. 1주일이

지났을까, 과장님이 더 이상 붙잡고 있다가는 안 되겠다 싶어 대학병원으로 전원시키라는데 아들을 비롯한 가족에게서 뜻밖의 얘기를 들었습니다. 집으로 모시겠다는 거였죠.

고객: 자진 퇴원하겠다는 거네요. 당시는 그런 일이 많았습니다. 희망이 없다고 생각되면 살던 집으로 모셔서 가족들 곁에서 돌아가시는 게 축복이라고 했죠.

필자: 일단 말리고 봤습니다. 나이도 많지 않은데 해볼 만큼 해봐야 하지 않겠느냐고.

고객: 경제적 부담도 있었을 겁니다.

필자: 그 부분 때문에 무조건 우길 수만도 없고 결국 가족의 의견에 따르기로 했죠. 일단 결정하고 나니 마음이 꽤 안 좋더군요. 1주일밖에 보지 못한 분임에도 허탈감이 심했습니다.

고객: 3년 차라면 이제 막 자신감이 충만한 시절이죠. 그런데 그런 자신감과 현실은 괴리가 있기 마련입니다.

필자: 과장님도 퇴원하면서 통상적으로 처방하는 약에 대해서는 별말이 없었습니다.

고객: 아무런 약도 듣지 않는 환자에게 퇴원 약을 처방하기도 어려웠을 겁니다.

필자: 기존에 쓰던 항생제, 해열제 등인데 환자가 제대로 복용할지조차 의문이었습니다.

고객: 절망적이네요.

필자: 그런데 병실에서 차트를 열어보는 순간, 한 줄기 강한 직관이 머리를 치는 겁니다. '그래, 결핵약을 줘보자!'

고객: 결핵의 증거도 없었는데 말입니까?

필자: 왠지 느낌이 그랬습니다. 얼른 처방하고는 병실로 달려가 의식

이 또렷하지도 않은 환자의 귀에 대고 말했습니다. "퇴원 약을 잘 챙겨 드세요. 사실 수 있어요."

고객: 말대로 됐던가요?

필자: 퇴원 2주 후 환자의 아들이 외래로 약을 타러 왔다고 합니다. 과장님이 환자가 갑자기 좋아져서 죽을 먹고 있다며, 제게 "약 다 끊고 결핵약만 줬더군. 그게 주효했네"라고 하더군요.

고객: 내부 장기 어딘가에 결핵이 발병했던 겁니다. 직관이 한 사람을 살렸네요.

필자: 전문의가 되고 나서는 인간의 직관에 관심이 생겨서 심리학이나 종교 서적 등도 좀 보게 됐습니다.

고객: 너무 나간 거 아닙니까?

필자: 맞습니다. 너무 나갔죠. 하지만 공부는 재미있더군요.

고객: 설마 이후에도 직관으로 치료한 건 아니겠죠?

필자: 그 반대입니다. 그런 일은 처음이자 마지막이었고 날이 갈수록 저처럼 번뜩이는 기지나 재주가 없는 사람은 남이 해놓은 거라도 잘 확인하고 제대로 잘 따라가는 게 최선이라고 생각했습니다.

고객: 그러나 의사로서 진료나 시술의 노하우라는 건 있습니다.

필자: 책이나 논문에도 없고, 학회에 나가도, 동료를 만나도 절대로 안 가르쳐 주는 수십 년의 경험에 따른 기법은 있죠. 실은 그 덕에 저도 의사를 오래 하고 있는지도 모릅니다.

어떻게 하면 오래 살까요?

필자: 어렵다면 어렵고, 쉽다면 쉬운 문제입니다.

고객: 세계적 장수마을에 관한 책을 읽은 적이 있습니다.

필자: 그런데 사실과 다른 과장이나 거짓도 있다고 합니다.

고객: 처음 듣습니다. 그렇다면 실망입니다.

필자: 출생기록이 정확하지 않거나, 친척이 사망하면 자신이 그 나이라고 주장하기도 한답니다.

고객: 그렇지만 전적으로 못 믿을 건 아니라서 책에 기술된 사람들의 생활방식이 시사하는 바는 있습니다.

필자: 그렇죠. 공기, 물 등 환경이 좋고 스트레스가 적으면 장수하게 됩니다.

고객: 먹는 것도 소박하더군요.

필자: 절대로 인정합니다. 비만은 장수의 큰 걸림돌입니다.

고객: 장수는 유전입니까?

필자: 유전과 환경이라는 두 요인에 관한 연구 자체가 매우 어렵고 복잡해서 각각 몇 %라고 단정하기 어렵습니다. 노화의 기전을 설명하는 대표적 두 가지 이론도 유전과 환경에 맞춰있죠. 첫째는 인간이 날 때부터 이미 수명이 유전적으로 정해져 있다는 노화 예정론이고, 둘째는 출생 후부터 시작되는 세포의 손상이 축적되어 늙게 된다는 손상 축적론입니다.[4] 전에는 노화 예정론에 더 큰 비중을 뒀으나 지금은 역전되어서 유전적 요인이 약 20~30%라는 설이 유력합니다. 쌍둥이를 대상으로 한 조사에서도 환경요인이 더 많은 영향을 미치는 것으로 보입니다.

그러나 생명을 위협해서 장수에 직접적 장애가 되는 질병들은 유전적 요인이 많죠. 따라서 유전과 환경을 5 대 5로 보는 게 타당하기도 합니다.

고객: 의학의 발전이 질병에 의한 사망률을 줄여서 장수에 도움을 준 건 확실하죠.

필자: 1800년대만 해도 인간의 수명이 50세를 넘기 어려웠습니다. 현대인이 예전보다 오래 살게 된 데에는 두 가지 요인이 작용하는데 첫째는 의학의 발달이고, 둘째는 식량자원의 확충입니다.

고객: 유리기(Free Radical)가 세포손상을 일으킨다고 합니다.

필자: 심한 운동이나 과다한 음식 섭취로 발생하는 물질입니다.

고객: 유리기를 억제한다는 항산화제가 노화를 방지할 수 있습니까?

필자: 항산화제가 세포손상에 도움이 된다고 하나, 그렇다고 노화를 방지하고 장수를 유발한다고 단정적으로 말할 수는 없습니다.

고객: 소식은 장수에 도움이 되죠?

필자: 특정 동물실험에서 소식이 수명을 연장한 건 분명한 사실이고, 인간에게도 장수에 도움이 되는 것으로 보입니다. 소식은 비만을 예방하는 가장 좋은 방법이기도 합니다.

고객: 뭘 먹어야 장수할까요?

필자: 균형 잡힌 식사를 조금 적게 먹는 것 외에, 특정 건강식품이 장수에 도움이 된다는 확실한 증거는 없습니다.

고객: 그런 식품들이 다양하게 출시됩니다.

필자: 잔여 생명 척도라는 게 있습니다. 각종 습관과 질병에 따라 잔여 생명이 얼마나 남았는지를 가늠하는 수단입니다만, 거기에 무슨 건강식품을 먹었느냐는 질문은 없죠.

고객: 오래 사는데 상식적으로 알려진 것 말고 특별한 방법이 없다는 말씀입니까?

필자: 그렇다고 보는 게 합리적입니다.

고객: 그래도 노화와 장수에 관한 연구는 계속되고 있지 않습니까?

필자: 최근에도 패러다임의 변화를 이끄는 연구가 있었죠. '세놀리틱'이라는 개념으로 노화(Senescence)와 분해(Lytic)의 합성어입니다. 노화된 세포는 세포분열을 중단하고 면역세포에 의해 제거되어야 하는데 이런 능력이 떨어지면 노화된 세포가 쌓이게 되어 주위 정상세포를 망가뜨리거나 염증반응을 유발하고, 전암 세포를 암세포로 만들기도 한다는 겁니다. 즉 노화된 세포를 제거하는 물질에 관한 연구죠.

고객: 약으로 먹게 됩니까?

필자: 연구 중인 약제는 항암제의 일종인 다사티닙(Dasatinib)과 케일 등의 식물에 들어있는 플라보노이드 퀘르세틴(Quercetin)입니다. D&Q를 투여했을 때 폐의 노화 과정으로 발생하는 폐섬유증에 도움이 된다고 합니다.

고객: 이 약도 고혈압이나 당뇨병처럼 평생을 먹어야 합니까?

필자: 그렇지 않다는 데 장점이 있습니다. 1, 2주만 먹어도 효과는 지속된다고 합니다. 물론 복용 기간을 포함해서 더 많은 연구가 필요할 겁니다.

고객: 세놀리틱을 음식으로 먹는 방법은 없습니까?

필자: 딸기에 많은 피세틴(Fisetin)도 세놀리틱과 유사한 작용을 한다고 합니다.

고객: 딸기를 많이 먹어야겠네요.

필자: 그러나 현재 활발히 진행 중인 이 연구조차 임상시험을 거치

고, 그 후에 직접 인간에게 적용해서 그 결과를 확인하기까지는 오랜 기간이 걸릴 겁니다.

고객: 그럼 당장은 딸기를 많이 먹을 필요가 없다는 겁니까?

필자: 딸기는 좋은 식품이니 나쁠 건 없겠죠.

고객: 결국 기다리라는 거네요. 장수에 대해 뭔가 유용한 지식을 얻을까 했더니만 별 소득이 없습니다.

필자: 이외에도 당뇨병 치료제로 쓰이는 메트포르민 등 약제에 관한 연구가 활발하고, 세포 내 유전 정보의 소실을 억제하거나 성체 세포를 줄기세포로 되돌리는 유전자 조절 인자도 관심이 집중되는 이슈입니다.

고객: 그런 건 기대해도 됩니까?

필자: 그 또한 시기상조입니다. 솔직히 금연, 소식, 스트레스 관리, 질병의 적절한 치료 등 기존의 방법들 외에 아직 뚜렷한 게 없는 실정입니다.

고객: 그런 식이라면 장수에 있어서 의학에 기대할 게 별로 없네요.

필자: 언젠가 쓸만한 게 나오겠죠.

고객: 그게 언제쯤입니까?

필자: 저 역시 궁금합니다만 잘은 모릅니다.

고객: 그나저나 노년이 되면 뭘 조심해야 합니까?

필자: 가장 조심해야 할 건 사고라고 봅니다. 사고 후에 급노화하는 분들을 많이 봅니다.

고객: 실상 그런 게 더 큰 문제입니다. 청결도 그렇죠. 노년이 되면 후각이 감소해서 자신의 냄새에 무감각해지기도 합니다.

필자: 인간의 후각은 익숙한 냄새에 관성이 생겨서 남과 달리 잘 느끼지 못합니다.

고객: 오래 사는 것도 좋지만 그보다 더 중요한 것은 삶의 질입니다.

필자: 김형석 교수가 100세를 넘기고도 좋은 삶을 사는 건 축복입니다. 그분이 가장 중요시한 건 사고와 활동을 멈추지 말아야 한다는 것이었습니다.

고객: 오래전 일본에 갔는데 한 초등학교 앞의 횡단보도에서 노인 한 분이 팔을 한껏 벌리고 교통정리를 하고 있더군요. 인상 깊게 봤습니다만, 어느덧 제가 그 나이가 됐습니다.

필자: 한국의 노인들도 노인정에서 세월 보내는 것보다 취미나 봉사 활동을 하면 좋겠죠.

고객: 국가에서 노인연금부터 잘 챙겨줬으면 좋겠네요. 전 먹고살 정도는 되지만 형편이 어려워서 잘 어울리지 못하는 친구가 많습니다.

필자: 평생 세금 내고 국가에 봉사했으면 노후에는 국가가 책임져야 한다는 인식이 요구됩니다. 젊어 내내 사회를 위해 열정을 바친 우리의 노인들이 자식에게 손을 벌리지 않고도 여생을 제대로 보장받고 있는지 말입니다.

° 치매를 예방하는 방법은 없습니까?

필자: 혈관성 치매, 알츠하이머병 모두 두뇌의 노화인데, 근본적으로 노화 자체를 막을 방법은 없다고 해도 과언이 아닙니다.

고객: 인간의 두뇌는 같은 몸무게의 동물보다 5배 더 크다고 합니다.

필자: 네안데르탈인보다 더 커질 수도 있었으나 기록을 하게 되면서

부터 큰 용량이 필요 없게 되어 작아졌다는 설이 있습니다.

고객: 머리 안에 칩을 넣어서 기억을 저장하는 시도가 있다고 하더군요.

필자: 인간의 두뇌와 호환이 될지 의문입니다.

고객: 인간은 평생 자신이 가진 뇌의 10%만 사용한다고 들었습니다.

필자: 근거가 없는 말입니다. 죽기 전에 근육이나 장기가 모두 100% 소진되지는 않죠. 뇌는 부위에 따라 역할이 다르며, 각각의 부위가 다른 부위와 유기적으로 협조하면서 제 역할을 다합니다. 심지어 잠잘 때도 사고를 담당하는 전두엽의 기능만 약간 저하될 뿐 뇌의 대부분은 활동을 지속합니다.

고객: 왼손을 쓰면 머리가 좋아진다고도 합니다.

필자: 왼손을 담당하는 우뇌 운동중추의 능력이 조금 나아질지는 모르나 그 또한 근거가 없는 말입니다.

필자: 그러면 머리가 좋아지는 방법은 없습니까?

고객: 열심히 공부하면 획득한 지식의 양이 늘어나고 지성적일 수 있죠. 일반적으로 지성적이면 머리가 좋다는 말을 듣게 됩니다. 따라서 머리는 쓰면 쓸수록 좋아진다는 건 맞는 말입니다. 이 외에 무슨 약이나 특별한 방법으로 머리가 좋아진다는 건 믿기 어렵습니다.

고객: 요즘엔 치매약이 많이 나옵니다. 치매가 좋아지는 건 머리가 좋아진다는 뜻 아닙니까?

필자: 치매약이나 뇌기능개선제 같은 약들이 있지만 효과가 기대만큼 크지는 않습니다.

고객: 단백질, 견과류가 뇌에 좋다고도 합니다.

필자: 나쁠 건 없겠죠. 그런 정도입니다.

◦ 이제는 죽음을 생각할 나이가 됐네요

필자: 건강하고 좋아 보이시는데 죽음이라니요?

고객: 겉으로 보긴 그래도 제가 큰 병을 두 번이나 앓았죠. 위암으로 위의 절반을 잘라냈고, 심근경색증으로 혈관이식 수술을 했습니다.

필자: 다행히 잘 극복하셨습니다.

고객: 건강을 잃으면 다 부질없습니다.

필자: 건강만큼 중요한 건 없습니다. 어디 조금만 아파도 삶의 질이 현저히 떨어지게 되죠.

고객: 아무튼 죽음이 가깝다는 생각이 자주 듭니다.

필자: 큰 고비를 두 번이나 넘겼는데 더 오래 사셔야죠.

고객: 친구들도 많이 죽었어요. 젊어서 팔팔하던 친구가 먼저 죽기도 하더군요.

필자: 또다시 큰 병이 생길 확률은 낮을 겁니다. 관리만 잘하세요.

고객: 예전에 들었던 좋은 얘기가 하나 있습니다. 어린 자녀가 있는 젊은 남편이 교통사고로 사경을 헤매게 됐습니다. 곧이어 저승사자가 나타나자 남자가 부탁했죠. "가족에게 꼭 하고 싶은 말이 있습니다. 이 말 한마디만 하고 따라갈 테니 허락해 주시겠소?" "알겠소, 딱 한마디 할 때까지만 정신이 들도록 해주겠소." 정신이 돌아온 남편은 이후 가족들에게 단 한마디도 하지 않고 극진한 사랑만을 베풀었습니다. 가족들은 그가 교통사고 후유증으로 언어장애가 생긴 줄로만 알았죠. 자녀들이 다 성장해서 결혼하고, 부인과 손잡고 여행도 다니고, 남달리 행복한 가정

을 꾸린 남자는 40년이 지나서야 천수를 다할 때가 됐습니다. 마침내 남자는 죽기 직전 가족들이 모인 자리에서 그 한마디를 했죠. "사랑한다"라고. 그리고는 오랜 시간을 기다려 준 그 저승사자를 따라갔답니다.

필자: 아마 저승사자도 감동했을 겁니다. 말 대신 사랑이라는 교훈을 얻습니다.

고객: 의사라면 죽음을 많이 목격했을 겁니다. 죽음에 대해 남다른 생각이 있습니까?

필자: 답하기가 과분하네요. 저도 성직자나 철학자에게 묻고 싶은 질문입니다.

고객: 내일이면 죽을 것처럼 간절한 삶을 살라고 하나 그렇게 사는 사람이 얼마나 되겠습니까? 누구나 죽음에 대한 공포는 있죠. 그런데 제가 최근에 그 공포를 이기는 방법을 하나 알게 됐답니다.

필자: 매우 궁금합니다.

고객: 다른 사람도 다 죽는다고 생각하면 되는 겁니다. 인간은 누구나 다 늙고 죽지 않습니까? 인류 역사상 가장 큰 인기를 누렸다는 폴 매카트니도, 아름다운 광채를 자랑하던 책받침 미녀들도 다 늙습니다. 그들도 다 죽겠죠. 이집트의 파라오, 중국의 진시황을 비롯하여 온갖 부귀영화를 누리고 역사에 이름을 새긴 모든 왕 중에 살아있는 사람이 있습니까? 다 죽었습니다. 세기의 미남미녀 로버트 레드포드도, 마릴린 먼로도 죽었습니다.

필자: 죽는 것도 남 따라 하면 된다는 겁니까?

고객: 살아서는 남들 하는 거 다 따라 하고 싶어 안달이더니 왜 죽는 건 따라 하기 싫은 걸까요? 우리는 모두 죽음 앞에서 공평합니

다. 따지고 보면 죽음이 아닌 삶도 그렇죠. 어차피 재물도 한때고 건강도 한때입니다.

필자: 하긴 특별한 사람이라고 찬사를 받던 유명인이 그 인기가 사라지면 견디지 못하고 자살하기도 합니다.

고객: 털털하게 한세상 살다가 남들처럼 가는 거라면 죽음이 그다지 두렵거나 비참하지는 않겠죠.

필자: 죽기 전에 억울해하는 사람도 많다고 합니다.

고객: 그러니 생전에 하고 싶은 거 다 하세요. 죽은 다음은 하나님, 부처님, 각자 모시는 신이나 조상님께서 알아서 하시겠죠.

필자: 그래도 인간인 이상 죽음에 대한 허무는 지울 수 없습니다.

고객: 안락사에 찬성하십니까?

필자: 희망 없는 고생은 할 필요가 없다고 봅니다. 편하게 죽는 편이 낫겠죠.

고객: 저도 안락사를 택할 예정입니다.

필자: 전 죽음에 대해 깊이 생각해 보지는 않았으나 죽은 후에 꼭 해보고 싶은 건 있습니다.

고객: 솔직히 죽으면 그만인 걸 하기는 뭘 합니까?

필자: 죽은 후에 하고 싶은 게 있으면 죽을 때 행복하지 않겠습니까?

고객: 그럴 것도 같네요. 뭘 하고 싶습니까?

필자: 우주여행을 할 겁니다. 육신은 잘 모르겠고 제 영혼이 무한히 날아서 우주 끝에도 가보고, 그곳에 무엇이 있는지도 볼 겁니다. 잘못하면 돌고 돌아서 다시 제 자리에 오겠지만 속도를 더 높여서 우주를 벗어나면 거기에 또 다른 우주가 있을 겁니다.

고객: 끝이 없는 건 없죠.

필자: 또다시 힘을 내서 모든 우주를 다 통과하면 그다음은 무의 세

계라고 합니다. 시간도 공간도 존재하지 않는다는데 과연 그런지 확인해 볼 생각입니다.

고객: 가끔 별에 내려서 좀 쉬기도 하지 그러세요.

필자: 그럴 겁니다. 별 여행은 환상일 테니 절대 서두르지 않을 거고, 그럴 이유도 없습니다.

고객: 다들 죽으면 천국 가고 싶어 하지 않습니까?

필자: 우주여행이 다 끝나면 그때 가서 천국에 갈 생각입니다.

고객: 거참, 황당하긴 하지만, 하여간 건투를 빕니다.

° 한국의 의료제도는 세계 최고라고 합니다

필자: 의료제도에는 자유주의형과 사회주의형이 있습니다. 자유주의형은 의료수준이 높으나 의료비가 비싼 단점이 있죠. 역으로 사회주의형은 의료비는 저렴하나 의료수준이 낮습니다. 한국은 두 가지 형을 잘 혼합하여 의료수준과 의료비라는 두 마리 토끼를 다 잡은 셈입니다. 수준 높은 의료를 저렴하고 쉽고 빠르게 이용할 수 있어서 세계 최고라는 표현이 전혀 무색하지 않습니다.

고객: 특히 미국에서 살다 온 사람은 감탄을 금치 못하죠.

필자: 제가 봐도 미국은 비싼 의료비와 보험료로 문제가 많습니다. 그런데 사회주의형인 영국도 문제입니다. 의사가 열심히 안 하니 예약이 몇 달씩 미뤄지고, 치료를 위해 이웃 나라를 찾는 환자도 많습니다. 자화자찬 같으나 한국의 의사들이 OECD 최하

위의 진료비에 묵묵히 할 바를 다해온 건 사실입니다.

고객: 한국 의사는 실력도 좋다고 합니다.

필자: 한국 대기업의 성과에 비해 전혀 꿀릴 게 없죠. 진료나 수술도 그렇고 특히 미용 분야는 세계 최고입니다. 한 가지 아쉬운 건 이런 실력으로 외국의 환자를 유치해서 한국의 부를 창출할 체계나 지원이 미흡한 감이 있습니다.

고객: 한국의 암 치료율도 세계 최고라고 들었습니다.

필자: 그뿐 아니라 인구 10만 명당 사망률을 뜻하는 전체 사망률이 OECD 국가 중 최하위입니다.

고객: 그런데 최근 들어 한국 의료의 문제점이 심각하게 대두됩니다.

필자: 모든 게 의료 수가에서 파생된 문제라고 봅니다.

고객: 더구나 한국의 의사들은 자주 욕을 먹습니다.

필자: 한때 돈을 많이 벌어서 그럴 겁니다. 한때라고 한 건 이제는 옛말이기 때문이죠. 알려진 바와는 달리 무한경쟁으로 폐업하는 병·의원이 많습니다. 빚내서 개원했는데 이자도 못 갚고 파산을 신청하는 의사가 많은 겁니다.

고객: 설마 그렇겠습니까?

필자: 설마가 아닙니다. 특히 개원의의 실상은 갈수록 열악해서 소위 비인기과는 개원해 봐야 망하기에 전공하려는 의사도 사라져 갑니다. 의사 혼자서 365일 진료에 야간진료까지 해야 하는 나라는 한국밖에 없죠. 세계적으로 유난히 낮은 진료비에다 의사가 많아 경쟁이 심하니 이런 일이 벌어지는 겁니다. 의사 수가 적다는 게 통계적으로는 그럴지 모르나 실상은 전혀 다릅니다.

고객: 진료 시간을 늘려서 빠른 기간에 더 많이 벌겠다는 거 아닙니까?

필자: 그렇지 않습니다. 욕심이 아니라 현실이 그만큼 각박하기 때문입니다.

고객: 그래서인지 효과가 확실하지 않은 진료를 하는 의사가 많다고 들었습니다.

필자: 어느 정도 사실입니다. 현실이 불안하니 무리를 하는 경우도 생깁니다.

고객: 그걸 무리라고 해서는 안 되죠. 사람을 다루는 의사가 무리하다니요?

필자: 이의를 제기할 수조차 없는 지당한 말씀입니다.

고객: 그런 사례가 의심되면 어떻게 해야 합니까?

필자: 잘 아는 의사가 있으면 좋은데, 그렇지 않다면 인터넷을 통해서라도 공신력 있는 의사에게 묻는 게 좋습니다.

고객: 필수의료나 지방의료를 살리려면 어떻게 해야 합니까?

필자: 냉정하게 말씀드리면 해당 수가의 인상 말고는 답이 없습니다. 지금은 낮아도 터무니없이 낮습니다. OECD 국가 중 단연 최하위죠. 일례로 한국의 분만 수가는 50만 원인데 미국은 1,200만 원, 일본은 850만 원, 대만은 650만 원입니다. 사실 의료행위 자체가 미용을 제외하고는 다 필수 의료임에도 열상에 대한 봉합, 각종 수술, 내시경을 비롯한 검사 등 대부분의 수가도 매우 낮은 수준입니다.

고객: 의사 정원을 늘리는 방법도 있지 않습니까?

필자: 의사가 아무리 많다고 개원하면 망하는 걸 뻔히 알면서 소아과, 산부인과에 지원하겠습니까? 또한 의사가 많을수록 전체 의료비가 증가하는 건 일본의 예에서도 밝혀진 정설입니다.

고객: 의사가 지방으로 가게 하는 방법이 있습니까?

필자: 근본적으로는 한국 사회가 해결해야 할 문제입니다. 국토의 균형발전 말입니다. 이게 안 되면 역시 금전적 지원 외에는 방법이 없습니다.

고객: 한국의 의사는 진료할 때 묵묵부답이 흔합니다.

필자: 어떤 의사가 환자를 많이 보고도 전혀 힘들어하는 기색이 없었답니다. 때마침 놀러 온 친구가 궁금해서 이유를 물어봤죠. 그러자 의사가 "환자 말을 안 들으면 되네"라고 하더랍니다. 의사가 환자 말을 들어주지도 않고 뭘 물어봐도 대답이 없다는 건 한국에서 흔한 일입니다. 지금처럼 저수가에 많은 환자를 봐야 병·의원을 유지할 수 있다면 의사가 힘들어질 수밖에 없습니다. 선진국처럼 하루 10~20명 정도만 봐도 된다면 한국 의사도 한 분당 2, 30분씩 진료할 겁니다.

고객: 명의라고 찾아가면 짧은 진료에 실망하기도 합니다.

필자: 명의에 대한 환상은 버려야 합니다. 감기든 위장병이든 명의만 찾는 건 피곤을 자초하는 격입니다. 의사들은 대학에 있거나 지역에 있거나 의료 정보를 공유하니 명의보다는 먼저 주치의를 찾는 게 유효합니다.

고객: 그렇다고 의사에게 돈만 많이 들어가는 개혁이라면 선뜻 찬성하기 어렵습니다.

필자: 현 의료 문제의 근본 해결책은 재원 마련인데 의료보험료를 올리지 않고도 할 수 있는 방법을 최대한 동원해야죠.

고객: 그런 방법이 있겠습니까?

필자: 우선 주치의 제도를 통해 의료비를 절감하는 정책이 필요합니다. 다음으로 검진에 대한 비용-편익분석(Cost-effectiveness Analysis)으로 불필요한 검사항목을 제외해야 하며, 국민이 낸

보험료의 지출 조정도 중요합니다. 또한 의학적 효과가 불명확한 분야에 대한 보험 적용은 철저히 배제할 필요가 있습니다. 한국은 본인부담금도 너무 낮습니다. 미국의 10만 원까지는 아니더라도 최소 1, 2만 원은 되어야 병원 쇼핑 현상을 막을 수 있습니다. 감기 등 경증 질환에 대한 본인부담금을 올리면 그만큼 공단 부담금이 줄어 전체 의료보험료를 절감할 수 있죠. 이런 다양한 방법으로 절감된 보험료를 필수 의료나 지방 병·의원에 투입해야 합니다.

고객: 공단 부담금이 줄어 의료보험료가 절감된다 해도 본인부담금 1, 2만 원이면 지금보다는 비싸네요.

필자: 그것도 무척이나 싼 겁니다. 선진국에 비하면 말입니다.

고객: 잔병으로 대학병원을 찾는 환자가 많다고 합니다.

필자: 대학병원은 환자치료만큼 의학 연구가 중요한 곳입니다. 연구만이 의료수준을 높일 수 있으며, 그것이 곧 국가경쟁력으로 이어지기 때문입니다. 주치의 제도를 기반으로 의료 전달체계를 확립해서 대학병원의 환자 수를 줄일 필요가 있습니다. 조사에 의하면 대학병원에 가는 환자의 92%가 지역병원에서도 치료가 가능한 경우였다고 합니다.

고객: 응급실도 언제나 만원이어서 위급한 환자가 겉도는 일이 비일비재합니다.

필자: 가장 시급한 문제입니다. 병원을 못 찾아 119구급차 안에서 사망하는 일은 없어야죠. 야간 의료체계만큼은 반드시 정비해야 합니다. 일본처럼 1차 응급실을 지정해서 보행이 자유로운 환자는 대학병원에 가지 못하게 하는 것도 좋은 방법입니다.

고객: 의료도 분명한 산업입니다.

필자: 의료나 제약산업이 황금알을 낳는 첨단산업이라는 인식이 요구됩니다. 의료가 경쟁력을 잃고 낙후되면 외국의 제약회사나 의료기 업체만 배 불리는 거죠.

° 선진국에서는 주치의 제도가 잘되어 있다고 합니다

필자: 그저 그런 증상에 이 병원 저 병원 다 다녀보고 급기야 대학병원까지 가는 사람이 많습니다.

고객: 환자의 병을 가장 잘 아는 사람은 주치의죠.

필자: 환자를 잘 알면 쓸데없는 검사를 반복할 이유가 없으니 경제적인 이유로도 주치의가 필요합니다. 더구나 주치의는 질병의 조정자 역할을 합니다. 심장병은 내과에서, 뇌졸중은 신경과에서 약을 탄다면 한 번에 먹는 약의 개수가 10개 이상이 될 수 있습니다. 이중 중복된 약을 조정해야 한다면 주치의가 그 역할을 하게 됩니다. 약이 너무 많다 싶을 때 큰 약은 골라내고 작은 약만 먹는 분도 있더군요. 이런 질문을 하는 분도 있습니다. 내과에서는 골다공증이니 열심히 걸으라 하고 정형외과에서는 무릎관절염이 심해서 되도록 걷지 말라고 하니 무슨 장단에 춤을 춰야 합니까? 이럴 때 답을 줄 수 있는 것도 주치의입니다. 또한 주치의는 환자의 가족력도 잘 알기에 개별적으로 생활습관과 가족력을 종합하여 검사의 항목과 시기를 결정할 수 있습니다. 결국 질병의 예방과 조기 발견도 주치의가 가장 잘할 수 있습니다.

고객: 주치의가 필요한 이유가 많네요.

필자: 마지막으로, 주치의는 환자의 육체뿐 아니라 마음도 치료합니다. 그러니 정신신체장애 등에도 적절한 해법을 제시할 수 있습니다. 건강과 관련해서 아까운 시간과 돈 낭비하지 말고 주치의를 두고 친하게 지내는 게 상책입니다.

고객: 주치의가 일반 건강 상담도 무료로 해줍니까?

필자: 진료비 외에 추가로 더 받을 수는 없는데, 소정이라도 주치의 수당을 신설하면 좋을 겁니다. 그러면 주치의가 더 책임 있게 나서겠죠.

고객: 주치의가 믿음직하지 못하면 어떻게 합니까?

필자: 주치의를 바꿀 수 있는 제도적 장치가 필요합니다.

고객: 그러다 보면 지금처럼 의원을 여기저기 찾아다녀야 할지도 모르겠네요.

필자: 그것까지 막을 수는 없겠죠. 그러나 대학병원부터 찾는 폐단은 완화될 겁니다.

고객: 피부과나 방사선과 의사를 주치의로 둘 수는 없지 않습니까?

필자: 의사라면 진료와 치료에 대한 기본 개념을 갖고 있습니다. 주치의를 하고자 한다면 누구나 그럴만한 능력이 있을 거고, 더구나 모든 전문의가 주치의를 하지는 않을 겁니다.

고객: 그래도 불안하긴 합니다. 주치의로 개원할 때 그에 따른 교육을 받는 건 없습니까?

필자: 지금은 없습니다만 전문의 마치고 주치의를 하겠다는 의사 대상으로 대학병원이나 종합병원에서 1, 2년 정도의 교육 과정이 필요할 거라고 봅니다.

2장. 피부 이야기

° 점을 뺐는데 자꾸 재발하네요

필자: 보통 점이란 태어날 때부터 있던 걸 말합니다. 처음에는 흐리거나 작아서 눈에 띄지 않다가 나이를 먹어 신체가 커지면서 그에 따라 점도 커지게 되죠. 성인이 되어서는 점 이외에도 후천성 흑자(검은 반점), 검버섯, 각화증(각질이 쌓여서 두꺼워진 것), 기미 등이 생깁니다.

고객: 그런데 왜 치료가 잘되지 않는 건가요?

필자: 우선 의사가 병변의 형태와 깊이를 정확히 파악해야 합니다. 피부 깊은 데 위치하면 당연히 치료가 쉽지 않죠. 점도 깊고 큰 건 세심하게 치료해야 합니다. 대체로 점의 깊이만큼 파야 재발이 덜합니다.

고객: 파여서 흉이 생기면 어떻게 합니까?

필자: 어지간한 깊이라면 대부분 저절로 메워지나, 6개월 이상의 시간이 걸리기도 합니다. 다만 너무 깊은 점을 제거한 후 파인 흉은 따로 치료가 필요할 수 있습니다. 그러나 이런 예는 얼굴을 기준으로 한두 개에 불과합니다.

고객: 점 외에 깊은 건 어떤 종류입니까?

필자: 대표적인 게 기미와 후천성 진피성 흑자(Acquired Dermal Melanosis, ADM)입니다. 이름이 어렵지만 검은 반점이 피부 깊

숙이 위치한 것입니다. 흔히 보는 검버섯에도 깊은 게 많죠. 검버섯이 정상 피부보다 올라와서 튀어나온 부분이 만져지면 겉에 있고, 그렇지 않고 피부와 같은 높이로 평편하면 속까지 침범했을 가능성이 큽니다. 전자는 남성이나 노인층에 많고 후자는 여성에 많은데, 후자는 크기까지 커지는 경향이 있어서 5백원짜리 동전만 한 것도 있습니다.

고객: 종류에 따라 치료도 달라집니까?

필자: 겉에 있는 건 레이저로 깎아주면 됩니다. 그러나 깊은 검버섯은 기미처럼 치료가 간단하지 않습니다.

고객: 그래서 검버섯은 치료해도 재발이 잘된다고 하더군요.

필자: 깊은 건 두 종류의 레이저를 병합해서 세밀하게 치료해야 합니다. 중요한 건 초기에 일찍 치료해야 한다는 겁니다. 방치해서 더 깊어지거나 크기가 5mm 이상으로 크면 치료 기간과 회복 기간이 오래 걸립니다.

고객: 완전히 좋아질 수 있습니까?

필자: 치료를 잘하면 좋아지죠. 그러나 너무 크거나 깊으면 60~80%를 목표로 합니다. 특히 경계가 뚜렷하고 검은 구두약을 바른 것처럼 진한 기미는 30% 정도로 결과가 잘 안 나오기도 합니다. 일단 목표를 이뤘더라도 1년에 한두 번 정도 미백 레이저를 받아야 재발을 막고 치료율을 더 높일 수 있습니다.

◦ 나이도 많지 않은데 검버섯이 생기기 시작합니다

필자: 검버섯은 유전적 요인이 많아서 젊은 나이에도 생길 수 있죠. 검버섯뿐 아니라 점이나 기미도 대부분 그렇습니다. 그러나 병도 아닌 걸 유전적이라고 거창하게 말하긴 그렇지만, 그냥 부모가 많으면 자녀도 많은 편입니다.

고객: 부모나 형제 중에 저처럼 검버섯이 많은 사람은 단 한 명도 없습니다.

필자: 따로 살면 누가 치료를 받았는지 모를 수 있죠.

고객: 아닙니다. 우리 가족은 피부가 다 좋은 편입니다.

필자: 뭐 그럴 수도 있습니다. 그럴 때 다리 밑에서 주워왔느냐는 농담도 듣곤 합니다.

고객: 참 오래된 썰렁한 농담을 하십니다.

필자: 실은 저야말로 그런 게 아닐까 싶은 게, 집안에서 저만 유독 키가 작습니다.

고객: 가만 생각해 보니 저도 좀 그렇네요. 엄마한테 한번 물어봐야겠어요.

필자: 예쁘게 낳아줬더니 이상한 소리 한다고 핀잔이나 들을 게 뻔합니다.

고객: 병 주고 약 주고 하십니다. 예쁘단 말로 알아듣겠습니다만, 아무튼 검버섯이 생기면 기분은 안 좋습니다.

필자: 레이저로 치료하면 되죠. 이후에는 1년에 한 번씩 큰돈 안 들이고 관리만 잘해주면 됩니다.

고객: 그렇게 저승꽃을 없애니 다들 오래 사나 봅니다.

필자: 과학적이진 않지만 그럴듯한 표현입니다.

고객: 검버섯이 안 생기게 하는 방법은 없습니까?

필자: 자외선 차단제를 잘 바르는 것 외에 진행을 막을 수 있는 특별한 방법은 없다고 보면 됩니다.

° 어떤 피부과에서는 점을 무척 저렴하게 빼주던데요

필자: 한 여성분이 미국에서 오셨는데, 현지에서 서양인 의사에게 점 제거에 대해 상담받은 모양입니다. 30분 넘도록 친절한 설명을 듣고 감동해서 진료실 문을 나서는데 웬걸? 접수실에서 상담료가 20만 원이라고 하더랍니다. 점 빼는 가격은 300만 원인데 선결제하면 상담료 20만 원은 안 받는다고. 갑자기 기분이 상해서 그냥 20만 원 내고 뒤도 안 돌아보고 한국으로 오셨다고 하더군요.

고객: 미국은 워낙 진료비가 비싸니 그렇다 치고 한국에서는 병원마다 왜 그렇게 차이가 나는 겁니까?

필자: 점만 10여 개 뺀다면 저렴할 수 있겠죠. 그러나 대체로 40세를 넘으면 얼굴에 점만 있는 경우는 드물고 기미, 검버섯, 진피성 흑자, 한관종 등 다양한 병변이 함께 나타나게 됩니다. 이런 것들은 점을 빼듯이 치료하면 재발하기 마련이죠. 따라서 치료가 단 한 번에 끝나기 어렵고, 당연히 비용도 상승하게 됩니다.

고객: 한국에도 수백만 원대로 비싼 데가 있습니다.

필자: 그건 의사의 재량이니 뭐라고 할 수는 없으나, 그래도 지나치

게 비싼 곳은 피하는 것이 좋겠습니다. 심지어 효과는 별 차이가 없는데 특수 레이저라는 명목으로 비싸게 받는 곳도 있습니다.

° 기미가 심해졌어요

필자: 기미는 잘못 건드리면 오히려 심해질 수 있습니다. 심지어 기미는 그냥 생기는 게 아니라 여러 요인에 의해 만들어진다고 합니다.

고객: 기미는 유전성이 많다고 들었는데 만들어진다니 무슨 뜻입니까?

필자: 유전적 소인이 90% 이상인 건 사실입니다. 그런데 그런 기미는 자외선 차단제만 잘 바르면 눈에 띄게 심해지지 않습니다.

고객: 그렇다면 뭔가를 잘못해서 심해지는 겁니까?

필자: 심해지는 이유는 대략 세 가지가 있습니다. 우선 기미는 문지르지 말아야 합니다. 문지르는 행위가 장기간 계속되면 기미가 심해질 가능성이 있기 때문이죠. 기미를 없애겠다고 때를 미는 분도 있습니다. 문지르지도 말라는데 때를 미는 건 절대 해서는 안 될 일입니다.

고객: 전 가끔 각질을 제거하는데 그것도 문제가 됩니까?

필자: 각질 제거나 스크럽도 유사하다고 보면 됩니다.

고객: 다음은 뭘 조심해야 하죠?

필자: 특정 연고 중에 자극성이 심해서 오래 쓰면 각질이 벗겨지고

오히려 멜라닌 생성을 증가시키는 게 있습니다.

고객: 그런 건 의사가 아니라면 잘 모르겠네요.

필자: 연고를 발랐는데 너무 붉게 변하고 각질이 벗겨진다면 즉시 사용을 중단하고 의사와 상의해야 합니다.

고객: 마지막은 무엇입니까?

필자: 의사에 의해 심해지는 기미를 조심해야 합니다. 특정 레이저빔이 기미의 활성도를 증가시켜 더 진해지기도 하죠. 이런 경우가 의외로 많습니다.

고객: 그건 조심한다고 될 일이 아니네요. 그런 의사를 어떻게 피하겠습니까?

필자: 경험 많은 의사를 찾는 것 외에 달리 방법은 없습니다.

고객: 점이나 색소 제거는 피부 치료의 기본 아닙니까?

필자: 그럼에도 만족할 만한 결과를 내지 못하는 경우가 많은 게 사실입니다. 의사는 치료 전에 고객의 피부 타입을 잘 살펴야 하며, 그에 따라 모든 고객에게 천편일률적으로 레이저를 시도하지 말아야 합니다. 또한 성공률, 치유 기간 등을 예상해서 고객에게 미리 고지하고 시작하는 게 좋습니다.

고객: 피부색이 진하면 시술 후 색소침착이 잘 생긴다고 합니다.

필자: 색소침착은 시간이 지나면 나아집니다. 그러나 기미 자체는 일단 심해지면 원래대로 돌아오기가 어렵습니다. 그러니 옅게라도 기미가 있으면 더욱 주의해야 합니다.

고객: 그렇다고 치료를 안 할 수는 없죠.

필자: 당연히 치료는 받아야 합니다. 기미가 심할 경우 1년 이상의 오랜 시간이 걸릴 수도 있습니다.

고객: 기미는 나이가 들면 좋아진다고 하더군요.

필자: 나이가 들면 멜라닌의 생성 능력이 감소하므로 저절로 좋아지기도 합니다. 그러나 통상 50대 후반은 되어야 하니, 그전까지는 더 심해지지 않도록 조심해야 합니다.

◦ 저번 치료 때는 아파서 눈물이 날 뻔했습니다

필자: 많이 빼려면 조금 속도를 내야 하고 그러다 보면 아프기도 합니다.

고객: 오늘도 아픕니까?

필자: 전처럼 많이 뺄 건 없으니 천천히 하겠습니다. 저번보다는 훨씬 덜 아프겠지만 전혀 안 아프진 않겠죠.

고객: 안 아플 방법은 없습니까?

필자: 마취연고를 오래 바르면 아픔이 덜합니다. 크거나 깊은 점은 마취 주사를 놓기도 합니다. 가장 좋은 방법은 최소 1년에 한 번은 치료하는 겁니다.

고객: 아픈 데 이걸 매년 어떻게 하죠?

필자: 1년에 한 번 치료하면 빼야 할 점이나 색소가 몇 개 안 되니 별로 아프지 않습니다. 즉 아프지 않고 피부를 깨끗하게 유지하려면 이 방법이 가장 효과적입니다.

고객: 낫는 기간이 너무 오래 걸리는 것 같습니다.

필자: 빼야 할 점이 많으면 오래 걸리는 것처럼 보이죠. 이 또한 1년에 한 번씩 치료해서 뺄 게 적으면 잘 보이지도 않고 금방 낫는 것처럼 느껴집니다.

고객: 레이저 시술을 많이 하면 피부가 얇아진다고 합니다.

필자: 한국에는 과학적으로 입증되지 않은 말들이 너무 많습니다. 현재 피부과에서 쓰이는 다양한 레이저 중에 늘어진 피하지방을 줄이는 건 있어도 피부를 얇게 만드는 건 단연코 없습니다. 제가 농담 삼아 하는 말이 있죠. 피부가 얇아지려면 나이를 먹거나 사포로 문지르는 수밖에 없다고.

고객: 농담이라도 끔찍하니 안 하는 게 좋겠네요.

필자: 때로 그런 표현이 이해가 더 쉬울 수 있습니다. 그런데 예전에는 천연두 흉을 치료하기 위해 사포가 달린 원통형 기구를 사용하기도 했습니다. 전기로 빠르게 돌려서 피부를 깎아내는 건데, 화상과 유사한 흉터가 생기는 부작용이 있어서 이제는 거의 사용하지 않습니다.

고객: 생각만 해도 섬뜩하네요.

필자: 저도 인턴 때 그 시술을 지켜보면서 같은 생각을 했습니다. 하지만 요즘은 흉을 치료하는 레이저 등이 발달해서 그런 일은 없습니다. 결론적으로 피부를 얇게 만드는 레이저는 없고, 피부가 얇아지는 것은 단순히 나이를 먹는 과정일 뿐입니다.

° 점 제거나 레이저 시술은 여름에는 피하라고 합니다

필자: 점, 검버섯을 빼면 진물이 나는데 여름에는 그 양이 많아서 귀찮긴 합니다. 그러나 진물은 염증이나 고름이 아니라 상처 회복을 위해 정상적으로 분비되는 물질입니다. 다만 양이 많으면

물티슈 등으로 가볍게 닦아줘도 무방합니다.

고객: 여름에는 땀이 많이 나고 자주 씻어야 하는데 상관없습니까?

필자: 점 빼고 나서 바로 세수나 가벼운 샤워를 해도 괜찮습니다. 다만 당분간은 탕 목욕, 사우나, 수영 등은 피하는 것이 좋습니다.

고객: 크거나 깊이 파인 건 어떻게 합니까?

필자: 그런 건 재생 테이프를 붙이고 나서 세수나 샤워를 하면 됩니다. 재생 테이프의 목적이 파이지 말라는 건데 얕은 건 그럴 염려가 없으므로 굳이 모든 부위에 붙일 필요는 없습니다.

고객: 진물이 많으면 테이프가 부풀어서 저절로 떨어지기도 합니다.

필자: 그럴 때는 테이프를 갈아줘야 합니다. 상처 부위가 너무 지저분하면 가볍게 씻고 어느 정도 말린 후 다시 테이프를 붙이도록 합니다.

고객: 테이프 말고 재생이 잘되게 하는 건 없습니까?

필자: 얕은 건 연고를 하루 3회 정도 발라서 상처가 마르지 않도록 하는 게 좋죠. 그 외에 재생을 빠르게 하는 비법이란 없습니다.

고객: 시중에 재생 크림의 종류가 많습니다.

필자: 성분은 그럴듯한데 효과가 뚜렷하지 않은 것도 있습니다. 기본적으로 재생은 자연치유의 영역입니다.

고객: 여름에는 더 빨리 낫는다는 얘기를 들은 적이 있습니다.

필자: 여름에는 혈액순환이 좋아서 회복 기간이 짧을 수 있습니다.

고객: 햇빛이 강한데 재발하지 않습니까?

필자: 대부분 그걸 가장 걱정합니다. 결론부터 말하면 햇빛은 큰 영향이 없습니다.

고객: 알고 있던 상식과는 다르네요. 그러면 치료 후에 재발하는 이유가 뭡니까?

필자: 재발하는 주요인은 애초에 병변이 깊게 자리하고 있기 때문이죠. 그러니 의사가 잘 치료해야 하는 거고, 치료 후 수개월 동안 햇빛을 받는다 해서 다시 생기는 건 아닙니다.

고객: 그래도 기미 같은 건 햇빛의 영향이 있지 않습니까?

필자: 치료 중에도 평상시처럼 자외선 차단제를 바르면 영향은 없습니다. 전에 캐나다 로키산맥으로 여행을 간 적이 있는데, 같이 갔던 일행 중 한 분이 버스 안에서 줄곧 조그만 양산으로 창을 가리고 있더군요. 버스에 커튼이 없어서 햇빛이 걱정됐던 겁니다. 저로서는 그 좋은 풍경을 보지 않으려면 뭐하러 간 건지 이해가 잘 가지 않았습니다. 일반적으로 자외선 차단제를 잘 바르고 1년에 한두 번 정도 미백 레이저로 관리하면 햇빛에 대한 과다한 걱정은 안 해도 됩니다.

고객: 치료 후에 자외선 차단제나 화장품을 발라도 됩니까?

필자: 딱지가 생겼다면 그 자체로 자외선 차단이 됩니다. 딱지가 떨어진 후에 자외선 차단제를 바르면 되죠. 또한 시술 2, 3일 후부터 화장품을 발라도 무방합니다. 화장은 시술 후의 홍반 등을 가리기 위해서도 필수입니다.

◦ 피부가 탄력이 떨어져서 늘어지고 이대로 늙어가나 봅니다

필자: 방법은 있으니 도전해 보세요.

고객: 그냥 자연스럽게 늙는 게 낫겠다는 생각도 듭니다.

필자: 늙는다는 게 자연스럽기보다 왠지 부자연스럽게 변한다는 사

실을 부인하기 어렵죠.

고객: 그래도 치료가 망설여집니다.

필자: 망설이는 이유는 세 가지일 겁니다. 첫째, 치료의 부작용에 대한 우려 때문입니다. 더구나 무슨 시술을 하다가 사고가 났다는 보도를 접하기라도 하면 공포심마저 듭니다. 의사가 반드시 유념해야 할 치료의 제1원칙은 '안전'이므로, 너무 과하지 않고 안전하게 시술한다는 원칙만 잘 지키면 부작용은 걱정하지 않아도 됩니다. 둘째, 더 이상해지는 건 아닐까 하는 생각 때문입니다. 유명 연예인이 갑자기 부푼 얼굴로 TV에 나타나면 치료에 대한 거부감부터 들죠. 치료의 제2원칙은 '자연스러움'이므로, 의사라면 누구나 과하지 않고 자연스럽게 시술한다는 원칙을 잘 지켜야 합니다. 셋째, 효과가 없거나 오래가지 않을 거라는 생각 때문입니다. 치료의 제3원칙은 '효과가 확실해야 한다'는 겁니다. 이상을 종합해 보면 피부 치료는 안전해야 하고, 자연스러워야 하며, 효과가 확실해야 합니다. 그냥 당연해 보이는 걸 적은 게 아니라, 이 세 가지는 아무리 강조해도 지나치지 않습니다.

고객: 그렇다고 젊을 때로 완벽하게 되돌릴 수는 없겠죠.

필자: 물론 그렇지만 충분히 만족할 만큼은 가능합니다.

고객: 돈 걱정도 무시할 수 없습니다.

필자: 평생 적게는 3백만 원부터 많게는 1천만 원까지 들 수도 있죠. 제가 고객께 자주 드리는 말씀이 있습니다. 그래봐야 자동차 가격의 3분의 1 또는 10분의 1 정도라고. 피부의 젊음을 유지하기 위해서라면 충분한 가치가 있을 겁니다. 근거 없는 소문을 듣고 이곳저곳 다니면서 헛돈을 쓰지만 않는다면 말입니다.

고객: 떨어진 탄력을 회복하는 방법은 뭐가 있습니까?

필자: 초음파를 이용한 하이푸, 고주파, 실 등의 방법이 있습니다. 그런데 주름이 심하면 탄력을 회복해도 노안을 피할 수 없기에 저는 주름 치료를 먼저 권하는 편입니다. 실상 주름만 잘 펴줘도 나이가 덜 들어 보입니다.

고객: 60세가 넘으면 아무리 열심히 치료해도 나이 먹은 티를 없애기 어렵다고 합니다.

필자: 다시 말씀드리지만 만족할 만큼은 됩니다. 더구나 치료를 제대로 받은 분이 그렇지 않은 분에 비해 젊어 보이는 건 사실입니다. 가끔 욕심이 지나쳐서 완벽해지길 바라고 주관적인 만족도가 떨어져서 치료를 과하게 해달라는 사람이 있긴 하죠.

고객: 그런 분에게는 어떻게 합니까?

필자: 제가 객관적으로 판단해서 가능한 만큼만 하고 충분히 설득합니다. 가끔 농담 삼아 이렇게 말해주기도 하죠. 완벽해지고 싶으면 나이를 거꾸로 먹으면 된다고.

고객: 원장님은 그럴 수 있습니까?

필자: 솔직히 그러고 싶지도 않습니다. 또 평생 일만 하게 되겠죠. 그만큼 완벽해지기는 불가능하다는 의미입니다. 중요한 건 앞서 살펴본 치료의 세 가지 원칙을 의사가 잘 지켜서 치료하면 의도한 만큼은 젊어 보일 수 있다는 겁니다.

고객: 남녀를 불문하고 나이 먹으면 얼굴이 예뻐지기보다 온화하고 지적인 분위기가 더 소중하다고 하더군요. 그러니 책이나 많이 읽으라고 합니다.

필자: 그 말도 맞습니다만 피부 치료와 책, 둘 다 하면 가장 좋겠죠.

° 피부과에서 바가지를 썼다는데, 왜 그런가요?

필자: 첫째, 치료한 후에도 효과가 없으면 바가지입니다. 그건 헛돈을 쓴 거니 바가지보다 더 못합니다. 둘째, 효과가 검증되지 않은 시술이나 기계를 마치 신기술인양 값을 올려 받는 경우입니다.

고객: 두 가지 다 의사가 주의해야 하는 거 아닙니까?

필자: 그렇죠. 피부 치료에 있어서 의사가 반드시 얼리어답터가 될 필요는 없고, 새로운 시술이나 기계가 출시되더라도 그 효과에 대해 몇 년은 기다려 보는 게 좋습니다. 고가의 장비를 쓰고도 고객으로부터 효과 없다는 소리를 들을 수 있기 때문입니다.

고객: 또 어떤 게 있습니까?

필자: 셋째, 효과가 없거나 오래가지 않는 시술을 패키지에 억지로 끼워 넣어 가격을 부풀리는 경우입니다. 마지막으로 치료 횟수를 불필요하게 늘려 잡는 경우도 있습니다.

고객: 그 또한 의사나 상담사 얘기만 듣고 어떻게 알 수 있습니까?

필자: 잘 알 수는 없습니다.

고객: 황당하네요. 그러면 어떻게 해야 합니까?

필자: 어려운 문제입니다. 광고만 믿고 가거나 소문난 병원이라는 말을 듣고 찾아갔는데 별 효과가 없더라는 사람이 많습니다. 그나마 신뢰성이 있는 건 주위 여러 사람으로부터 안전하고 효과 있다는 증언을 접하고 찾아가는 겁니다.

고객: 그게 곧 소문난 병원 아닙니까?

필자: 막연한 소문이 아니라 자연스럽게 잘되었는지를 직접 확인하

고 결정하는 게 좋죠.

고객: 그렇다고 모든 사람에게서 똑같이 좋은 결과가 나오는 건 아닙니다.

필자: 그러니 되도록 여러 사람의 결과를 확인하는 게 좋습니다.

고객: 요즘은 피부과뿐 아니라 다른 과에서도 바가지가 있다고 합니다.

필자: 의사도 경쟁이 심해지기 때문이라는 이유를 인정하지 않을 수 없습니다.

고객: 그래도 의사만큼은 양심적이어야 하지 않겠습니까?

필자: 동의합니다. 의사에게 가장 필요한 건 실력이고 그다음이 양심, 친절 순이라고 생각합니다. 역으로 친절을 너무 강조해서 실력이나 양심이 저평가되는 건 위험합니다.

고객: 그래도 친절해야 안심하고 치료받을 수 있습니다.

필자: 제가 보기에 한국의 의사들은 대부분 친절하더군요. 다만 피부 치료에 있어서 친절이 지나쳐 고객이 해달라는 대로 모두 해주다가 망치는 경우가 있습니다. 예를 들어 필러를 자꾸 넣어달라는 분이 있는데, 요구를 모두 들어줬다가 호빵처럼 되는 수가 있습니다.

고객: 건강을 담당하는 주치의가 필요하듯 피부도 믿을 만한 주치의가 있으면 좋겠네요.

필자: 좋은 의사를 만났다면 당연히 그렇게 해야죠.

° 필러는 불안하다고 합니다

필자: 가끔 언론 보도를 보고 걱정하는 분이 많으나 필러는 안전한 물질입니다.

고객: 필러 시술이란 어떤 겁니까?

필자: 피부 안에 주입하여 볼륨을 채우고 주름을 펴는 시술을 말합니다. 필러의 성분은 여러 가지가 있는데, 이 중 대표적으로 쓰이는 히알루론산(Hyaluronic Acid)은 정상 피부와 같은 성분이므로 더욱 안전하다고 할 수 있습니다.

고객: 보톡스와 다른 점은 무엇입니까?

필자: 보톡스는 근육의 움직임에 의해 생기는 이마, 미간, 눈가 등의 잔주름에 효과적입니다. 또한 뒤턱의 교근, 등의 승모근, 종아리의 가자미근 등 비후된 근육을 완화할 수 있으며, 경련에 의한 어깨 통증이나 긴장성 두통에도 유용하게 쓰입니다. 그에 비해 필러는 모든 종류의 주름을 개선하고, 나이가 들어 볼륨이 감소됐거나 함몰된 흉터를 메우는 데 효과적입니다. 또한 필러는 보톡스에 비해 유지 기간이 긴 장점이 있습니다.

고객: 필러의 부작용은 없습니까?

필자: 가장 흔한 부작용은 멍인데 이는 저절로 흡수됩니다. 다음으로 흔한 건 염증인데 항생제, 소염제 등으로 치료합니다. 그러나 숙련된 의사가 적당량을 주입하면 특별한 부작용은 발생하지 않습니다.

고객: 그런데 잊을 만하면 부작용 사례가 나오더군요.

필자: 한국에서 필러가 쓰이기 시작한 지도 수십 년에 이르러 이미

나올만한 부작용은 다 나왔다고 봅니다. 심지어 실명의 위험까지 있었죠. 그러나 이제는 의사들이 이에 대해 잘 알고 있으며, 한꺼번에 다량을 넣지만 않는다면 큰 문제가 생기지 않습니다. 참고로 히알루론산 필러는 히알루로니다제(Hyaluronidase)라는 효소를 주사하면 거의 제거됩니다.

고객: 주위에 필러가 뭉치고 단단하게 튀어나와서 울퉁불퉁한 사람이 있습니다.

필자: 무자격자는 물론이고 의사가 시술했는데도 그런 경우가 있습니다. 특히 미간이나 눈 밑 부위에는 소량씩 넣은 후 충분히 눌러 펴줘서 그런 일이 발생하지 않도록 해야 합니다. 애초에 펴지지 않고 잘 뭉치는 성질이 있는 필러는 쓰지 않는 게 상책입니다.

고객: 과다하게 넣어서 이상해 보이는 사람도 있습니다.

필자: 지방 이식이라면 빠질 걸 예상해서 조금 더 넣기도 합니다만, 필러는 과하게 넣어서는 곤란합니다. 의사가 정말 조심해야죠.

고객: 가격은 비싸겠죠?

필자: 최근 출시되는 히알루론산 필러는 예전에 비해 저렴해서 큰 부담이 없습니다. 어느 분이 그러더군요. 돈이 없어서 유럽 여행 다녀와서 하겠다고. 그 정도 돈이면 평생을 해도 남을 수 있습니다.

고객: 필러 외에는 방법이 없습니까?

필자: 방법은 많죠. 그러나 주름이 깊어지고 볼륨이 빠지면 필러가 기본입니다. 필러를 두려워하면 하염없이 늙어가는 피부를 되돌리기 어렵다고 해도 될 정도입니다.

고객: 필러를 넣으면 아래로 흘러내린다는 말도 있습니다.

필자: 필러가 이동성이 있다면 애초에 상품화되지 못했을 것입니다. 부드러운 필러인 히알루론산도 분자량, 즉 입자가 커서 피부 내에서 마음대로 이동하지 않으며, 주사한 부위가 아닌 주변의 살이 튀어나오는 일은 없습니다.

고객: 필러는 자주 넣어야 하죠?

필자: 최근에 쓰이는 필러는 유지 기간이 깁니다. 어느 정도 흡수되더라도 1, 2회 추가하면 수년 이상 유지되기도 합니다. 따라서 예전처럼 6개월마다 계속 넣어야 하는 건 아닙니다.

고객: 주름이 완전히 없어지지는 않겠죠?

필자: 너무 깊은 주름은 펴지긴 해도 완전히 없어지지는 않습니다. 그렇다고 무리해서 넣으면 어색해지죠. 모름지기 피부 시술은 자연스러움이 우선입니다. 그 범위를 넘어서지 않는 선에서 최대의 효과를 노려야 합니다.

고객: 주름을 편 후 주의해야 할 게 무엇입니까?

필자: 가장 중요한 건 더 이상 주름이 지지 않도록 표정 관리를 잘 연습해야 합니다. 예컨대 미간을 찌푸리거나 입꼬리를 잡아당기는 습관을 갖지 않도록 해야 합니다.

° 치료를 시작한 지 5년이 지나 완치판정을 받았어요

필자: 축하를 1천 번 해드려도 부족하겠네요. 잘하셨습니다. 만성 백혈병을 이기셨네요.

고객: 돌아보면 너무나 감사한 일이죠. 처음 왔을 때 종아리에 생긴

붉은 반점만으로 어떻게 백혈병을 생각하셨습니까?

필자: 당시 붉은 반점은 일반적인 피부염에 의한 홍반(Erythema)이 아니라 출혈에 의한 자반(Purpura)이었습니다. 이를 구별하는 방법은 간단합니다. 투명한 유리 슬라이드로 눌러서 반점이 사라지면 홍반, 계속 남아있으면 자반이며, 또한 자반은 홍색보다 자주색에 가깝죠. 자반은 혈소판 저하증 등 심각한 질병으로 생기기도 하므로 피검사를 권했고, 결과를 보니 백혈구가 3만/⍰L 이상으로 증가해 있더군요. 백혈병을 의심할 수밖에 없는 상황이었고, 즉시 대학병원으로 가시게 된 겁니다.

고객: 당시 기운이 좀 없는 거 말고는 특별한 증상도 없었습니다. 도저히 믿기지 않았죠.

필자: 만성의 경우에는 그럴 수 있습니다. 암이란 게 그래서 무서운 거라고 합니다.

고객: 대학병원에 가서 골수 이식부터 항암 치료까지 받아야 해서 고생이 심했습니다.

필자: 말해 무엇하겠습니까? 마음고생도 심했을 겁니다. 중간에 소식은 몇 번 들었습니다. 남편께서도 맞는 골수를 구하기 위해 애를 많이 썼다고 하더군요.

고객: 그동안 많이 늙었죠? 게다가 완치됐다 해도 부기가 완전히 빠지진 않네요.

필자: 더 좋아질 겁니다. 너무 걱정하지 마세요.

고객: 제게 피부 치료할 여유가 생기다니 꿈만 같습니다. 미용하러 원장님을 볼 수 있을까 기대하기도 힘든 시절이었습니다.

필자: '립스틱 사인'이란 게 있습니다. 입원실 회진하는데 환자가 립스틱을 바른 채 앉아있으면 다 나았다는 얘기입니다.

고객: 그러고 보니 저도 오늘 립스틱을 발랐네요.

필자: 저도 그걸 보고 말씀드린 겁니다.

고객: 혹시 그때 가끔 왔던 제 아들을 기억하십니까?

필자: 기억합니다. 겨울에 가려움증이 심해서 로션 처방을 했었죠.

고객: 그 애가 철이 많이 들었어요. 내가 힘든 기간에 어린 여동생도 잘 돌보고 얼마나 고마운 아들인지 몰라요. 아빠도 무척 좋아하죠. 거기다 공부도 잘합니다.

필자: 참으로 부럽습니다.

고객: 아들이 공부 많이 해서 원장님처럼 의사가 되겠다고 합니다.

필자: 그렇군요. 개인적으로는 공부 잘하는 학생이 공대에 많이 가길 바랍니다만, 아드님만큼은 꼭 의사가 됐으면 합니다. 응원하겠습니다.

° 아이가 여드름이 심해요

필자: 너무 심하면 약을 먹어야죠.

고객: 여드름도 유전됩니까?

필자: 안드로젠이라는 남성 호르몬이 주원인으로 알려져 있고, 이 호르몬의 분비에는 유전적 성향이 있습니다. 여성에서는 프로제스테론이라는 황체호르몬이나 화장품이 원인이 되기도 합니다. 또한 스트레스, 피로 등에 의해 부신피질 호르몬의 분비가 왕성하면 여드름이 악화할 수 있습니다.

고객: 약이나 연고 외에 치료법은 어떤 게 있습니까?

필자: 화농성이면 압출이 최선입니다. 작은 것도 압출하면 금방 좋아집니다. 단, 너무 세게 누르면 염증이나 발적이 확산되므로 가볍게 눌러주면 됩니다. 기계적인 치료법으로는 박피술, 레이저 치료, 광역동 치료 등이 있습니다만, 그런 걸 한다고 재발하지 않는 건 아닙니다. 실상 여드름 치료의 목적은 완치가 아닌 흉터 예방입니다.

고객: 여드름 흉은 어떻게 치료합니까?

필자: 크기에 따라 레이저를 포함해서 몇 가지 방법을 병행해야 합니다. 흉이 매우 심하지 않다면 여드름이 회복된 대학생 이후, 성인 때 치료하는 게 더 낫습니다.

고객: 심부 박피술을 들어본 적이 있습니다.

필자: 화상과 유사한 부작용이 있어서 최근에는 거의 쓰이지 않습니다.

고객: 병원에 가면 흔히 여드름 주사를 놓아줍니다.

필자: 압출이 안 되는 응괴성 여드름에 주로 쓰입니다. 그러나 안에 고름이 차서 말랑말랑하면 주사는 금기입니다. 간혹 화농성 종기를 여드름으로 착각해서 주사를 놓기도 하는데, 의사가 주의해서 일률적으로 주사하지 말아야 합니다.

고객: 여드름은 치료할 때만 반짝 효과가 있다가 도로 재발합니다. 그러니 들어가는 돈도 장난이 아닙니다.

필자: 그렇죠. 심하거나 자주 재발하면 약을 먹는 게 최선이며, 또한 경제적이라고 할 수 있습니다.

° 머리털이 많이 빠집니다

필자: 저도 약을 먹는 중입니다.

고객: 머리털이 난다는 약이나 샴푸 중에 효과 없는 게 더 많다고 하더군요. 원장님이 먹는 약은 효과가 있습니까?

필자: 오랜 경험과 함께 효과가 입증된 약입니다.

고객: 머리를 두드리거나 자극을 주면 탈모가 방지된다고 합니다.

필자: 오히려 역효과가 날 수 있습니다. 자극에 의한 부종은 혈액순환을 증가시키나 가라앉으면 다시 탈모가 되죠. 또한 두피가 두꺼워져 솜털이 잘 나오지 않고 피지선의 분비를 자극해서 두피가 지저분해지기도 합니다. 마사지를 너무 심하게 받아도 물리적 힘에 의해 모발이 많이 빠질 수 있습니다. 어차피 빠질 모발이 빠진 거라고 볼 수 있지만 심한 자극이 계속되는 건 좋지 않습니다.

고객: 가을에는 탈모가 더 심해집니다.

필자: 우선 가을에는 기온이 떨어져서 모근으로의 혈액순환이 저하됩니다. 또한 가을에는 남성 호르몬의 분비가 증가합니다. 남성 호르몬은 신체의 털을 풍성하게 하지만 애석하게도 모발만큼은 가늘어지고 빠지게 합니다.

고객: 유전적 탈모는 어쩔 수 없습니까?

필자: 유전적이라면 남성 호르몬이 많은 경우 또는 숱이 적은 경우, 두 가지 요인이 있습니다. 전자는 호르몬의 작용을 억제하는 약으로 탈모의 속도를 늦출 수 있고, 후자는 제가 복용하는 미녹시딜이 효과적입니다.

고객: 남성 호르몬 억제제는 정력을 떨어뜨린다고 합니다.

필자: 남성 호르몬이 곧 정력을 의미하는 건 아닙니다. 또한 모발에 대한 남성 호르몬의 작용을 억제한다 해서 정력이 떨어지는 것도 아닙니다.

고객: 염색약이나 스타일링 제품이 탈모를 일으키기도 합니까?

필자: 본인의 두피에 맞지 않아서 알레르기가 생기면 그럴 수 있습니다.

고객: 알려진 대로 피로, 스트레스는 탈모를 조장합니까?

필자: 맞는 말입니다. 피로, 스트레스는 혈관을 수축시켜 혈액순환장애를 초래합니다. 이는 탈모뿐 아니라 신체 모든 부위의 건강에 안 좋은 영향을 미칩니다. 흡연이나 음주도 마찬가지입니다. 또한 지나친 운동이나 다이어트로 체중이 급격히 감소하면 모발을 성장시키는 단백질과 영양소가 부족하여 탈모가 심해집니다. 실제로 탈모가 있는 사람이 생활습관을 바꿔서 숱이 많아지기도 합니다.

° 가을만 되면 온몸이 가렵습니다

필자: 나이가 들면 10명 중 8명이 그렇습니다.

고객: 나만 그런 줄 알았는데 그렇게 많습니까?

필자: 저도 그렇습니다. 가을부터 심해지기 시작하죠. 1년 내내 그런 사람도 많습니다.

고객: 이유가 뭡니까?

필자: 피부가 건조하면 가려워지는 경향이 있습니다. 알레르기를 유발하는 원인 물질에 노출되지 않았음에도 오랫동안 가려움이 지속된다면 대부분 피부가 건조하기 때문입니다. 배, 등, 종아리 등에 흔하죠. 건성 피부염이라고 설명하면 잘들 이해하십니다.

고객: 보습을 잘해야겠네요.

필자: 제가 항상 강조하는 겁니다. 우리 몸에서 얼굴만 소중한가요? 왜 종아리 같은 데는 로션이나 보습크림을 안 바르는지 궁금합니다.

고객: 게을러서 그럴 겁니다.

필자: 합당한 지적입니다. 물론 건조증을 방지하려면 물도 많이 마셔야 합니다.

고객: 게으르면 화장실 가기 귀찮아서 물을 안 마시기도 합니다.

필자: 치료가 어렵지 않음에도 게을러서 보습제도 잘 안 바르고 매일 긁고만 있는 사람이 많습니다.

고객: 여름에 가려워서 긁는 사람도 있더군요.

필자: 체온이 올라가면 혈관이 확장하면서 가려움을 유발하는 물질이 피부 조직으로 새어 나오기도 합니다. 거기다 햇빛을 받으면 더 심해지죠.

고객: 건성 피부염은 아토피성 피부염과 어떻게 다릅니까?

필자: 어릴 때 아토피성 피부염이 있으면 성인이 되어서 건성 피부염이 될 확률이 높습니다.

고객: 아토피성 피부염으로 고생하는 소아가 많다고 합니다.

필자: 그 또한 보습에 신경 써야죠. 충분한 보습과 실내 습도 조절만으로도 좋아지는 아이가 많습니다. 이런 기본적인 것부터 잘해

야 합니다.

고객: 그걸로 충분하지는 않겠죠.

필자: 심하면 스테로이드가 함유된 로션이나 연고 종류를 쓰게 됩니다. 되도록 2주 이상은 쓰지 않는 게 좋은데, 실상 어지간한 피부염은 2주 정도면 호전됩니다. 새롭게 출시된 약이나 연고류도 많은데 경험적으로 아이에게 맞는 걸 선택해야 합니다. 다만 아이가 긁는 버릇을 고치지 않으면 치료가 어렵습니다.

고객: 아이에게 그런 자제력을 기대할 수 있겠습니까?

필자: 그래서 만성으로 진행되기 쉽습니다. 위의 기본 원칙을 잘 지키고, 아이를 편안하게 해주면 덜 긁는다는 보고가 있습니다.

고객: 유기농 제품이 도움이 됩니까?

필자: 타고난 체질을 먹는 것으로 바꾸는 건 어렵습니다. 빈도가 높지는 않으나 음식에 포함된 화학물질에 의해 피부염이 악화하는 소아에게는 도움이 되겠죠.

고객: 알레르기 비염을 앓는 사람도 많습니다.

필자: 그 또한 특별한 원인 물질이 없다면 환경 조절만으로도 치료가 잘됩니다. 보온에 신경 써서 몸을 따뜻하게 하고 물을 많이 마셔야죠. 잠을 잘 자고 나면 체온이 상승해서 저절로 낫기도 합니다.

고객: 아토피가 있으면 아이를 춥게 키우라고 합니다.

필자: 특히 서양에서 그런 경향이 있습니다만, 치료에 도움이 되지 않습니다. 여름에는 러닝셔츠 하나, 겨울에는 내복 하나, 왜 안 입히느냐고 물으면 아이가 땀이 많고 가려워해서 그렇다고 합니다. 그러나 옷을 안 입혀서 땀 흡수가 적절하지 않으면 땀이 식을 때 체온이 급격히 떨어지고 피부는 더 건조해지죠. 여름

에도 밤에 제대로 입지 않고 찬 공기를 쐬면 체온이 떨어지면서 콧물, 기침을 자주 하게 됩니다.

고객: 천식도 체질적인 질환입니까?

필자: 알레르기 체질이 있는 사람이 환경이나 기관지를 자극하는 외부 요인에 노출되면 발병하게 됩니다. 천식 등의 기관지 질환에서는 수분이 중요한 역할을 합니다. 수분이 적으면 가래를 위로 올리는 섬모운동에 지장이 생기고, 기침을 해서라도 가래를 배출하고자 하는 현상이 심해지죠. 따라서 물을 많이 마시고 집안의 습도를 적절히 유지해야 합니다.

고객: 습도가 높으면 미세한 물방울이 먼지를 머금어서 바닥으로 가라앉힌다고 합니다.

필자: 반대로 집안이 건조하면 먼지가 공중으로 날리면서 호흡기 근처를 맴돌게 됩니다. 건조한 계절에 기침을 많이 하는 건 그 때문입니다.

고객: 그래도 알레르기 질환이 잘 낫지 않는 건 사실입니다.

필자: 부모가 병원에 와서 말합니다. 왜 애가 1년 내내 가려워서 벅벅 긁고 콧물, 기침을 달고 살죠? 주사 좀 놔주세요. 대학병원에 가게 의뢰서 좀 써주세요. 짜증 나는 건 잘 알지만 먼저 주거 환경부터 잘 관리해야 합니다. 하루 한두 번은 환기해서 먼지를 줄이고, 집 내부 온도를 훈훈하게 유지하고, 아이들에게 옷을 넉넉히 입히고, 물 많이 마시도록 하고, 보습제를 충분히 발라줘야죠. 할 게 많은 거 같지만 모두 기본적인 것들입니다. 이런 것만 잘해도 알레르기 질환으로 인한 고생은 덜하게 됩니다.

3장. 비만 이야기

° 당뇨병, 고혈압, 고지혈증 등 온갖 성인병이 다 있습니다

필자: 식구나 친척 중에 같은 병을 앓고 있는 분이 계십니까?

고객: 그렇지 않아요. 저만 그렇습니다.

필자: 식구 중에 비만한 분이 있습니까?

고객: 그것도 저만 그렇네요. 비만도 유전 아닙니까?

필자: 유전의 가능성이 있지만 식구 중에 혼자만 그렇다면 습관이 잘못된 것으로 봐야 합니다. 당뇨병도 어릴 때부터 생기는 1형 당뇨병은 유전성이나, 2형 당뇨병은 잘못된 습관에 따른 비만이 원인인 경우가 많습니다.

고객: 고혈압, 고지혈증도 비만이 원인입니까?

필자: 그렇죠. 비만이 무서운 건 그런 질병들이 따라온다는 것 때문입니다.

고객: 그럼 살을 빼면 다 좋아질 수 있습니까?

필자: 확실히 그렇습니다. 제가 아는 한 분이 폐렴을 심하게 앓고 난 후 체중이 20kg이나 빠지고 얼굴이 홀쭉해져서 나타난 적이 있죠. 그런데 살이 빠지고 나니 놀라운 변화가 생겼습니다. 그 분도 비만에다 온갖 성인병이 있었는데, 약을 안 먹어도 될 정도로 당뇨병, 고혈압이 호전되었고, 콜레스테롤만 기준치를 조금 넘을 뿐이었습니다.

고객: 지금도 그 체중을 잘 유지하고 계십니까?

필자: 술을 드시는 분이라 다시 원래 체중으로 돌아가나 싶더니, 최근에는 술도 끊고 예전보다 한결 날씬하고 건강해진 모습입니다.

필자: 저도 그렇게 될 수 있을까요?

필자: 당연합니다. 적정 체중만 유지하면 다 좋아질 수 있습니다.

고객: 제 부친은 비만하지도 않은데 고혈압약을 드십니다.

필자: 비만하지 않더라도 나이가 들면서 혈관의 탄력성이 떨어지면 혈압은 올라갈 수 있습니다. 그래도 비만한 분들에 비하면 그 정도가 훨씬 덜합니다.

° 먹는 게 낙입니다

필자: 삶의 만족도가 낮으면 먹는 게 가장 손쉬운 위안거리가 되기도 합니다.

고객: 저도 사는 게 재미없고 항상 바쁘고 피곤합니다.

필자: 거꾸로 생각하면 해결이 간단할 수 있죠. 먹는 거 말고 다른 낙을 찾으면 되는 겁니다. 우선 저녁에 가벼운 마음으로 운동을 시작해 보세요. 또한 운동 끝나고 집에서 할 수 있는 걸 찾아보세요. 독서, 관심 분야에 관한 공부, 글쓰기, 영화·음악 감상, 외국어 공부 등 찾아보면 많죠. 한 가지에 한정하지 말고 돌아가면서 하는 것도 좋다고 합니다. 그런 소소한 것들의 재미를 느껴보세요.

고객: 혼자서 해봤는데 외롭기만 하더군요. 그러니 매번 실패하고 맙니다.

필자: 중요한 말씀입니다. 외롭거나 우울해서 살이 찐다는 분이 있습니다. 역으로 살이 찌면 외롭고 우울해지기도 합니다.

고객: 전 외로움, 우울증 다 있습니다.

필자: 어느 나이 지긋한 여성분이 이런 말을 하더군요. 솔직히 자식도, 남편도 아닌 친구가 일생에 제일 도움이 되는데, 친구는 많이도 필요 없고 진실한 2, 3명만 있으면 충분하다고요. 그 친구들과 저녁에 커피 마시며 수다 떨고, 영화 보러 가고, 가끔 같이 여행 가면 그보다 즐거운 게 없다는 겁니다. 배우자나 가족이 행복의 필요조건인 건 맞지만 현실이란 그런 건지도 모릅니다.

고객: 그런 친구는 있지만 요즘은 만남도 식상합니다.

필자: 요즘은 거의 혼자 있는 편입니까?

고객: 혼자서 TV를 보는 시간이 많아집니다.

필자: 별로 추천하고 싶지 않네요. TV를 보면 아무 생각 없이 간식거리가 궁금해지는 사람들이 많습니다. 더구나 요즘은 먹방이 많아서 유혹을 떨치기 어렵습니다.

고객: 그것도 아니라면 정말 사는 낙이 없는 거죠.

필자: 동호회는 어떻습니까? 성공률이 높다는 보고가 있습니다. 운동과 관련 없는 동호회도 좋습니다. 정서적 안정으로 식탐을 줄일 수 있습니다.

고객: 지금 제 상태로는 그런 취미를 즐길 만한 마음의 여유가 없네요.

필자: 여유가 있어서 하는 분은 없습니다. 여유는 그냥 생기는 게 아니라 직접 만드는 거라고 합니다.

고객: 큰마음 먹고 자전거 동호회를 알아본 적은 있어요. 그런데 포기하고 말았죠.

필자: 포기한 이유가 있습니까?

고객: 이 체력에 동호회 회원을 따라갈 수 있겠어요?

필자: 당장 부담스러우면 헬스클럽에 등록해서 친구를 만들어 보세요.

고객: 헬스도 다니다 관뒀죠. 열심히 다녀도 살이 안 빠지는 게 이유였습니다. 살은 안 빠지는데 계속 다니니까 주위에서 수군거리는 것만 같더군요.

필자: 비만 치료를 원하는 건 맞죠?

고객: 그건 분명 맞습니다.

필자: 왜 비만 치료를 하려는 거죠?

고객: 너무 뚱뚱하니 자신감이 없어서가 첫째 이유입니다.

필자: 살이 빠지면 자신감이 생길까요?

고객: 아무래도 그렇겠죠.

필자: 자신감이 생기면 뭘 하고 싶으세요?

고객: 친구를 많이 만들고 싶네요. 같이 여행 다니고 영화도 볼 친구들 말이죠.

필자: 지금도 그런 친구는 있다고 하지 않았습니까?

고객: 연락하면 되지만 말씀드린 대로 만나야 뻔하고, 최근에는 친구들도 자기 할 일이 바빠서 잘 안 만나는 편입니다.

필자: 자신감이라는 게 뭐라고 생각하십니까?

고객: 남 앞에서 떳떳한 거죠.

필자: 만일 감량에 실패한다면 평생 남 앞에서 떳떳하지 못하고 위축되겠네요.

고객: 그럴 것 같습니다.

필자: 회사에서 일은 잘하십니까?

고객: 보기보다 일은 빠르고 잘한다는 말을 듣습니다.

필자: 뚱뚱하면 일을 못 한다는 편견이 있을 거라고 봅니까?

고객: 아무래도 그렇겠죠.

필자: 비만하면 자신감이나 자긍심이 덜하다는 게 정설입니다.

고객: 저를 봐도 확실하네요.

필자: 그런데 반드시 살을 빼야만 자신감이 생기는 건 아닙니다. 지금 있는 그대로의 자신을 사랑하면 되죠.

고객: 이 몸매를 어떻게 사랑할 수 있나요? 살을 빼고 나면 그때는 사랑할 수 있겠죠.

필자: 아닙니다. 그때 가면 얼굴이 어떠네, 능력이 어떠네, 자신을 사랑하지 못할 또 다른 이유가 등장할 겁니다.

고객: 현재 제 모습이 남들 보기에 안 좋은 건 사실입니다.

필자: 무슨 죄라도 지었답니까? 볼 테면 보라고 하세요. 남들이 어떻게 생각하든 그건 남의 생각입니다. 역으로 살을 뺐다고 누가 봐주기나 하겠느냐는 분도 있습니다. 누가 봐주길 바라는 것도 부질없죠. 다 자신을 위해 하는 겁니다.

고객: 그래도 미용 목적이 있죠. 특히 여자는 남에게 잘 보이려는 심리가 있습니다.

필자: 분명한 건 남에게 잘 보이려고 하기보다 자신을 사랑하고 자신을 위해 하는 사람의 성공률이 더 높습니다.

고객: 그래도 남과 비교되는 건 싫습니다.

필자: 남을 보고는 자극제라고 생각하세요. 긍정적으로 생각하는 겁니다. 마냥 움츠리고 피할 건 아니죠. 뚱뚱하다고 수영하지 말

라는 법이 있습니까? 하고 싶은 대로 하세요. 헬스가 편하다면 다시 등록하세요. 그리고 자신 있게 운동하세요.

고객: 자신을 위해 했는데도 실패하면 어떻게 합니까?

필자: 자긍심이 있는 사람은 감량에 실패해도 심하게 자책하지 않습니다. 비만 치료는 장기적으로 성공보다는 실패할 확률이 더 높은 게 현실이죠. 따라서 완치보다는 장기적인 관리라는 표현이 더 적합합니다. 그러니 설사 실패했다 해도 다시 하면 되는 겁니다.

고객: 결국 자신감을 갖고 운동하라는 얘기네요.

필자: 특히 먹는 낙으로 산다는 분은 운동이나 취미로 낙을 바꿔주면 성공할 가능성이 큽니다. 그러니 남 눈치 보지 말고 시작하세요.

° 물만 먹어도 살이 찝니다

필자: 정말 물만 먹었습니까?

고객: 그런 건 아니죠.

필자: 제가 실제로 저녁에 물만 먹고 잔 적이 있습니다. 그 날따라 식욕이 없긴 했으나 경험상 한번 해보고 싶었죠. 아침에 일어나니 뱃살이 쏙 들어가 있더군요.

고객: 저처럼 조금만 먹어도 살이 찌는 체질은 굶으라는 말씀인가요?

필자: 단 한 끼 굶는 것도 정말 어렵습니다. 더구나 굶는 게 비만 치료

에 큰 도움이 되는 건 아닙니다.

고객: 궁금한 건 많이 안 먹는데도 살이 찌는 이유입니다.

필자: 그런 분께는 반드시 식사 일기를 써오도록 합니다. 식사 일기는 스스로에 대한 평가와 다짐의 기회를 제공하죠. 이때 주의할 점은 현재 통상적으로 먹고 있는 양을 기록해야 한다는 것입니다. 의사 눈치를 보는 건지 나름의 식이요법을 하고는 줄인 식단을 적어오는 분도 많습니다.

고객: 식사 일기를 보면 알게 모르게 많이 먹고들 있던가요?

필자: 거의 그렇습니다. 밥은 안 먹고 빵, 고구마, 과일 등으로 대신하는 분도 많습니다.

고객: 그런 것들이 밥보다 영양가가 좋지 않습니까?

필자: 대신 칼로리가 높죠. 동양인이 서양인보다 날씬한 이유가 쌀을 주식으로 하기 때문인데, 그런 이득이 없어지는 겁니다. 알고 보면 밥이야말로 살이 안 찌는 먹거리입니다.

고객: 식사 일기에 술도 적습니까?

필자: 술은 물론이고 술과 같이 먹은 음식도 적습니다.

고객: 밥도 많이 먹으면 좋을 건 없죠.

필자: 물론 밥을 포함해서 소식해야 합니다.

고객: 결국 많이 먹어서 찐다는 얘기네요.

필자: 먹는 것이 곧 체중입니다. 물만 먹어서 살이 찐다는 건 있을 수 없어요. 단정적으로 말하면 술이나 과일을 포함해서 입을 통해 들어가는 음식의 총량이 거짓 없이 살이 된다고 보면 틀림없습니다.

고객: 저는 실제로 많이 안 먹습니다.

필자: 드물게 식사 일기를 봐도 많이 안 먹는데 고도비만인 분이 있

긴 합니다. 그런 분은 갑상샘기능저하증 등의 질병을 확인해 봐야죠. 그러나 검사 결과에서도 대부분 정상으로 나옵니다.

고객: 전 기초대사량이 낮은 거 아닙니까?

필자: 중요한 질문입니다. 기초대사량이 낮아서 평상시 열량 소모량이 적으면 많이 안 먹어도 살 빼기가 어려울 수 있습니다. 다만 이는 이미 비만한 분의 얘기고, 살이 찌는 단계에 있는 분은 필요 이상으로 많이 먹는 게 분명합니다. 따라서 물만 먹어도 찐다거나, 하루 한 끼만 먹는데도 살이 찐다는 건 흔한 착각입니다. 어쨌든 흡수되는 칼로리가 많기에 남아서 쌓이는 거죠.

고객: 저처럼 이미 비만이 되고 기초대사량이 낮은 사람은 운동을 많이 해야겠네요.

필자: 당연합니다. 일상 활동을 늘리고 가벼운 실내 자전거 등의 운동이라도 시작해야 합니다.

고객: 먹는 건 어떻게 하죠?

필자: 현재 먹는 양을 줄여야죠.

고객: 지금도 적게 먹고 있는데 여기서 더 줄이라는 겁니까?

필자: 현재대로 먹으면서 운동으로만 뺀다는 건 쉽지 않습니다.

고객: 먹는 걸 더 줄이면 기운이 있겠습니까?

필자: 물을 많이 마시고 단백질 섭취를 잘하면 그럴 일은 없습니다.

고객: 먹는 걸 피하다가 거식증으로 죽는 사람도 있더군요.

필자: 별걱정을 다 하십니다. 식사를 거부하는 거식증은 뇌에 기질적 문제가 생긴 심각한 질병입니다. 가끔 유명인이 거식증으로 사망하는 뉴스가 있어 충격을 주나, 그 빈도는 무시할 정도로 적습니다.

° 살 빼기가 너무 어렵습니다

필자: 작은 변화를 시도해 보세요. 거창하게 시작하다 거창하게 포기하는 분이 많습니다. 다음의 설문지에 답해보세요.

1. 먹는 방식

( ) 자주 식사를 거르며 정해진 식사 시간이나 방식이 없다.
( ) 낮에는 적게 먹고 밤에 많이 먹는다.
( ) 대부분의 음식을 식당에서 사 먹거나 배달시켜 먹는다.
( ) 밥 대신 과일, 빵, 감자, 고구마 등을 잘 먹는다.
( ) 야채보다 고기, 피자, 파스타 등이 더 좋다.
( ) 음식이 너무 맛있어서 빨리 먹는 편이다.
( ) 회식이 많고 이때 과식하게 된다.
( ) 친구들과 만나서 술과 안주 먹는 걸 좋아한다.
( ) 세 끼 식사 외에도 음식이 눈에 띄면 언제든지 먹는다.
( ) 친구와 식사할 때는 샐러드를 먹지만 집에 있을 때는 마음껏 먹는다.
( ) 자주 폭식을 한다.

2. 운동 방식

( ) 땀 흘리는 걸 싫어하고 사실상 운동을 거의 하지 않는다.
( ) 운동을 좋아하지만 한 번이라도 거르면 다시 시작하기가 어렵다.
( ) 지난 3년 동안 똑같은 운동을 고수하고 있다.

( ) 운동을 지나치게 해서 오히려 건강이 악화할까 걱정된다.

( ) 운동을 좋아하나 시간이 전혀 없다.

3. 행동 방식

( ) 음식이 위안이 된다.

( ) 몸매를 가리기 위해 임산복처럼 헐렁한 옷을 입는다.

( ) 몸매와 외모 때문에 스트레스를 많이 받는다.

( ) 행동으로 실천하기보다 살을 빼기 위한 생각에 더 많은 시간을 보낸다.

( ) 나 자신을 위한 시간은 삶의 리스트에서 마지막에 올라가 있다.

( ) 나는 쉴 틈 없이 바쁘고 삶에 쪼들린다.

( ) 살을 빼기 위해 안 해본 것이 없다. 그런데 어느 것도 효과가 없었다.

( ) 내 일을 훌륭하게 하지만 감량에서는 만족스러운 성과를 거둔 적이 없다.

( ) 운동하지 않는 이유는 남 보기에 몸매가 보기 싫어서다.

( ) 감량에 성공했다 실패했다 요요현상을 자주 겪었다.

고객: 제게는 너무 많은 문항이 해당하는데 그 많은 걸 어떻게 합니까?

필자: 가장 문제가 된다고 생각하는 세 가지 정도 골라서 일단 시작해 보세요. 중요한 건 변화를 시작하는 겁니다.

° 전 먹지 않으면 쓰러져요

필자: 무슨 일을 하십니까?

고객: 식당을 어렵게 운영하고 있는데 일이 너무 힘드네요.

필자: 실제로 쓰러진 적이 있습니까?

고객: 그런 적은 없죠.

필자: 60년대도 아니고 이제 한국에서 못 먹어서 쓰러지는 사람은 없어요. 문제는 쓰러질까 봐 겁을 먹고 필요 이상으로 많이 먹는 겁니다. 어쨌든 체중이 증가한다는 건 일로 소모되는 열량 이상으로 많이 먹는다는 뜻입니다.

고객: 일이 힘든데 먹지도 않으면 어지럽기는 하죠.

필자: 어지러운 건 먹으라는 게 아니라 쉬어가며 하라는 뜻일 테고, 잠시 숨 돌리고 차 한잔 마시는 것만으로도 도움이 될 겁니다.

고객: 일하다 보면 실제로 허기질 때가 많습니다.

필자: 일이 힘들 때는 정작 허기를 못 느끼기도 하죠. 식당을 어렵게 운영한다고 했는데 손님이 많고 바빠서 그런 건가요, 아니면 수입이 적어서 그런 건가요?

고객: 바쁠 땐 바쁘지만 힘들다는 게 따지고 보면 주로 수입 때문이네요.

필자: 말씀인즉 육체보다는 정신적으로 더 힘들다는 거네요.

고객: 그렇다고 할 수도 있겠습니다.

필자: 보상 심리라는 게 작용할 겁니다. 즉 힘드니 먹어도 된다는 일종의 위안일 수 있습니다. 더 정확한 표현은 자기 합리화일 겁니다.

고객: 하긴 예전에 직원으로 일했던 사람은 너무 힘들면 오히려 밥맛이 없다고 하더군요.

필자: 피할 수 없다면 즐기라고, 어차피 해야 한다면 즐겁고 편한 마음으로 하세요.

고객: 원래 식당 일은 먹어야 하는 겁니다. 맛도 보고 간도 봐야 하니.

필자: 그 정도로 살이 찌지는 않을 겁니다. 허기가 진다고 하셨는데, 대체로 일이 끝나면 그런 거죠?

고객: 사실 일이 끝나면 많이 먹게 됩니다.

필자: 식당에서 먹고 갑니까?

고객: 아니요. 집에 가서 또 먹습니다. 그래서 살이 찌는 것도 또한 인정합니다.

필자: 일 끝나면 즐길 만한 낙이 있습니까?

고객: 저녁 10시 넘어 끝나는데 집에 가면 먹고 자기 바쁘니 뭔 낙이 있겠어요.

필자: 상담하다 보면 낙이 없어서 먹는다는 분이 많습니다. 집에 가서 먹는 대신 30분이라도 자신을 위한 낙을 찾아보세요. 아니면 출근 전이라도 잠깐 시간을 내는 건 어떻겠습니까? 혹시 집 근처에 산책할 만한 곳이 있습니까?

고객: 사람들이 많이 가는 개천가는 있죠.

필자: 멋진 운동복 하나 장만해서 잠깐이라도 걸어보세요. 천천히 걷고 생각하다 보면 더 좋은 낙이 생기기도 할 겁니다.

° 사는 게 힘들고 불안증이 심해서 먹는 거로 해결합니다

필자: 뇌의 안쪽에는 변연계(Limbic System)라는 기관이 있는데 이곳은 주로 감정을 담당합니다. 한편, 뇌의 바깥쪽 신피질에서는 주로 이성적 판단을 담당하죠. 변연계가 발달해 있으면 감정에 따른 행동이 우세한데 이런 경향은 남성보다 여성이 더 높다고 합니다. 감정이 상하면 보상이나 대안을 찾게 되고, 이때 가장 손쉬운 게 먹을거리입니다. 그중에서도 단 음식이 입맛에도 딱 맞기에 주로 찾게 됩니다.

고객: 남자도 살찐 사람이 많지 않습니까?

필자: 남자도 감정에 따라 먹긴 하나 여자보다는 덜한 편이라는 거죠. 한국의 남성은 감정보다는 체력보강의 개념이 지나친 경향이 있습니다. 배가 나오면 덜 먹어야 하건만, 그러면 체력이 떨어질 거라고 쓸데없이 걱정하는 거죠. 거기다 몸에 좋은 건 다 먹어야 한다는 생각이 강합니다.

고객: 별로 이성적으로 보이지는 않네요.

필자: 잘못된 이성이라고 봐야죠. 그러나 남성은 일단 살을 빼겠다고 마음먹으면 성공률이 높고, 뺀 후에도 요요현상을 덜 겪는다고 합니다.

고객: 저도 결혼 전에는 이렇지 않았습니다. 무능한 남편을 만난 게 죄라면 죄죠. 집도 팔아먹고 뭘 해도 되는 일이 없으니 이제는 불안해서 도저히 같이 살고 싶은 마음조차 없습니다.

필자: 비만은 정신적인 요인에서 오는 경우가 많습니다. 불안하고 낙이 없는 사람은 비만이 될 가능성이 크고, 안정적인 사람은 그

반대죠.

고객: 그런 사람들이 부럽네요.

필자: 그런데 알고 보면 누구라도 힘들지 않은 사람이 있겠습니까? 자신의 삶에 만족하는 사람은 없다고 합니다. 누구나 힘들지만 그런 상황에서도 즐길 거리를 찾고, 또한 그걸 낙으로 삼아 살아갈 겁니다. 우선 경제적인 문제를 남편과 상의해 보세요. 감정은 조금 접어두고 서로가 상의해서 대책과 계획을 세워두면 낫겠죠.

고객: 그걸 이제껏 하루 이틀 했겠습니까?

필자: 이해는 갑니다. 따로 하는 일은 있습니까?

고객: 보험관계 일을 하고 있는데 이것도 불안하긴 마찬가지입니다.

필자: 한국인은 대체로 열심히 일해도 불안합니다. 이런 상황이 언제나 개선될지 암담할 정도입니다.

고객: 돈이 사람 잡는다는 게 어떤 건지 잘 모르실 겁니다. 하긴 고객들을 만나보면 저보다 더 힘든 사람도 많더군요.

필자: 경제적인 이유에서 오는 불안증은 해결하기가 어렵다고 합니다. 정신의학과 의사도 경제적인 문제가 원인이 되어 오는 분에게는 해줄 게 별로 없다고 하더군요. 어디서 갑자기 돈이 생기는 것도 아니고, 당장 거리에 나앉을 것만 같은 불안감은 자신의 존재마저 위협합니다.

고객: 한숨만 나오네요.

필자: 불안하면 체중이 이중으로 늡니다. 첫째, 심리적으로 많이 먹게 되죠. 둘째, 불안하면 몸에서 칼로리를 저장하는 코티솔 등의 호르몬 분비가 증가해서 먹는 대로 저장하려는 현상이 생깁니다. 피곤하고 스트레스받을 때 조금만 먹어도 살이 찌는 건

이 때문입니다.

고객: 스트레스받으면 더 줄여 먹으라는 거네요.

필자: 비만이 되지 않으려면 그 수밖에 없습니다. 또한 먹는다고 불안이 해소되지 않는다는 생각을 가져야죠. 술 마신다고 불안이 근본적으로 해결되지 않는 것과 같습니다.

고객: 돈 때문에 쪼들리지나 않았으면 좋겠네요.

필자: 설마 거리에 나앉겠습니까?

고객: 노숙자가 되기야 하겠습니까만, 매일 하루가 지겹습니다.

필자: 아무리 최악의 상황이라도 즐길 거리는 있을 겁니다. 찾아보세요. 비만 치료에 있어서 먹는 게 아닌 다른 낙을 찾는 건 매우 중요하고, 그렇게 찾은 낙은 삶을 소중히 여기는 계기가 되기도 합니다.

° 항상 바빠서 먹는 것도 급합니다

필자: 원래 성격이 급한 편입니까?

고객: 타고나기보다는 일이 바빠서 그런 거죠.

필자: 혹시 운전도 급하게 합니까?

고객: 여기저기 잘 들이받기도 합니다.

필자: 물건도 잘 잃어버리죠?

고객: 그것도 맞네요.

필자: 연구에 의하면 비만한 사람은 빨리 먹는다고 합니다.

고객: 일이 바쁘니 먹을 때도 그렇게 됩니다.

필자: 귀가해서 먹는 저녁도 그렇습니까?

고객: 그런 편입니다.

필자: 집에 와서는 바쁠 일이 없을 텐데요.

고객: 저녁에는 배가 고파서 빨리 먹는 편입니다.

필자: 그렇다면 바빠서 빨리 먹는 건 아니네요.

고객: 글쎄요. 성격 자체가 급한 게 맞는 것 같습니다.

필자: 또 다른 연구를 소개하면 매일 거의 같은 음식을 한 끼 이상 먹는 사람은 비만이 될 확률이 적다고 합니다. 그에 비해 식단이 자주 바뀌고 선택의 폭이 넓으면 빨리 먹는 경우가 많고, 비만이 될 가능성이 크다는 겁니다.

고객: 여기저기 돌아다니면서 먹으니 저는 후자에 해당하겠네요.

필자: 바쁘게 일하면 그 성과는 좋습니까?

고객: 그렇지도 않습니다. 그래서 더 바쁜 건지도 모르죠.

필자: 야무지고 깔끔한 사람이 살이 덜 찐다고 합니다.

고객: 솔직히 전 그렇지는 못합니다.

필자: 운전할 때 목적지에 빨리 가기 위해 서두르는 결과 지향적 성격과 천천히 가면서 주변을 둘러보기도 하는 과정 중시형 성격이 있다고 합니다. 후자라면 10분이라도 일찍 나서야죠. 그렇게 보면 후자가 더 부지런한 겁니다. 혹시 아침에 일찍 일어나는 편입니까?

고객: 부끄럽지만 늦잠이 많은 편입니다.

필자: 생각하고 정리하며 사는 걸 추천합니다. 먹는 것도 그렇습니다. 서둘러 먹는다고 시간이 남고, 그 시간에 생산적인 일을 하게 될까요? 일하는 이유가 잘 먹기 위해서라면 더욱 그렇죠. 잘 먹는다는 건 많이 먹는다는 게 아니라 여유를 갖고 식사를 즐

긴다는 뜻입니다.

고객: 일본인들이 대체로 빨리 먹기보다는 적은 양을 즐긴다고 하더군요.

필자: 밥도 수저가 아닌 젓가락으로 조금씩 먹죠. 일본이 비만율도 낮고 세계 최고의 장수 국가가 된 데에는 그렇게 먹는 것이 큰 몫을 합니다.

◦ 집에 있으면 먹을 것만 생각납니다

필자: 거의 매일 집에 계십니까?

고객: 매일 그런 건 아니고 일주일에 두세 번은 친구들을 만나죠. 그런데 만나면 딱히 할 일이 없어서 또 먹는 것으로 소일하게 됩니다.

필자: 집에서도 먹고 친구들을 만나서도 먹는 거네요.

고객: 듣고 보니 그렇습니다.

필자: 지금 생활에 만족하십니까?

고객: 그런 편입니다만 환경이 자꾸 먹게 합니다.

필자: 우선 집에 있으면 그럴 겁니다. 마음이 불편하면 이것저것 먹을게 생각나고, 역으로 편할지라도 공복감으로 뭔가를 해 먹고 싶곤 하죠.

고객: 두뇌 활동을 하지 않고 TV를 보고 있으면 먹은 음식이 그대로 살이 된다고 하더군요.

필자: 인간의 두뇌는 몸무게의 2%밖에 안 되나 전체의 20%에 해당

하는 에너지를 씁니다. 즉 독서, 공부나 미술 등의 창작 활동이 생각보다 많은 에너지를 소비하는 겁니다.

고객: 그렇다고 낮부터 책을 보고 싶지는 않습니다.

필자: 책은 밤에 보고 낮에는 밖에 나가야죠. 특히 아파트에 살면 답답해서 종일 집에 있기가 어렵습니다. 요즘 지역의 문화센터처럼 저렴한 비용으로 강의해 주는 곳도 많습니다. 외국어, 취미 등 과목도 다양하니 그중에 도전하고 싶은 분야가 있을 겁니다.

고객: 주위에 그런 것보다 먹는 걸 더 좋아하는 친구들이 많습니다.

필자: 다들 살이 찐 편입니까?

고객: 그런 편이네요. 먹을 때 보면 비만해도 신경 쓰지 않는다는 객기를 과시하는 친구도 있습니다.

필자: 가능하면 친구들과 같이 배우러 다니도록 설득해 보세요. 함께 하면 시너지 효과가 있을 겁니다.

고객: 여러 번 애기했는데 잘 안되더군요. 같이 배우러 다니는 건 가능할지 모르나 그렇다고 먹는 걸 통제하기는 어려울 겁니다.

필자: 그러면 혼자 하세요. 사실 식이요법은 어려울 게 없습니다. 적게 먹으면 되는 거죠. 혼자만이라도 적게 드세요.

고객: 티 낸다고 핀잔이나 들을까 걱정입니다.

필자: 크게 티 안 내고 적게 먹을 수 있습니다. 거창하게 식이요법 한다고 선언하지 말고 조용히 혼자 하면 되는 겁니다. 남 눈치 보지 마세요. 자신을 위해 음식 조절하고, 자신을 위해 사는 겁니다. 저도 친구들과 식사하다 보면 입이 짧다고 핀잔을 많이 받습니다. 술도 3잔 정도 마시고 물이나 음료수로 대신하죠. 그러면서도 잘 어울려서 놀면 되는 거고, 친구들도 이제는 그러려

니 합니다.

° 외식만 가면 많이 먹습니다

필자: 외식이 자주 있습니까?

고객: 일주일에 두 번은 됩니다. 특히 친구들과 외식하면 엄청나게 먹고 다시 망가지는 날이 많죠. 금연한 사람이 무심코 담배 한 개비를 시작하고는 원래대로 돌아오는 격입니다. 게다가 요즘은 어딜 가도 음식을 맛있게 하니 그 유혹을 참기가 어렵습니다.

필자: 그렇다면 먹어야죠.

고객: 예?

필자: 친구들과 즐거운 마음으로 외식 나가서 먹지도 못한다면 그만한 스트레스가 어디 있겠습니까?

고객: 그럼 살은 언제 뺍니까?

필자: 일주일에 두 번 정도 외식한다고 비만하지는 않죠. 말씀대로 다시 망가진다는 게 더 큰 문제입니다. 외식 가서 정 조절이 어려우면 너무 서둘러서 먹지 말고 품위 있게 음식을 즐긴다고 생각해 보세요.

고객: 그러면 집에 와서 조심하면 된다는 말씀입니까?

필자: 일주일에 한두 끼 많이 먹는다고 비만이 되는 건 아닙니다. 평상시 집이나 직장에서 많이 먹는 게 문제죠.

◦ 고도비만이라는데 마음만 있고 행동이 따르질 않네요

필자: 그래도 용기 내서 비만클리닉에 오셨으니 행동이 따른 겁니다.

고객: 여기 오기도 무척 망설였습니다.

필자: 고도비만은 외모의 문제가 아니라 치료하지 않으면 생명을 위협하는 중대한 질병입니다. 그러니 치료에 대해 고민하고 망설일 게 아닙니다.

고객: 질병이란 건 저도 알고 있습니다.

필자: 그런데 뭘 망설였습니까?

고객: 그냥 이대로 살겠다는 생각이랄까, 심각성은 알지만 행동이 안 따랐던 거죠.

필자: 그런 분이 많습니다. 그런데 행동이 안 따른다는 건 말보다 더 위험해서 마치 폐암 환자가 담배를 못 끊겠다는 것과 같습니다.

고객: 그 정도입니까?

필자: 과장된 표현이 아니라 사실이 그렇습니다.

고객: 치료하려니 창피한 생각이 드는 것도 사실입니다.

필자: 뭐가 창피하다는 건지요?

고객: 너무 살이 쪄서 온 게 그렇죠. 스스로 한심하다는 생각이 듭니다.

필자: 비만은 질병이지 창피한 게 아닙니다. 폐렴 걸렸다고 창피한 건 아니죠. 위염 걸렸다고 자존심 상합니까?

고객: 저 자신에 대한 책임감이 떨어집니다.

필자: 자존심은 잃지 말되 육체와 건강에 대한 책임감은 필요하죠.

어렵게 생각할 거 없습니다. 잘 치료하면 그만입니다.

고객: 쉽게 생각하라니 부담은 덜하네요.

필자: 솔직히 살 빼는 거 어렵지 않습니다. 뭐 그리 대단한 인생 과제나 된다고 평생을 매달려서 헤어나지 못해야 합니까?

고객: 그럼 어떻게 시작해야 할까요?

필자: 덜 먹고 운동하면 간단하죠.

고객: 그게 그렇게 말처럼 간단하지 않더군요. 덜 먹으면 공복감에 간식만 찾기도 합니다.

필자: 간식을 액상 음식으로 대신해 보세요. 우유, 커피, 차, 주스 같은 것들 말입니다.

고객: 주스는 당분이 많지 않습니까?

필자: 당분이 많은 간식을 조금 섭취하는 것이 식욕억제에 도움이 될 수 있습니다. 우리 몸은 주로 당분 저하에 의해 공복을 느끼는데, 이런 공복감 해소에 도움이 되는 거죠. 따라서 설탕이 포함된 믹스 커피도 괜찮습니다. 커피나 주스는 양도 제한적이라 과자를 대놓고 먹는 것에 비하면 훨씬 낫습니다.

고객: 주스는 수량에 제한이 없습니까?

필자: 습관적으로 많은 양을 마시는 건 금물이나, 작은 거로 하루 2병까지는 무난합니다.

고객: 약도 복용해야 합니까?

필자: 고도비만에서는 약을 복용하는 게 적절합니다. 고도비만은 아니더라도 치료를 위해 이것저것 다해봤는데 실패한 분에게는 약이 도움이 됩니다. 처음에는 부작용을 최소화할 정도의 적은 양부터 시작하는 것을 권장합니다.

° 야식을 도저히 못 참습니다

필자: 저도 야식을 먹고 싶을 때가 많죠. 저녁을 좀 적게 먹었다 싶으면 야식의 유혹을 견디기가 어렵고 라면 하나 끓여 먹으면 최고겠다 싶습니다.

고객: 제가 야식으로 주로 먹는 게 라면입니다. 이 배 좀 보세요. 제가 먹는 걸 좋아하긴 하지만 주로 야식 때문에 이렇게 된 겁니다.

필자: 술과 야식은 배 나오는 지름길입니다.

고객: 그 유혹을 어떻게 견딥니까?

필자: 배고픈 걸 행복이라고 생각합니다. 그때야말로 살이 빠지고 더 건강해지는 시간이므로.

고객: 대단하십니다.

필자: 그렇다고 마냥 참는 건 아닙니다.

고객: 그럼 뭔가를 먹습니까?

필자: 우유를 주로 먹습니다.

고객: 그걸로 충분합니까?

필자: 충분합니다. 특히 우유의 단백질은 위에서 엉겨서 칼로리에 비해 더 큰 포만감을 줍니다.

고객: 전 빈속에 우유를 마시면 아침에 꼭 설사를 합니다.

필자: 우유를 자주 마시면 유지방에 대한 분해효소가 생성되므로 나중에는 덜해집니다. 그리고 변비보다는 설사가 살 빠지는 데 도움이 되죠.

고객: 지독한 생각이네요.

필자: 생각만 바꾸면 결과는 시간문제일 뿐입니다.

고객: 그렇게 다짐하다가도 한 번 먹게 되면 또 습관이 됩니다.

필자: 세상에 완벽한 사람은 없으니 가끔 실수할 수 있다는 여유로움이 필요합니다. 그러나 실수가 잦아지면 곤란하죠. 야식 안 먹는다고 큰일 나는 것도 아니고, 내 몸이 건강해지는 거라고 편하게 생각하세요.

고객: 또 하나 문제는 배가 고프면 잠이 잘 안 옵니다.

필자: 그 때문에 야식을 먹는 분이 많습니다. 그런데 불면증에 대한 많은 조언 중에 먹어서 해결하라는 건 없습니다. 더구나 의학적으로는 불면증보다 비만이 더 큰 문제입니다.

고객: 인체는 아침보다 저녁에 대사가 덜 된다고 합니다.

필자: 그러니 저녁에는 먹는 대로 저장될 가능성이 큽니다.

고객: 아침, 점심은 많이 먹어도 됩니까?

필자: 소식하세요. 배가 고프지 않을 정도만 먹으면 되지 않겠습니까?

고객: 맘껏 먹고 살 빼는 방법은 없다는 말씀이네요.

필자: 그렇다고 해도 과언이 아닙니다.

고객: 배고플 때도 그렇지만 뭔가 허전하고 불안할 때면 야식을 더 찾게 됩니다. 운동이나 취미 활동을 하라지만 심야에 매일 그러기도 어렵죠.

필자: 명상이나 기도가 좋다고 합니다. 그런 뒤 따뜻한 차 한 잔을 마시면 더 의미 있는 저녁을 보낼 수 있을 겁니다.

고객: 잘하게 될지 의문입니다.

필자: 실은 저도 잘하지 못합니다. 매일 그렇게 할 수 있다면 성인군자죠. 정 어려우면 우유나 저칼로리의 과일, 샐러드 등으로 대신해 보세요.

고객: 알겠습니다. 어쨌든 이 배를 더 이상 두고 볼 수는 없네요.

필자: 잘 생각하셨습니다. 배가 나오면 건강에도 큰 문제가 생기고 미용상으로도 보기 안 좋습니다. 저 역시 나이가 들면서 배가 나오지 않도록 늘 조심하고 스스로 다짐하고 있습니다.

° 가족이 협조를 안 합니다

필자: 남편도 비만입니까?

고객: 배가 많이 나와서 보기 흉할 정도인데도 자꾸 먹으려 듭니다. 그 체중을 유지하려니 더 먹는 거겠죠. 아들 둘도 20대 초반인데 벌써 아빠 체형을 닮아갑니다.

필자: 식구들이 먹을 음식을 적게 담는 건 어떻습니까?

고객: 다들 식탐이 대단해서 어림없습니다.

필자: 그렇다면 엄마가 더욱 독해져야 합니다. 단호하게 행동에 옮기세요. 애완견도 밥 많이 주면 비만이 됩니다.

고객: 그러다 싸움 나겠네요.

필자: 마음은 독하게 가지되 표정은 부드럽게 하세요. 웃는 얼굴에 침 못 뱉는다지 않습니까? 부드러우면서도 단호한 모습을 보이는 겁니다.

고객: 노력해 보겠지만 우리 집 남자들은 워낙 고기류의 기름진 걸 좋아해서 그것도 문제입니다.

필자: 단백질 보충을 위해 일주일에 한두 번은 고기를 먹는 게 좋습니다. 두부 등의 식물성 단백질로는 필수 아미노산이 부족할

수 있죠. 다만 기름진 음식을 요리할 때는 굽기보다 수육으로 만들어 주세요. 입맛에 안 맞는다면 취향에 따라 소스를 선택해서 찍어 먹도록 하면 될 겁니다.

고객: 고기도 줄여야 합니까?

필자: 고기를 포함해서 모든 음식은 담을 때부터 신경 써서 정량을 맞추도록 합니다.

고객: 제 체중도 관리하기 힘든데 식구들까지 챙겨야 하네요.

필자: 모두 함께해야 합니다만 주부가 해야 할 몫이 큰 건 사실입니다.

고객: 반찬도 적게 담아야겠죠?

필자: 반찬 담는 것도 요령이 필요합니다. 야채류의 반찬은 많이 담고 육류는 각자 먹을 만큼만 미리 정해두는 거죠. 특히 비만하면 급히 먹는 습성이 있으므로 미리 양을 정해두고 천천히 먹도록 합니다.

고객: 고기가 모자라면 분명 더 내오라고 할 겁니다.

필자: 미리 말을 해두는 게 중요합니다. 이 정도면 정량이고 모자라다 싶으면 야채나 다른 반찬을 많이 먹으라고 하는 겁니다.

고객: 우리 집 남자들은 반찬도 많이 먹습니다.

필자: 육식을 주식으로 하는 서양에 비해 한식은 살이 안 찌는 재료가 대부분입니다. 그러나 이마저도 많이 먹으면 비만을 피할 수 없습니다. 정량이 습관화되도록 끊임없이 함께해 나가는 분위기를 조성해야 합니다.

고객: 저부터 잘해야 하는데 식구가 남긴 음식이 아까워 다 먹고는 합니다.

필자: 저도 아끼는 걸 좋아하고 특히 음식은 되도록 남기지 않으려

합니다.

고객: 그런데도 살이 찌지 않으셨네요.

필자: 애초에 음식을 많이 담지 않고 밥도 적게 담습니다.

고객: 저도 많이 담는 편은 아닌데 식구들이 남긴 음식은 도저히 버릴 수가 없더군요.

필자: 남은 음식을 다시 넣으면 되지 않습니까?

고객: 지저분해서 재탕하기가 그렇습니다.

필자: 굳이 지저분한 음식을 혼자 먹어서 해결하는 것도 이상합니다.

고객: 그렇긴 하네요.

필자: 음식을 버리는 건 금기시해야죠. 그런데 비만 치료 중인 주부라면 버릴 줄도 알아야 합니다. 남긴 음식을 살이라고 생각해 보세요. 살을 버린다고 생각하면 전혀 아깝지 않을 겁니다.

고객: 이제는 한국에서도 외국처럼 1인용 식판 문화가 절실합니다. 식판에 미리 적당량의 음식을 담으면 양을 조절하기도 쉬울 겁니다.

필자: 바람직하나 오래된 문화를 하루아침에 바꾸기가 쉽진 않겠죠. 하여간 식이요법에 특별한 방법은 없습니다. 건강한 음식을 지금보다 적게, 천천히 먹는 것 외에는 말입니다. 더구나 비만한 분들은 허겁지겁 먹기보다 생각하면서 먹는, 즉 배가 아닌 머리로 먹는 습관이 중요합니다.

° 회식 때 술 마시다 보면 살 빠질 날이 없습니다

필자: 인간관계와 유대감을 중시하는 한국인에게 많은 고민이죠.

고객: 문화생활로 회식을 대신하는 회사가 많다고 하는데 아직 우리 회사에서는 남 얘기입니다. 게다가 회식에 빠져서는 안 되는 분위기입니다.

필자: 얼마나 자주 합니까?

고객: 2주에 한 번 정도입니다.

필자: 아주 많은 건 아니네요.

고객: 회식이 아니더라도 일 마치면 동료들끼리 일주일에 두세 번은 술자리를 만듭니다.

필자: 그러면 동료와의 술자리가 더 많은 거네요. 정작 본인이 술을 좋아하는 거 아닙니까?

고객: 그런 건 아니고 직장동료나 친구들 모임에서 딱히 할 일이 없기에 술을 마시게 됩니다.

필자: 과음하십니까?

고객: 마시다 보면 거의 그렇게 되죠.

필자: TV에서 술 마시는 장면이 나오면 덩달아 마시고 싶은 생각이 듭니까?

고객: 대체로 그런 편입니다.

필자: 그게 술을 좋아하는 사람과 그렇지 않은 사람의 차이라고 합니다. 따라서 술을 좋아한다고 보는 게 타당합니다.

고객: 원장님은 그렇지 않습니까?

필자: 전혀 아니죠. 저의 부친께서도 술을 좋아하지 않았습니다.

고객: 음식도 그렇습니까?

필자: 평소에 특별히 뭘 먹고 싶다는 생각은 하지 않습니다.

고객: 전 그 반대입니다. 그러고 보니 술과 먹는 걸 좋아하는 게 맞나 봅니다.

필자: 서양에서 비만의 원인이 과식이라면 한국에서는 술을 무시할 수 없습니다. 알코올은 자체의 칼로리도 문제거니와 중추신경을 마비시켜 포만감을 인식하지 못하게 하고, 식욕과 관계되는 신경세포를 활성화한다고 알려져 있습니다. 또한 알코올은 지방분해를 억제하는 성질이 있습니다.

고객: 결국 모임을 줄여야 합니까?

필자: 공식적인 회식은 그렇다 치고 동료와의 술자리는 일주일에 한 번이라도 줄여보세요. 대신 뭘 배우러 다니는 것도 좋겠죠. 동료들도 그 정도는 이해하지 않겠습니까?

고객: 비만은 유전입니까?

필자: 통상 유전 50%, 생활습관 50%로 봅니다. 최근에는 특정 유전자의 변이에 의해 비만이 생긴다는 연구가 많은데, 참고로 동양인보다 서양인한테서 변이의 확률이 더 높게 나타난다고 합니다. 나아가 변이된 각각의 유전자형에 따라 치료법이나 약제가 달라질 수도 있습니다.

고객: 유전자가 변형됐다면 개인이 어쩔 수 없겠네요.

필자: 그러니 식습관을 바로잡아야죠. 많이 먹으면 살찔 가능성이 높아지는 게 진리입니다. 식량이 부족한 나라에서 비만율이 낮은 것만 봐도 확실히 그렇습니다.

고객: 혹시 살찌지 않고 술 마시는 방법은 없습니까?

필자: 안주를 현명하게 먹는 것 말고는 달리 방법이 없죠. 기름기가

많은 고칼로리 안주보다 야채류를 택하는 겁니다. 원래 고기와 술은 소화효소를 공유하므로 장이 두 배로 일해야만 합니다.

고객: 같이 먹다 보면 안주도 은근히 경쟁입니다. 저녁에 일 끝나고 배는 고픈데 남이 먹는 걸 보면 나도 빨리 먹어야겠다는 조급증이 생깁니다.

필자: 너희들이나 많이 먹고 배 나오라고 하죠. 신기한 건 앞다투어 먹는 친구는 틀림없이 배가 나와있다는 사실입니다.

고객: 바로 제 얘기를 하고 계십니다.

필자: 반대로 마른 친구는 술 마시는 양은 비슷해도 안주는 젓가락으로 깨작거리고 있죠.

고객: 안주를 많이 먹는데도 마른 친구가 있습니다.

필자: 그런 분은 행운아입니다. 유전적으로 기초대사량이 높은 거죠. 그러나 보통 사람에게는 남 얘기입니다. 또한 그런 사람조차 많이 먹으면 다른 부위는 말랐는데 배만 볼록해지기도 합니다.

° 흰밥 대신 현미밥을 먹어야 합니까?

필자: 칼로리는 둘 다 비슷합니다.

고객: 굳이 현미밥을 먹을 필요는 없겠네요.

필자: 영양가를 생각하면 현미밥이 낫겠지만 비만 치료에는 별 차이가 없습니다.

고객: 밥도 줄여 먹는 게 좋겠죠?

필자: 밥이 칼로리가 높은 음식은 아닙니다. 한 공기에 대략 300kcal

라고 하나 당분이 많지 않아서 비만에 큰 적이 되지는 않습니다.

고객: 가끔 밥 대신 고구마를 먹습니다.

필자: 같은 칼로리라고 하더라도 고구마는 다릅니다. 밥은 급격히 혈당을 올리지 않으나 고구마는 밥보다 훨씬 달면서 혈당을 급격하게 올립니다. 이를 당지수라고 하는데, 만일 당지수가 높은 음식을 밥 대신 먹겠다면 훨씬 더 적게 먹어야 합니다.

고객: 다이어트 때문에 밥 대신 고구마를 먹는 사람이 많습니다.

필자: 넌센스입니다. 밥을 먹는 게 다이어트에는 훨씬 낫습니다.

고객: 제품화된 가루음식은 어떻습니까?

필자: 급히 살을 빼야 할 때 시도하기는 하나 일반적으로 추천하지는 않습니다. 단일 음식만 섭취하는 식이요법의 장기 효과에 관해 부정적인 연구가 많습니다.

고객: 밥은 많이 먹어도 괜찮습니까?

필자: 밥을 많이 먹으면 필연적으로 반찬도 많이 먹게 되죠. 그러니 애초에 밥부터 많이 담지 않는 게 좋습니다. 2분의 1에서 3분의 2 정도면 충분할 겁니다.

고객: 전 밥 대신 과일을 많이 먹습니다.

필자: 밥에는 포도당이 많고 과일에는 과당이 많습니다. 포도당은 인체에서 에너지원으로 쓰이는데, 특히 근육과 뇌가 포도당을 많이 쓰는 기관입니다. 반면 과당은 에너지원으로 쓰이지 않고 주로 체내에 축적됩니다. 따라서 비만의 치료에 있어 밥보다 과일이 더 안 좋을 수 있습니다.

고객: 듣기로는 과일의 당분은 전부 흡수되지 않는다고 하더군요.

필자: 그 말도 맞습니다. 섬유질에 포함된 과당은 흡수율이 떨어집니

다. 그러나 많이 먹으면 안 좋은 건 사실이죠. 더구나 밥을 많이 먹고 나서 후식으로 과일도 많이 먹게 되면 부담은 배가되기 마련입니다.

고객: 치료할 때 후식도 먹으면 안 됩니까?

필자: 뭐든 적게 드세요. 밥도 과일도 조금만 드세요. 많이 먹어 뭐합니까? 배만 더부룩하죠.

고객: 과일만 먹고 살 뺀 사람이 있긴 합니다.

필자: 런웨이를 앞둔 모델이 1주일 동안 방울토마토만 먹기도 합니다만 인체에 좋을 리가 없고 뺀 후에도 유지가 어렵죠.

° 식탐이 도저히 해결되지 않네요

필자: 얼마 전 점심으로 짬뽕을 먹었는데, 전 찌개 종류나 짬뽕을 먹을 때 우선 물을 한 컵 붓습니다. 그래야 간이 적절히 맞더군요.

고객: 그러면 맛이 없죠.

필자: 정 싱거우면 반찬으로 간을 맞춰서 먹으면 됩니다. 제가 말씀드리고 싶은 건 때마침 앞자리에 앉은 한 여성이 짬뽕밥을 국물까지 깨끗이 비우더군요. 과연 그분은 말랐을까요?

고객: 그럴 리가 없겠죠.

필자: 일견 보기에도 고도비만이었습니다. 전 짜다 싶은 국물은 조금 맛보는 정도로 하고 거의 남깁니다.

고객: 원장님은 맛으로 먹는 편이 아닌가 봅니다. 맛있으면 다 먹게 되죠.

필자: 조금만 먹으면 됐지 더 먹어야 살만 찌더라는 생각이 더 강하기 때문일 겁니다.

고객: 식욕은 인간의 본능입니다.

필자: 식욕이 음식에 대한 필요를 넘어 욕심이 되어서는 곤란합니다. 욕심 대신 '소박하게 먹기', 산사의 스님들이 먹는 걸 상기하면 좋겠습니다.

° 살찔까 봐 담배를 못 끊겠습니다

필자: 담배를 피우는 목적이 살을 빼려는 겁니까?

고객: 꼭 그렇지는 않으나 담배 끊고 간식으로 대신하다가 살쪘다는 얘기가 많습니다.

필자: 금연 후에 체중이 조금 늘 수는 있죠. 그러나 금연에 적응하면 자연히 먹는 것도 줄게 됩니다.

고객: 그러면 스트레스는 어떻게 합니까?

필자: 흡연자가 비흡연자에 비해 일상적인 스트레스를 더 많이 받는다고 합니다.

고객: 그러니 더 많이 받는 스트레스를 줄이려고 담배를 피우는 거죠.

필자: 그게 아니라 똑같은 상황이 주어져도 흡연자가 비흡연자에 비해 더 큰 스트레스를 느낀다는 겁니다.

고객: 흡연자가 정신적으로 더 불안정하다는 뜻입니까?

필자: 그럴 수 있습니다. 불안정하면 스트레스를 더 잘 받게 되죠. 알

다시피 금연은 어렵습니다. 역으로 그걸 성공한 분은 자신을 통제하고 조절하는 능력이 높다고 볼 수 있고, 따라서 스트레스에 대처하는 방식도 더 유연할 겁니다.

고객: 금연하면 안정적으로 변하고 스트레스에 덜 민감해진다는 얘기네요.

필자: 맞습니다. 더구나 스트레스 자체가 비만의 중요한 원인으로 작용하게 되죠.

° 살 빼도 자꾸 요요현상이 생깁니다

필자: 인체에는 참 신기한 점이 많은데, 한번 정립된 체중을 계속 유지하고자 하는 현상도 그중 하나입니다. 비만에서만큼은 나쁜 쪽으로 신기하다 할까요?

고객: 체중이 줄면 자꾸 이전으로 돌아가려는 현상입니까?

필자: 그렇죠. 이를 위해 인체는 기초대사량이란 걸 줄이게 됩니다. 기초대사량이란 아무 일을 안 해도 호흡이나 체온유지를 위해 기본적으로 소모되는 에너지를 말합니다. 이걸 줄여서라도 본래의 체중을 유지하고자 하는 거죠.

고객: 기초대사량이 줄면 살이 찌는 겁니까?

필자: 이전과 같은 양을 먹어도 더 급하게 체중이 증가하고, 급기야 이전 체중을 넘어서는 경우도 흔히 나타납니다. 그러니 너무 많은 체중을 한꺼번에 줄이는 건 바람직하지 않죠. 일단 현재 체중의 10%를 감량하는 것이 이상적이고, 이 정도면 기초대사

량의 변화가 크지 않습니다.

고객: 저처럼 체중이 너무 많이 나가면 10%는 너무 적네요.

필자: 일단 그 정도로 감량하고 1년 정도 유지하면 몸이 알아서 그 체중에 적응합니다. 이후에 또다시 10% 빼는 걸 목표로 하는 게 좋습니다.

고객: 몇 년을 어떻게 기다립니까?

필자: 급하게 빼면 급하게 되돌아옵니다. 10% 이상 빼는 건 빼기도 어렵거니와 다시 찔 가능성이 크고, 그 정도 빼는 것으로도 비만과 관련된 위험요인이 사라진다는 게 정설입니다.

고객: 전 1년은 고사하고 금방 되돌아오던데요. 3개월이나 갈까요? 도대체 이유가 뭔지 모르겠습니다.

필자: 습관이 정립되지 않은 겁니다. 비만은 대표적인 생활습관병인데, 감량을 얼마나 했건 다시 예전 습관으로 되돌아가면 살은 다시 찌기 마련입니다. 조금씩 적게 먹고 조금씩 운동해 보세요. 완벽하지 않아도 되고, 처음부터 욕심은 금물입니다.

° 많이 먹더라도 운동을 열심히 하면 살이 빠지지 않습니까?

필자: 운동은 반드시 해야 합니다. 감량하면서 지방뿐 아니라 근육량도 감소하는 걸 방지하기 때문입니다. 근육은 단순당이 부족할 때 지방을 에너지원으로 사용하므로 운동과 식이요법과 병용하면 효과가 배가됩니다. 그러나 많이 먹으면서 운동만으로 빼겠다는 건 위험한 발상일 수 있습니다. 더구나 이미 비만이 된

분의 경우에는 현실적으로 운동 강도를 높이기 어려우므로 감량 효과를 기대하기 어렵습니다.

고객: 운동으로 소모되는 칼로리가 생각보다 높지 않다고 합니다.

필자: 더욱이 운동을 마친 후 신체가 칼로리를 보존하려는 경향이 있다고 합니다. 그러나 이론보다 자신감과 성취감이라는 정신적, 심리적 효과를 무시하기 어렵습니다. 실제로 운동을 꾸준히 하면 비만이 되기 어렵고, 역으로 비만한 분은 운동을 꾸준히 하지 않는 성향이 높습니다.

고객: 평소 노동 강도가 심하면 운동하지 않아도 됩니까?

필자: 그런 분은 가볍게 운동하면 되죠. 운동은 무료한 시간을 줄여서 먹는데 치중하지 않도록 하는 효과도 있습니다.

고객: 근육 운동을 중점적으로 해야겠네요.

필자: 그 또한 지나치면 역효과가 날 수 있습니다. 근육량을 지나치게 늘린 후 운동을 소홀히 하고 식이요법에 실패하면 이미 증가한 근육에 지방이 쌓이면서 체중 또한 급격하게 늘게 되죠. 따라서 처음에는 힘들지 않은 종목을 기분이 좋아질 정도로 가볍게 하는 게 좋습니다. 운동에 대한 강박증으로 오히려 스트레스를 받는 분들이 많죠. 운동하러 가기도 싫은데, 가서도 열심히 해야 한다는 의무감으로 부담스러워하다 조기에 포기하는 경우가 많은 겁니다.

고객: 체중이 많이 나가면 운동할 때 관절에 무리가 가지 않습니까?

필자: 중요한 지적입니다. 특히 무릎관절을 조심해야 하며, 고도비만이면 조깅이나 등산은 피하는 게 좋습니다. 나중에 무릎이 아파서 더 큰 문제가 되기도 하죠. 대신 수영이나 자전거가 적절합니다.

고객: 자전거는 비만하면 타기 어렵죠. 위험하기도 합니다.

필자: 실내 자전거부터 시작하면 됩니다. 그냥 하면 재미없으니 음악을 듣거나 TV를 보면서 타는 것도 좋겠네요.

고객: 아는 분이 고도비만으로 무릎과 허리가 아픈데 체중 조절에 실패하면 살은 더 찌고, 찐 살이 무릎과 허리에 부담을 주는 악순환이 반복된다고 합니다.

필자: 가벼운 운동으로 시작하고 식이요법을 더 철저히 해야죠.

고객: 전 요가를 하다가 그만뒀습니다.

필자: 요가가 무슨 운동이 되겠냐 싶지만 실상은 그렇지 않아서 일정한 자세를 유지하는 것만으로도 칼로리 소모가 상당합니다. 또한 요가는 스트레스 관리에 탁월한 효과가 있습니다. 다시 시작하시길 권합니다.

고객: 골프는 어떻습니까?

필자: 수영, 자전거와 함께 추천되는 종목입니다.

고객: 골프는 운동량이 적다고 합니다.

필자: 비만하면 전혀 그렇지 않죠. 더구나 즐겨 가며 꾸준히 할 수 있는 장점이 있습니다.

◦ 잘 붓고 그게 살이 됩니다

필자: 평소 짜게 먹는 편입니까?

고객: 그렇지는 않습니다.

필자: 신장병, 갑상샘기능저하증 등의 특별한 질환 없이 부기가 지속

되는 경우를 특발성 부종이라고 합니다. 여성에게 흔하게 나타나는데 원인은 확실치 않으나 여성 호르몬의 영향으로 추정됩니다.

고객: 그런데 부기가 살이 되니 걱정입니다.

필자: 그렇다는 분이 많습니다만 일반적으로 부기가 살이 되지는 않습니다. 또한 비만한 분에서는 부기가 비만의 원인이 아니라 결과가 됩니다. 즉 비만하면 림프액을 비롯한 순환계가 정체되어 부기가 잘 생기는 거죠.

고객: 그러면 살을 빼면 부기도 덜해집니까?

필자: 물론입니다.

고객: 부기가 심하니 물도 덜 마시게 됩니다.

필자: 비만 치료 중엔 신진대사를 위해 물을 많이 마셔야 합니다.

고객: 저처럼 잘 붓는데도 물을 많이 마셔야 합니까?

필자: 물을 많이 마시고 운동하는 게 답입니다. 적당한 운동으로 땀을 흘리면 부기도 쉽게 사라지죠.

° 한꺼번에 많이 먹고 가끔 토해내기도 합니다

필자: 폭식을 자주 합니까?

고객: 요즘은 1주일에 두세 번 정도로 빈도가 심합니다.

필자: 그때마다 토해냅니까?

고객: 토하는 건 1주일에 한 번 정도입니다. 많이 먹고는 살이 찔까봐 두려워서 손가락을 넣어 토해내곤 하죠.

필자: 폭식증은 일종의 정신질환으로 가볍게 볼 게 아닙니다.

고객: 그 정도로 심각합니까?

필자: 폭식증은 물론이고 비만 자체를 정신적 문제로 보는 의사들의 견해가 타당합니다.

고객: 정신적 문제가 구체적으로 어떤 건지요?

필자: 비만한 분은 자존감이 떨어져 있거나 스트레스, 불안증을 원만히 해결하지 못하는 경향이 있습니다.

고객: 저 역시 스트레스가 많네요. 솔직히 대인관계가 어렵다고 느낄 때가 많습니다.

필자: 주위 사람들의 눈치를 보는 편입니까?

고객: 눈치 본다기보다 남보다 뚱뚱하니 무시당하지나 않을까 되레 말을 많이 하기도 합니다.

필자: 남을 너무 의식하지 마세요. 게다가 대인관계에서는 말을 많이 하기보다 들어주는 사람이 더 환영받는다고 합니다.

고객: 폭식증이 있으면 정신적 문제가 더 심각합니까?

필자: 폭식장애(Binge Eating Disorder)라고 하며 의학적 치료가 필요할 수 있습니다.

고객: 약을 먹어야 합니까?

필자: 식이요법, 운동요법과 더불어 약을 먹는 게 좋습니다. 단, 약을 먹었다 끊었다 반복하면서 폭식증이 재발하는 분도 있습니다. 따라서 약에 너무 의존하기보다 도움을 받는다는 생각으로 편하게 임하는 게 좋겠습니다.

° 하루에 두 끼만 먹는데도 살이 찝니다

필자: 세 끼는 반드시 챙겨 먹는 게 좋습니다.

고객: 두 끼만 먹어도 찌는데 세 끼를 먹으면 큰일 나죠.

필자: 주로 아침을 거릅니까?

고객: 아침에는 식욕도 없고 다이어트 삼아 굶습니다.

필자: 늦게 일어나는 편입니까?

고객: 저녁에 늦게 자니 아침에 늦게 일어나게 되고 늘 잠이 부족합니다.

필자: 잠이 부족하면 종일 불안하지 않습니까? 게다가 아침을 안 먹으면 오전에는 더 불안할 겁니다.

고객: 굶는다고 불안이야 하겠습니까?

필자: 뇌에는 일정량의 영양분이 필요합니다. 뇌의 활동에는 감정이 포함되는데 영양분이 편중되면 우리의 의지와 상관없이 불안을 느낄 수밖에 없다고 합니다.

고객: 그렇다고 살이 찌는 건 아니죠.

필자: 불안하거나 스트레스를 받으면 살이 찌게 됩니다. 혹시 점심을 많이 먹는다면 그대로 살이 되겠죠.

고객: 아침은 챙겨 먹고 저녁을 줄이라는 건 잘 압니다. 그런데 전 그게 어렵네요.

필자: 식이요법을 안 하고 살 빠지는 방법은 없다고 해도 과언이 아닙니다.

고객: 식이요법도 그렇지만 전 40세가 넘었는데 아직도 규칙적인 생활을 못 하고 있습니다.

필자: 중요한 말씀입니다. 규칙적인 생활을 하는 사람이 불안증을 덜 느끼고 살도 덜 찐다고 합니다. 조금만 일찍 자고 일찍 일어나세요. 그리고 아침을 먹고 출근하세요.

° 대체 어떻게 하면 살이 빠질까요?

필자: 답은 간단합니다. 세 끼를 소식하고 운동하면 빠집니다.

고객: 그 간단한 게 안되니 문제죠.

필자: 비만은 전형적인 생활습관병인데 습관이란 게 정말 무서운 겁니다. 더욱이 식습관은 운동보다 더 고치기가 어렵다고들 하고, 결국 그 이유 하나로 비만에서 탈출하지 못하는 분들이 많습니다.

고객: 그럼 식습관 하나만 고치면 된다는 겁니까?

필자: 단정적으로 말하면 그렇습니다. 소식하라면 대체로 4분의 3에서 3분의 2 정도를 권합니다만, 그것도 어렵다면 대충 조금만 줄여 먹어도 됩니다. 그래도 살은 빠지게 되어있죠.

고객: 하긴 모임에서도 적게 먹는 사람이 살이 안 찌더군요. 칼로리 계산은 안 해도 됩니까?

필자: 1일 권장 칼로리 계산법이 있습니다. 표준체중×활동지수인데, 여기서 표준체중이란 (키-100)× 0.9이고, 활동지수란 활동량이 적으면 25, 보통이면 30~34, 많으면 35~40입니다. 일반적인 다이어트에서 남자는 2,000~2,500kcal를, 여자는 1,500~2,000kcal를 섭취하도록 합니다. 더 정확히 말씀드리면

지방을 포함한 살 1g은 7kcal입니다. 따라서 하루 500kcal를 덜 먹거나, 더 소모하면 한 달에 2kg이 감량됩니다. 다만 과체중에서는 이론과 달리 1kg 정도가 감량되죠.

고객: 밥 한 공기가 300kcal이니 계산하기 어렵진 않겠네요.

필자: 문제는 그런 계산도 실제로는 잘하지 못한다는 겁니다. 그러니 계산보다는 조금이라도 적게 먹도록 하고 운동을 하는 게 더 현실적입니다.

고객: 비만 치료의 성공률은 얼마나 됩니까?

필자: 장기적인 성공률은 20% 정도입니다. 80%는 실패하거나 요요 현상을 겪죠.

고객: 그거밖에 안 됩니까? 100%라고 홍보하는 곳도 많습니다.

필자: 80%라고 홍보해도 믿을 게 못 됩니다. 성공한 한두 케이스를 마치 전체인 것처럼 말하는 곳도 있습니다.

고객: 성공률을 높이려면 어떻게 해야 하죠?

필자: 역시나 생활습관이 성공률을 좌우합니다.

고객: 식습관의 경우 3분의 2만 먹다가 영양실조 되는 거 아닙니까?

필자: 우유, 콩, 달걀, 육류, 어패류의 5대 단백질 음식과 비타민, 미네랄이 풍부한 야채를 골고루 먹는다면 3분의 2로도 괜찮습니다.

고객: 피자, 스파게티 등의 단품보다는 한식이 낫겠군요.

필자: 한식은 우수한 다이어트 식단입니다. 단, 한식에는 상대적으로 단백질과 칼슘이 부족하니 매일 우유 1, 2잔에 생선류나 지방을 뺀 수육 등의 살코기를 1회 정도 먹도록 권합니다.

고객: 그렇다고 피자, 스파게티를 안 먹을 수는 없죠. 라면, 짜장면도 그렇습니다.

필자: 먹을 때는 먹어야죠. 다만 그런 걸 먹은 날은 다른 끼니에서 줄이도록 합니다.

고객: 정확히 3분의 2가 안 될 수도 있겠네요. 하다 보니 또 따지게 됩니다.

필자: 그런 셈이 됐네요. 다시 한번 강조하자면 '평상시보다 조금만 줄여 먹어라!', 이것만 기억하고 실행해도 비만에서 쉽게 벗어날 수 있습니다.

고객: 비만약을 먹는 건 어떻습니까?

필자: 해도 해도 안 되거나 자주 재발하면 약을 처방하게 됩니다.

고객: 약의 부작용이 걱정됩니다.

필자: 설령 약, 주사의 부작용이 있더라도 비만의 부작용에 비하면 위험하지 않으니 가급적 견뎌야죠. 메스꺼움, 불면, 두통 등의 부작용은 서서히 적응되나, 심하면 약을 감량하기도 합니다. 어지러움이 흔한데 물을 많이 마시면 덜하고, 이 또한 서서히 좋아지게 됩니다. 변비는 당연한데, 변의가 있을 때 회피하지 말아야 하고 평소 물을 많이 마셔야 합니다. 탈모나 얼굴의 탄력 저하는 감량 후 회복되며, 일시적 운동능력과 인지 저하, 성기능감소를 호소하기도 하나 이는 감량 후 오히려 더 좋아지게 됩니다.

고객: 못 먹던 시절에 배 나오면 사장님 소리를 들었다고 하더군요. 요즘은 먹을 게 너무 많아서 탈입니다.

필자: 먹을 게 많으면 비만 인구가 늘어나는 건 필연입니다.

고객: 요즘은 주사제가 인기라고 합니다.

필자: 비만뿐 아니라 당뇨병, 고지혈증, 심장병 등 각종 성인병에 효과적입니다. 다만 가격이 비싸고 복용 약처럼 중단하면 요요현

상이 생길 수 있다는 단점이 있습니다. 해당 주사제가 알약으로 나올 가능성도 있다고 하더군요. 선진국일수록 비만 인구가 급증하니 그에 따라 새로운 약제들이 개발, 출시되는 추세입니다. 기대감과 함께 충분한 연구가 선행되길 바랍니다.

2부

사회 편

° 독일 함부르크에서 삽니다

필자: 햄버거의 어원이 함부르크라고 하더군요.

고객: 몽골 사람들이 전쟁 중에 식사를 빨리하기 위해서 빵 사이에 고기를 넣어 먹었는데 그게 햄버거가 됐다고 하죠.

필자: 독일에는 이민 간 겁니까?

고객: 유학 갔다가 운 좋게 무역회사에 취직됐고, 그렇게 독일에 정착해서는 30년이 넘었습니다.

필자: 독일이 우크라이나전쟁으로 인해 애를 먹었다고 합니다.

고객: 전쟁 전까지도 독일은 러시아, 중국과 친했죠. 러시아와는 에너지, 중국과는 무역이 왕성했고, 그에 따라 미국과 소원해지기도 했습니다. 그런데 막상 전쟁이 나니 EU의 주요국으로서 러시아 편을 들 수 없었던 겁니다. 러시아가 가스 배관을 끊는 바람에 에너지난에, 고물가에 살기가 예전 같지 않은 건 사실입니다.

필자: 러시아로부터의 유일한 가스 배관이 우크라이나를 통과했는데 발트 해를 경유하여 독일에 이르는 노드 스트림이 완공되자 러시아가 우크라이나를 침공했다고 합니다.

고객: 러시아로서는 서방이 우크라이나를 지켜야만 하는 동기가 반감될 거로 생각했을 겁니다. 원래 러시아는 우크라이나의 지정

학적 가치로 인해 서방의 관여를 극도로 경계해 왔습니다.

필자: 어쨌든 독일이 실용적 노선을 추구하다가 입장이 어색해졌네요.

고객: 우크라이나전쟁은 현대의 문명화된 국가에서도 얼마든지 참상이 벌어질 수 있다는 경고성 메시지를 줍니다.

필자: 드론이나 AI에 의한 미래 전쟁의 시험대라고도 합니다.

고객: 인간의 생명을 담보로 한 시험이라니 말이 안 되죠. 갈등에는 협상과 타협만이 답입니다만, 아직도 힘으로 남의 나라를 침공하는 일을 자주 보게 됩니다. 아마도 인류는 영원히 그럴지도 모릅니다.

필자: 쾰른, 프랑크푸르트 등 서부 지역에 가본 적이 있습니다만, 유럽의 다른 도시에 비해 고풍스러운 건물이 적다는 느낌을 받았습니다. 제2차 세계대전 때 연합군의 폭격을 맞아서 그렇다고 하더군요.

고객: 드레스덴이 유명하죠. 거의 폐허가 됐었는데 지금은 어느 도시보다 아름답습니다.

필자: 유럽의 도시들은 대부분 그렇더군요.

고객: 그러나 살기에는 한국의 아파트만큼 편한 데가 없습니다.

필자: 독일 출신의 세계적 위인이 많습니다. 아인슈타인, 마르크스, 칸트, 니체, 헤겔, 괴테, 베토벤, 바흐, 브람스, 바그너, 슈바이처 등 수많은 이름이 떠오릅니다.

고객: 그런가 하면 히틀러도 있습니다. 독일 하면 가장 먼저 생각나는 인물이니 한 명의 괴물이 나라 망신을 제대로 시킨 격입니다.

필자: 히틀러가 자결한 게 아니라 아르헨티나로 도망갔다는 설이 있

습니다.

고객: 독일에 사는 저도 처음 들어보는 얘기네요. 사실 독일인들은 일상에서 그런 얘기를 거의 하지 않습니다. 다만 건물이나 길에서 홀로코스트로 인해 희생된 분들의 이름이 새겨진 표식을 자주 보게 되는데, 이를 통해 반성이라는 사회적 분위기를 체감하게 됩니다. 학교나 가정에서 아이들에 대한 교육도 철저하다고 들었습니다.

필자: 독일은 전후 회복이 빨랐습니다.

고객: 공산주의를 막기 위한 미국의 원조가 전후 재건에 큰 도움이 됐다고 합니다.

필자: 일단 부정부패가 없어야 합니다. 그래야 원조가 산업시설에 쓰일 수 있죠.

고객: 더구나 독일인의 절약 정신은 유명합니다. 원래 독일은 춥고 척박한 땅이라 로마도 라인 강 이북은 포기했었죠. 그러니 그런 곳에 사는 사람들은 절약 정신이 몸에 배었을 겁니다.

필자: 1990년 독일의 통일은 신선함을 넘어서 충격적이었습니다.

고객: 독일인의 위대함을 보여줬다지만 당시 국제 정세의 덕이기도 합니다.

필자: 독일인들 스스로 이룬 게 아닙니까?

고객: 러시아 고르바초프의 페레스트로이카 덕이 큽니다. 체코, 폴란드 등 동구권 국가들의 내부 단속과 경계가 느슨해지고 동독인이 그런 나라로 자유롭게 이동하면서 서독으로의 유입이 수월해지죠. 그러다 당장 동서 간 이동이 자유로워진다는 한 기자의 오보를 듣고 그날로 뛰쳐나온 사람들이 벽을 일시에 허물어 버린 겁니다.

필자: 갑작스러운 통일로 인해 경제적 타격이 심했다고 들었습니다.

고객: 아마 한국도 그렇겠죠. 북한이 중국식 개혁개방으로 어느 정도 경제력을 갖춘 후에 점진적으로 통일의 길을 가는 게 적절할 겁니다.

필자: 독일도 남과 북의 지역감정이 심하다고 합니다.

고객: 독일은 전부터 지방호족에 의한 분권형 체제였고, 근대에 들어서야 비스마르크에 의해 도이칠란트라는 제대로 된 국가가 형성됩니다. 비스마르크는 북부의 프러시아를 기반으로 했는데 바이에른을 포함한 남부 지역을 합병하는 과정에서 무력을 쓸 수밖에 없었고, 그에 따른 갈등이 지금까지 이어지는 겁니다.

필자: 동서갈등은 남아있지 않습니까?

고객: 통일 초기의 혼란을 넘어서 지금은 덜해 보이나, 그래도 국민이 느끼는 갈등은 남아있죠. 지역갈등은 한국에만 있는 게 아닙니다. 제가 가본 서유럽 대부분 국가가 그러해서 영국, 이탈리아, 스페인, 네덜란드 등 주요국이 다 그렇습니다.

필자: 정치인들이 지역감정에 편승하기도 합니까?

고객: 아무래도 한국보다는 덜합니다. 한국은 정치인부터 보수, 진보라는 명분으로 이분화되고 사회적 갈등도 너무 심해 보입니다.

필자: 유럽에는 봉사 정신으로 일하는 정치인이 많다고 합니다.

고객: 유럽은 정치인부터 매우 검소합니다. 지방의회에서는 의원이 무료 봉사하는 곳도 많죠. 생업을 마치고 저녁에 모여서 업무를 보는 겁니다.

필자: 체면을 중시하는 한국 문화에서 정치인 또한 봉사보다 낙선 후에 남 보기 초라한 일을 하지 않으려는 것도 선거에 목매는 이유일 겁니다.

고객: 체면은 정말 버려야 할 유산입니다. 남에게 피해만 주지 않으면 되는 거죠.

필자: 독일을 비롯한 유럽 국가의 극우화를 우려하는 시선이 있습니다.

고객: 살기가 예전만 못하면 국수주의로 흐르는 경향이 있죠. 실제로 베를린 같은 곳은 극우파 청년을 중심으로 데모가 흔한 편입니다.

필자: 지인의 아들이 아헨공과대학에서 유학했었습니다.

고객: 공부를 많이 시키고 졸업 후에도 전 세계에서 오라는 데가 많은 대학이죠.

필자: 유럽의 대학은 대부분 수업료가 공짜라고 하더군요.

고객: 세금에서 대폭 지원하는데 해가 갈수록 인상된다고는 합니다. 유럽의 대학들이 대부분 그렇고, 유독 영국만큼은 미국처럼 학비가 비쌉니다.

필자: 독일 사람들 사는 건 어떻습니까?

고객: 독일인을 비롯하여 유럽인은 대체로 소박합니다. 씀씀이도 작아서 한국인처럼 펑펑 쓰는 건 없죠. 와인, 맥주 한 잔도 소중하게 마시며 음식은 남기는 법이 없습니다.

필자: 월급이 한국만큼 많지 않다고 합니다.

고객: 소박한 데는 그 이유가 큽니다. 그러나 한국에 비하면 기본적인 생활에 들어가는 물가가 싸고 자식들 교육에 돈이 많이 안 들어가므로 여유가 있다고 보면 됩니다.

필자: 마음의 여유가 가장 부럽습니다.

고객: 그들이 모두 지성적인 건 아니죠. 제가 보기에 무식한 사람도 많고, 예전보다 살기 어려워진 요즘은 감정에 치우치는 사람도

많아집니다. 그러나 아직은 평온한 사회 분위기가 잘 유지되고 있다고 보면 됩니다.

필자: 직접 살아보면 뭐든 느려서 행정부터 시작해서 인터넷, 집수리 등 불편한 점이 한두 개가 아니라고 합니다.

고객: 이탈리아가 심해서 공무원이 민원 처리 중에 전화 통화를 30분 한다더군요.

필자: 독일의 물가는 어떻습니까?

고객: 물가 상승은 전 세계적 추세인 듯합니다. 그나마 독일은 이전부터 인근 오스트리아나 영국보다는 덜합니다.

필자: 한국의 밥상 물가도 많이 올랐습니다. 이미 일본이나 미국보다 더 비싸서 스위스 다음으로 세계 2위라고 하더군요.

고객: 그 정도입니까? 그렇다면 적절히 수입하는 방법 외에는 없을 겁니다.

필자: 중국산이 많은데 신뢰도를 의심하는 사람이 많습니다. 일본은 중국에 사람을 보내서 수입할 농산물의 안전성을 점검한다고 들었습니다. 반면 한국은 그런 수고 대신 싼 가격만을 제시한다고 하더군요.

고객: 사실이라면 큰 문제입니다. 먹거리는 안전이 우선이며, 이윤을 위해 이를 도외시하는 일은 없어야 합니다.

필자: 유럽에서는 외식비가 비싸다고 합니다.

고객: 서비스업종은 대체로 그렇습니다.

필자: 가장 중요한 차이는 자녀 양육비일 겁니다.

고객: 특별히 큰돈 들어갈 일이 없습니다. 더구나 대학생 이상 성인이 되면 알아서 독립하는 데다 노후보장이 잘되기에 월급을 모아야 한다는 개념이 적고, 대신 마음 편히 즐기는 삶을 선호합

니다.

필자: 한국도 사회보장이 많이 개선되고 있습니다만, 자식들에게 돈 많이 들어가는 건 어쩔 수 없죠. 한국병의 근본 원인이라고 봅니다.

고객: 자식에 대한 무한책임이라고 할까요? 교육과 결혼을 시켜주는 것도 모자라 손주까지 돌봐야 하니 한국의 부모들은 참 대단합니다.

필자: 언제나 나아질까요?

고객: 세대가 바뀌면 나아지겠죠. MZ세대는 자녀를 위해 자신을 희생하겠다는 생각이 덜해 보입니다. 사실 우리 세대가 힘들었죠. 대부분 부모에게서 받은 것 없이 시작했고 어렵게 번 걸 자녀에게 퍼줬습니다.

필자: 힘든 거로 따지면 우리의 부모 세대만 했겠습니까? 먹을 것도 없던 시대에 큰 전쟁을 겪으면서 생존에 대한 의지가 절실했을 겁니다.

고객: 그렇게 보면 우리도 감사해야 할 세대임은 맞습니다.

필자: 우리 사회가 청년이 독립할 수 있는 여건을 잘 마련했으면 좋겠습니다.

고객: 독일의 청년은 매우 낮은 금리로 집값의 80% 이상을 대출받을 수 있어서 집 구하기가 수월합니다. 국가가 청년기에 사회적으로 독립할 수 있도록 큰 도움을 주는 거죠.

필자: 최근에는 한국도 비슷하게 가고 있으나 문제는 서울과 수도권의 집값이 너무 비싸다는 겁니다.

고객: 한국은 집값이 터무니없이 비쌉니다. 인구도 줄고 있는데 왜 그런지 모르겠습니다. 제가 한국에 돌아가기 싫은 이유 중 하

나입니다.

필자: 집을 투자수단으로 봐서 그렇겠죠. 살 집이 아니라 투자나 투기 목적이면 세금을 중과해야 한다고 봅니다. 자식 키워서 독립시키기 수월하고 노후가 보장되는, 두 가지만 잘되는 나라면 좋겠습니다.

고객: 선진국은 예외 없이 두 가지가 잘되어 있습니다. 돈만 많이 번다고 선진국이 아니죠. 저도 곧 집을 살 예정입니다만, 독일은 집값도 싼 편입니다. 도심은 비싸나 외곽으로 조금만 나가면 4, 5억에 좋은 집을 살 수 있죠.

필자: 한국도 점점 나아지고 있지만 근본적으로 부모가 뒷바라지해야 한다는 국민 정서는 변하지 않을 겁니다.

고객: 그럴 겁니다. 그런데 미국을 비롯하여 세계적으로 그런 추세가 더 심해지긴 합니다.

필자: 그래도 한국처럼 심하지는 않겠죠.

고객: 사회로의 출발선상에서부터 시작되는 불평등은 한국이 반드시 극복해야 할 과제입니다. 그렇지 않으면 유럽처럼 평등하게 잘 사는 국가가 되기 어렵습니다.

필자: 자식을 끔찍하게 여기는 사고방식이 부모에게 무거운 짐으로 되돌아옵니다. 서양에서는 자식들이 다 크면 독립해서 스스로 알아서 살길을 찾는 거고, 부모로부터 뭘 받을 생각도 없다고 하더군요.

고객: 독일의 젊은이들은 실용적이기도 합니다. 첫 월급을 타면 가장 먼저 편안한 의자를 사죠. 의자는 오랜 시간을 자신과 함께할 분신이라고 생각하는 겁니다.

필자: 한국에서처럼 남과 비교해서 나 자신이나 내 자식이 더 잘되길

바라는 문화가 금방 바뀌겠습니까?

고객: 그 또한 다음 세대에나 기대해야 하나 솔직히 요원해 보입니다. 그런 국민 의식의 변화보다 세금을 통한 분배와 평등을 추구하는 국가 시스템의 개혁이 더 중요할지 모릅니다.

필자: 독일을 포함한 북유럽 사람들은 순박하고 착하다고 합니다.

고객: 착한 사람이 많아야 살기 좋은 나라고, 살기 좋은 나라에는 착한 사람이 많습니다. 다만 유럽의 경제도 갈수록 악화하니 사람들의 인품도 예전 같지는 않아 보입니다.

필자: 경제 수준보다는 불평등이 착해지기 어려운 환경을 만들 수 있습니다.

고객: 한국은 인구밀도가 높은데 이것도 한 요인이라고 생각합니다. 너무 많은 사람과 부딪히면 짜증 나기 마련입니다.

필자: 유럽 국가들이 난민으로 인해 골치를 앓고 있다고 합니다.

고객: EU의 주요국인 프랑스와 독일이 난민을 많이 받았습니다만, 인종 갈등 등 사회문제가 심해지는 게 사실이죠. 더구나 난민이 대거 유입된 시기와 유럽의 경제가 쇠퇴한 시기가 겹치다 보니 난민에 대한 편견도 갈수록 심해집니다.

필자: 인종 갈등은 영원한 숙제일까요?

고객: 저 역시 차별을 자주 느낍니다. 최소한 우리 세대에는 해결되지 않을 거라고 봅니다.

필자: 독일인은 융통성이 적다고 합니다.

고객: 그런 편이죠. 일하다 보면 불통으로 인해 답답함을 넘어서 화가 치밀 때도 많습니다. 그러나 그러려니 하고 넘겨야지 별 대책이 있는 것도 아닙니다.

필자: 사회보장이 잘되어 있는 국가에서는 세금도 많이 내야 할 겁니

다.

고객: 북유럽 국가보다는 덜하지만 35% 정도로 많이 냅니다. 세금도 무척 다양해서 개를 키우면 강아지세를 내야 하고 커피세, 교회세도 있습니다.

필자: 강아지세나 종교인 과세는 한국에서도 이슈가 되고 있습니다.

고객: 그래도 세금 내면 나중에 돌려받는다는 믿음이 있으니 잘들 내더군요.

필자: 그게 가장 중요합니다. 세금 내면 최소한 노후에 걱정이 없을 거라는 믿음 말입니다.

고객: 독일도 유럽에서는 기초연금이 적은 편입니다. 그러나 의료, 여가 등 각종 사회보장 혜택이 다양합니다. 따라서 어지간하면 노후에도 중산층 정도의 생활을 영위할 수 있습니다.

필자: 한 가지 궁금한 건 사회보장이 잘되어 있다는 유럽에도 노숙자가 꽤 있더군요.

고객: 아무런 노력을 하지 않는 사람들입니다. 재취업할 생각도 없고 파산 후에도 개인회생의 성의조차 보이는 않는 거죠. 더구나 세금을 안 내거나 탈세하고도 개전의 정이 없는 사람은 국가에서 아무런 대우를 안 해주며, 남아있는 재산이 조금이라도 있으면 전부 압류해 버립니다. 다만 키우는 개는 압류해도 실익이 없으므로 노숙자 중에 개를 데리고 있는 사람이 많습니다.

필자: 요즘은 한국도 세금을 많이 냅니다. 이미 유럽 국가들 수준이라고 하더군요.

고객: 유럽 국가들은 세율이 높음에도 국민의 불만이 높지는 않습니다. 대신 국가 재정의 낭비나 불공평한 집행 같은 건 잘 따집니다. 모름지기 세금은 공평하게 잘 걷고, 공평하게 잘 써야죠.

필자: 한국에서도 세금 아껴 쓰라는 여론이 만만치 않습니다.

고객: 각종 시민단체의 역할이 중요합니다. 독일에 있으면 그런 시민단체의 힘을 자주 느끼게 됩니다.

필자: 공평하게 잘 사는 유럽식 사회주의를 한국에 적용할 수 있겠습니까?

고객: 당장은 어렵겠지만 조금씩 그 방향으로 가야 할 겁니다.

필자: 한국에서는 살인적인 집값과 물가에 모두가 공평하게 잘 살기가 쉽지 않은 데다, 오히려 경쟁만 더 심해집니다.

고객: 경쟁은 필연적으로 행복하지 않은 결과를 초래하죠. 그래도 오랜 역사를 자랑하는 유럽 국가들에 비해 아무 가진 것 없이 짧은 기간에 산업화와 민주화를 이루었으니 더 나아지기만을 기대합니다.

° 프랑스 파리에서 5년 살다 왔습니다

필자: 제가 어릴 적 집에 당시 유행하던 백과사전 한 질이 있었습니다. 그중 지리 편에 전 세계의 유명한 곳을 담은 사진들이 많았는데, 특히 파리의 모습은 환상이었죠. 비슷한 높이의 고풍스러운 건물들에 사이요 궁전, 베르사유 궁전을 비롯한 각지에 널려있는 성들은 비현실적으로 보일 정도였습니다.

고객: 파리에 가보셨죠?

필자: 중학생 시절에 국사를 가르치던 선생님이 자신은 경주에 가지 않을 거라고 하더군요. 환상이 깨질까 우려된다는 이유였습니다

다. 저도 비슷한 이유로 파리 여행을 미루고 미루다 60세가 다 되어서야 한번 가보게 됐습니다.

고객: 파리의 현재 모습은 나폴레옹 3세부터 시작됐다고 합니다. 도시 전체의 경관을 위해 모든 건물이 5층을 넘지 않도록 조정했고, 말씀하신 사이요 궁전도 그 시대에 왕비를 위해 지었다고 하죠. 에펠탑에서 바라보는 궁전의 모습은 마치 새가 양 날개를 펼친 듯 아름답습니다. 그런데 파리에 가보니 환상이 깨지진 않던가요?

필자: 그렇지는 않았습니다. 예상대로 아름다운 도시였죠. 다만 그 멋진 곳도 역시 사람 사는 곳이란 생각은 들었습니다.

고객: 사람 사는 데는 어디나 다 비슷할 겁니다.

필자: 뒷골목에서 노상 방뇨하는 사람도 많다고 들었습니다.

고객: 겉보기에는 화려해도 속은 그렇지 않을 수 있죠. 오래된 건물을 보수하거나 증·개축 허가를 받기 어려우니 불편해도 그대로 사는 사람이 많습니다. 가장 큰 문제는 화장실입니다. 공중화장실이 적고, 있어도 사용료가 2천 원 정도로 비싸니 남자들은 숨어서 해결하기가 다반사입니다. 그에 비해 한국의 화장실은 깨끗하고 시설 좋기로 유명합니다.

필자: 화장실만큼은 세금을 써도 되지 않습니까? 굳이 사용료까지 받을 이유도 없죠.

고객: 저도 그 부분은 이해되지 않습니다.

필자: 프랑스에는 아름다운 성이 많더군요.

고객: 베르사유 궁전은 언제나 사람들로 붐비나 한적한 곳에 숨겨져 있다시피 감탄을 자아내는 성이 많습니다. 진정한 여행은 그런 데를 찾는 거죠. 프랑스 남부나 프로방스 지역에도 아름다운

곳이 많습니다. 해가 내리쬐는 정오쯤 고르드라는 마을에 들어서는데 그냥 먹먹해서 눈물이 날 것 같던 기억이 있습니다.

필자: 다시 태어나 살고 싶은 국가가 있다면 1순위가 프랑스입니다.

고객: 전 캐나다를 꼽고 싶습니다.

필자: 자연만 보면 캐나다가 좋으나 주변 여러 나라를 가볼 수 있고 문화생활을 누리는 면에서는 유럽이 더 나아 보입니다.

고객: 파리에 가면 센 강이 너무 작아서 실망했다는 말을 많이들 합니다.

필자: 동감입니다. 그에 비해 독일의 라인 강은 꽤 크고 화물선들의 움직임도 많더군요.

고객: 그래도 한강만 하겠습니까?

필자: 그만한 강이 도심에 있다는 건 세계적인 자랑이죠. 다만 활용도는 기대에 못 미치는 게 사실입니다.

고객: 그 큰 강에서 수영, 조정 등 수상스포츠를 포함한 글로벌 관광축제를 기획하면 충분히 성공할 겁니다.

필자: 불꽃축제로 대미를 장식하면 금상첨화겠네요.

고객: 프랑스에는 축제가 다양합니다. 니스의 카니발 축제, 아비뇽 축제, 리옹의 빛 축제 등 세계적인 축제가 많고 내용도 충실해서 특별함을 더합니다. 특히 아비뇽 축제에서는 한 달 내내 도시 전체가 공연장이 되어 연극, 영화, 뮤지컬, 춤 등 다양한 즐길 거리를 만끽할 수 있죠. 더구나 유럽의 축제는 대개 지역민들이 함께 참여하는 방식입니다.

필자: 일본만 해도 삿포로 눈 축제, 마쓰리 등 세계적인 축제가 있습니다만 한국의 축제는 미진한 감이 있습니다. 국악이나 왕실 행렬 같은 전통 축제의 규모를 확장하고 한복을 입은 시민들이

대거 참여한다면 세계적인 축제로 자리매김할 수 있을 겁니다.

고객: 유럽에서는 나라마다 세계적인 자전거 대회가 있어서 해당 지역을 홍보하는 효과까지 얻습니다. 아름다운 길이 많은 한국에서도 충분히 해볼 만하죠.

필자: 《이주헌의 프랑스 미술 기행》을 보면 지방 소도시의 미술관임에도 고갱, 쿠르베, 밀레 등 세계적인 화가의 그림들이 걸려있더군요.[5] 프랑스의 오래된 부와 문화 기반에서 나온 콘텐츠를 한국과 비교하는 건 무리이나 솔직히 부러운 건 사실입니다.

고객: 니스에는 마티스와 샤갈이 유명하고, 파리 인근의 지베르니라는 곳에는 모네가 살던 집과 수련 연못이 그가 그렸던 그림 그대로 남아있습니다. 한국인도 많이 찾는 오베르에는 반 고흐의 생가와 그가 그린 풍경이나 건물을 그대로 볼 수 있습니다.

필자: 프랑스에서 살면 자연스럽게 예술, 문화에 관심이 생깁니까?

고객: 프랑스인은 어릴 때부터 그런 걸 많이 접합니다. 학교에서도 적극적으로 가르치고 자주 견학을 보내죠.

필자: 성인들은 대체로 카페나 술집에서 먹고 마시면서 시간을 보내더군요.

고객: 그들이라고 매일 미술관이나 음악당에 가는 건 아닙니다만, 프랑스에서는 악기를 몇 개 이상 다루고 문화생활을 한 달에 몇 번 하느냐를 잘 사는 기준으로 삼습니다.

필자: 한국에서는 아파트 평수를 따집니다.

고객: 프랑스에서는 그런 건 중요하게 생각하지 않습니다.

필자: 국민을 배 불리는 건 기업인이고, 정신을 배 불리는 건 문화예술인이라고 합니다. 삶의 질을 높여주는 건 단연코 문화예술이죠.

고객: 사회적으로도 마틴 루터 킹보다 마이클 잭슨이 인종차별 완화에 더 큰 영향력을 끼쳤다는 얘기가 있습니다.

필자: 예전 모 국회의원이 디자이너 앙드레 김의 본명에 조소하는 듯한 태도를 보인 적이 있습니다.

고객: 삼류가 일류를 못 알아보는 거죠.

필자: 프랑스인은 콧대도 높고 동양인에게 우호적이지 않다고 합니다.

고객: 심지어 같은 서양인을 차별하기도 하고, 미국인은 버릇없고 천민자본주의에 길들었다고 여깁니다.

필자: 언어를 못 하면 차별이 심할 겁니다.

고객: 매우 중요해서 프랑스에서 불어는 못하더라도 영어를 잘하면 차별받는 느낌이 덜합니다. 그나마 유럽에서는 미국만큼 인종차별에 기인한 폭력적인 뉴스가 심하지 않고, 특히 프랑스에서는 예전 식민지 국민을 대하던 톨레랑스(Tolerance)의 정신이 지금까지 이어지고 있습니다.

필자: 프랑스에서는 영어를 잘 안 쓴다고 들었습니다.

고객: 예전에는 프랑스인들도 영어를 못해서 그랬지만 지금은 그렇지 않습니다.

필자: 언어를 잘해도 매너가 안 좋을 수 있습니다.

고객: 그 나라의 문화적 차이점을 숙지하지 못했기 때문일 텐데, 아예 매너 같은 건 신경 안 쓰고 하고 싶은 대로 하고 다니는 사람도 많죠. 매너가 좋으면 지성이 드러나 보이긴 합니다.

필자: 요즘은 식사 매너를 덜 따진다고 하더군요. 눈살 찌푸려질 정도만 아니라면 그냥 편하게 먹자는 거고, 서양 문화 중에 넥타이가 속박과 격식의 대명사라는 얘기도 있습니다.

고객: 저도 지나친 격식은 선호하지 않습니다.

필자: 유럽은 조금만 나가면 외국이고, 보고 즐길 거리가 많아서 부럽습니다.

고객: 유럽에서는 축구의 인기가 대단해서 국가 대항전이라도 하면 난리가 납니다.

필자: 한국에서도 유로비전 송 콘테스트가 인기였죠. 지금도 계속되고 있더군요.

고객: 유럽에 살면 특별히 관심 두지 않아도 주변 나라에서 무슨 일이 일어나고 있는지 잘 알게 됩니다. 그러니 정치적으로도 특정 세력이 한 국가를 마음대로 좌지우지할 수 없고, 또 그렇게 하면 국민이 가만히 있지 않습니다.

필자: 프랑스 시민혁명의 정신적 유산이 큽니다.

고객: 인류 역사에서 가장 영향력 있는 사건이라고 합니다. 왕족과 귀족이 한 방에 무너진 극적 반전이죠.

필자: 영국의 근대사도 왕과 의회의 싸움으로 점철되어 있어서, 의회 세력에 의해 왕이 처형되기도 했습니다.

고객: 오랜 투쟁의 결과 왕이 실권을 잃고 '즉위하되 군림하지 않는' 수준에서 합의점을 찾게 됐습니다만, 이런 이웃 나라의 실상을 목격한 프랑스의 기득권이 집안 단속에 많은 공을 기울였으나 결국 시민혁명이라는 철퇴를 맞고 단숨에 무너지고 맙니다.

필자: 정치에서 군주제와 공화제의 대립은 오랜 역사입니다.

고객: 기원전 로마 시대에도 귀족에 대해 평민이 지위를 확보하기도 합니다. 귀족은 놀고먹는데 평민은 세금과 병역의 의무로 등골이 휘니 저항할 수밖에 없었고, 결국 원로원에 대등한 평민회가 구성되죠. 이전 그리스 시대와 유사한 체제를 갖게 된 건데,

이게 지금의 상원과 하원의 유래가 된 겁니다.

필자: 프랑스인들은 지금도 저항 의식이 강해 보입니다. 지하철 등 공공 분야에서도 파업과 시위가 흔하더군요.

고객: 프랑스인들은 설령 자신이 불편하더라도 시위를 이해하는 편입니다.

필자: 집단 이기주의라면 이해받기 어려울 겁니다.

고객: 다수에 의해 소수의 이익이 무시됐을 때 소수가 할 수 있는 게 뭐가 있겠습니까?

필자: 그래도 협상이 아닌 데모로 해결하려는 건 하책입니다.

고객: 법에서 허용하는 범위를 잘 지키면 되지 않겠습니까?

필자: 현실적으로 어렵지 않던가요? 법은 뒷전이고 폭력이 빈발합니다.

고객: 불법 시위는 엄벌해야죠. 그러나 법이 허용하는 정당한 요구마저 묵살할 수는 없습니다.

필자: 시민혁명으로 정치 세력을 교체하는 건 찬성합니까? 프랑스 시민혁명의 폭력에 대해서도 재평가하자는 의견이 있습니다.

고객: 저 역시 폭력적 혁명이 아닌 제도적 과정을 존중합니다만, 인류 역사상 그게 쉽게 되지만은 않더군요. 각종 비리에 얽히고 무능한 지도자가 독재하는 경우를 너무나도 자주 봅니다. 더구나 민주 국가에서 국민이 나라의 주인임을 망각하면 가차 없이 바꿔야죠.

필자: 황제를 몰아낸 시민혁명 후에 나폴레옹이 다시 황제 자리에 오를 수 있었던 이유가 궁금합니다.

고객: 프랑스가 혁명 후 곧바로 자유, 평등, 박애를 기반으로 하는 민주주의 국가가 된 건 아닙니다. 안으로는 힘이 남아있는 귀족

과 신흥 자본 세력의 권력 다툼이 지속되었고, 밖으로는 시민 혁명을 두려워한 오스트리아, 프로이센 등 주위 국가들과 오랜 전쟁을 겪게 됩니다.

필자: 나폴레옹이 그런 국가들을 정복하고 영토를 확장하니 국민에게는 영웅이었겠죠.

고객: 그렇더라도 황제는 너무 나간 듯합니다. 베토벤의 영웅 교향곡이 말해주듯 초기엔 신흥 세력을 중심으로 지지가 높았으나 갈수록 나폴레옹을 반대하는 여론이 강해지고, 전쟁이 지속되면서 생활고에 찌든 국민은 그를 원망했다고도 합니다.

필자: 그래도 한국에서는 나폴레옹이 여전한 위인입니다.

고객: 프랑스에서는 좀 덜하다는 느낌을 받습니다. 당시 무리한 정책도 있어서 언론을 통제하고, 20인 이상의 집합 금지령도 내렸다고 하죠.

필자: 코로나 덕에 익숙한 집합 금지가 그때도 있었다니 흥미롭습니다.

고객: 그래도 프랑스의 현재는 어느 나라보다 정부의 간섭이 덜하고, 그에 따라 국민이 편한 건 사실입니다.

필자: 프랑스에서는 휴가도 길다고 합니다.

고객: 모든 휴일을 뺀 법정 휴가가 35일이나 되니 1년 중 4분의 1은 쉰다고 보면 됩니다.

필자: 한 달 이상 놀려면 돈이 많이 들어가겠습니다.

고객: 1년 벌어서 휴가 기간에 다 쓴다고 하죠. 돈이 궁한 젊은이들은 휴가 내내 동남아에서 생활하기도 합니다.

필자: 노후보장이 잘되니 돈을 모아야 한다는 필요성을 덜 느낄 겁니다.

고객: 프랑스에서는 자식 키우기도 수월합니다. 탁아소가 잘되어 있어서 날 때부터 소정의 금액만 받고 국가에서 돌보고, 4세에 유치원에 들어가서는 이후 중학교까지 무료입니다.

필자: 대학이 평준화되어 입시도 수월하다고 들었습니다.

고객: 한국의 고교 학군제처럼 대학이 지역별로 묶여있어서 거주 지역에서 멀리 있는 대학에는 갈 수 없습니다.

필자: 남부의 학생이 파리의 소르본 대학에 지원하러 위장전입 같은 걸 시도하지 않겠습니까?

고객: 그럴 필요가 없죠. 대학 평준화로 어딜 가도 비슷한 수준의 교육을 받게 됩니다. 오히려 날씨 좋은 남부의 대학에서 공부하길 원하는 학생이 많다고 합니다.

필자: 한국처럼 일류 대학에 보내겠다고 날 때부터 닦달하는 현상은 없겠군요.

고객: 그런 일은 없지만, 유럽도 대학 진학률이 50%를 넘기면서 경쟁이 심해지는 추세입니다. 그래도 한국만큼은 아니라서 고교 졸업시험만 통과하면 어느 대학이나 진학할 자격이 주어집니다.

필자: 대학 입학은 쉬운데 졸업은 장난이 아니라고 하더군요.

고객: 학과마다 다르지만 대략 70%가 졸업한다고 합니다.

필자: 그것도 썩 좋지는 않아 보입니다. 들어갔다 그냥 나오면 무슨 의미가 있습니까? 돈, 시간과 공부했던 지식을 다 낭비하는 셈입니다.

고객: 하긴 취직할 때 퇴학당한 사실을 숨기는 사람도 많다고 합니다. 그러나 어쨌든 한국보다 나은 건 확실해 보입니다. 한국은 과열된 입시 경쟁으로 청소년 교육이 재난에 가깝습니다.

필자: 한국은 그냥 캐나다나 프랑스의 교육 시스템을 그대로 갖다 쓰면 어떨까 싶기도 합니다.

고객: 교육뿐 아니라 정치도 그대로 갖다 쓰면 좋겠네요. 정치 시스템조차 확립하지 못하고 아직도 원칙 따지는 소리나 들립니다. 바꿔 말하면 원칙조차 불명확해서 우왕좌왕한다는 뜻입니다.

필자: 한국은 서구에 비해 민주주의가 확립된 기간이 짧지 않습니까?

고객: 그 말도 자주 들어서 지겹습니다. 첨단 정보화 시대에 언제까지 그런 거나 따질 건지.

필자: 프랑스의 주요 산업이 농업이란 걸 뒤늦게 알았습니다. 땅이 비옥해서 농사가 잘된다고 하더군요.

고객: 일찍이 식민지로 벌어들인 돈이 많은 데다 농산물, 주류 등 수출할 것도 많고 패션산업, 관광, 무기, 에너지, 원자력, 운송 수단 등 뭐든 잘되는 나라임은 분명합니다. 게다가 문화유산이나 예술까지, 분명 조상 잘 만나서 호강하는 건 맞습니다.

필자: 그 방면의 지존은 이탈리아입니다.

고객: 그렇죠. 어느 도시라도 조상이 만들어 놓은 예술품이고 땅을 파면 유적이 그냥 나온다고 합니다. 그러나 그게 걸림돌이 되어 도시를 개발하려고 해도 반대 여론으로 무산되고는 하죠. 얼마 전 로마의 콜로세움을 최초의 모습과 유사하게 리모델링하겠다는 당국의 발표가 있었는데, 결과는 여론의 반대에 부딪혀 욕만 먹었다고 합니다.

필자: 알프스 산맥의 북쪽은 좌로부터 프랑스, 스위스, 오스트리아가 위치하는데 이 나라들은 저마다 알프스를 관광자원으로 개발한 반면, 남쪽은 오로지 이탈리아가 독차지하고 있음에도 개발

할 생각조차 없다고 합니다.

고객: 조상이 넘겨준 유적만 관리하기도 힘들 겁니다. 이탈리아는 전기도 프랑스로부터 수입합니다.

필자: 유럽인은 대체로 여유로워 보입니다.

고객: 인상 찌푸릴 일이 없어야 여유가 생기는데 사회에 자기만 아는 사람들이 많으면 그게 어렵습니다. 나 혼자가 아니라 전체를 위해 행동하면 선순환이 되고, 결국 내게도 득이 된다는 판단이 합리적이죠. 여유는 그런 합리성에서 나온다고 봅니다.

필자: 합리성에는 이성과 과학이 전제됩니다.

고객: 아무래도 프랑스가 배출한 철학자와 과학자의 영향이 크겠죠.

필자: 지나친 이성주의가 전체주의를 낳기도 하더군요. 스탈린이나 모택동 체제에서의 대량 학살도 인간에 대한 감정이나 연민이 개입됐다면 발생하지 않았을 일입니다.

고객: 나치의 괴벨스가 이성에 감정까지 동원하여 선전 선동에 능했죠. 나치의 탄생은 철학자들만이 아닌 모든 유럽인의 충격이었습니다. 미셸 푸코는 《광기의 역사》에서 "육체와 감성으로부터 분리된 이성이 합리적인 사고가 아니라 광기를 생산해 낼 수 있다"라고 했습니다.

필자: 그러나 지나치게 감정적인 것도 경계해야 합니다. 인간은 이성보다는 감정에 치우치는 경향이 높아서, 대인관계에서 상대의 단 1%가 마음에 안 들면 그 사람 전체를 미워하기도 합니다.

고객: 증오는 남보다 자신을 갉아먹는 행위입니다. 작가 라와나 블랙웰은 "당신이 품고 있는 증오는 가슴 속의 죽지 않은 석탄 덩어리라서 다른 누구보다 당신 자신에게 더 치명적이다"라고 기술했죠.

필자: 나치의 패망과 함께 비역사성, 비정치성의 포스트모더니즘이 시작됩니다.

고객: 포스트모더니즘은 1950년대에 들어 이성, 계몽 등의 근대적 사유가 해체되면서 실존과 실천적 과제에 대해 고민하고, 이성이나 형식에 대한 저항과 함께 자유와 개인적 가치를 중시하는 시류입니다.[6] 엘리트주의 대신 대중의 삶과 일상이 주목받기도 하죠.

필자: 포스트모더니즘이 미국식 자본주의와 결합하여 지나치게 대중문화화한 걸 지적하는 학자도 있더군요. 그러나 대중문화는 이미 거스를 수 없는 대세입니다.

고객: 한국에서 6.25 전쟁이 끝나고 미국 문화가 급격히 유입되면서, 그게 외국 문화의 전부인 것처럼 여겨지기도 했습니다. 그로 인해 우리 것을 잃은 부분도 적지 않습니다.

필자: 유럽에서는 미국 문화를 천박하고 퇴폐적이라고 하나, 미국은 실용주의를 내세워 유럽의 사상을 탁상공론이라고 폄훼합니다.

고객: 실용주의는 지금도 미국의 사상적 기반입니다. 제2차 세계대전 후 미국 내에서는 공산주의에 맞서기 위해 CIA를 중심으로 정치와 경제뿐 아니라 문화적으로 우위에 서려는 시도가 활발했죠.

필자: 대중문화의 재미나 즉흥적 형태가 문화적 우위라는 데에는 동의하지 않으나, 대중에게 강한 어필을 하는 건 부인할 수 없습니다.

고객: 그러나 자유분방이 관용의 가치를 잃으면 새로운 형태의 혼돈과 폭력이 난무할 위험이 있습니다.

필자: 요즘은 포스트모더니즘을 지나 하이퍼모더니즘 시대라고 합니다.

고객: 이제는 스마트포니즘이라고 하더군요. 스마트폰만 바라보는 극도의 개인주의를 뜻합니다.

필자: 한때 TV를 바보상자라고 조롱했으나 다큐멘터리, 예술 프로그램 등으로 사고에 기여한 면이 있습니다. 반면 스마트폰으로 그런 걸 보는 사람은 드물어 보입니다.

고객: 정보의 홍수가 깊이로의 제한을 유발하기도 합니다. 정보화, 세계화라는 인류 최고의 업적이 제한적 정보를 비판 없이 수용하는 사고의 단순화를 초래하는 일은 없어야 합니다.

필자: 혹시 무슨 일을 하시는지 궁금합니다.

고객: 원래 미학과 출신입니다만 취직하기 싫어서 프리랜서로 있습니다. 주로 글을 쓰는데 돈벌이도 제대로 못 하면서 여기저기 장돌뱅이처럼 다닙니다. 그러니 이 나이 먹도록 결혼도 못 했죠.

필자: 돈 많은 사람과 결혼하면 경제 걱정을 안 해도 되니 더 자유롭겠습니다.

고객: 돈 많은 사람이 절 데려가겠습니까? 더구나 더 자유롭기는커녕 얽매일 게 뻔합니다.

필자: 듣고 보니 그렇네요. 그러면 결혼하지 마세요. 왠지 지금보다 낫지 않을 수도 있겠다는 불길한 예감이 듭니다.

° 네덜란드 암스테르담에서 근무한 적이 있습니다

필자: 네덜란드에서는 뭘 하셨습니까?

고객: 제가 있던 다국적 회사의 본사가 암스테르담에 있어서 파견근무를 한 적이 있죠. 몇 개월밖에 안 되지만 제겐 좋은 경험이었습니다.

필자: 네덜란드에 가본 적이 있습니다만, 공항에 내려서 시내로 이동하는 도중 첫인상이 밭이 많다는 거였죠. 도시만 벗어나면 온통 밭이더군요.

고객: 알다시피 네덜란드는 원예를 포함해서 낙농업이 매우 발달한 나라입니다. 밭을 만들기 위해 바다를 메우고 오랜 기간 부단히 노력했다는 것도 잘 알려져 있죠. '네덜란드'라는 이름 자체가 '낮은 땅'을 뜻한다고 합니다. 또한 네덜란드의 상징인 풍차도 곡식을 빻기 위한 것이 아니라 바닷물을 퍼내기 위해 만들어진 겁니다.

필자: 밭의 3분의 1은 농사를 짓고, 나머지는 휴경지라고 들었습니다.

고객: 3년에 한 번씩 경작하는 셈이니 농사의 효율이 높고 화학비료도 많이 쓸 필요가 없겠죠.

필자: 큰 목초지에서 소들이 한가하게 풀을 뜯는 모습을 보니 대부분 갇혀있는 한국의 소들에 비해 참 팔자가 좋아 보였습니다.

고객: 어느 날 넓은 평지를 보다가 문득 나무가 많지 않다는 생각이 들더군요. 애초에는 나무가 많았을 텐데 그걸 다 베어버리고 밭이나 농장으로 개발한 거 아니겠습니까? 이미 자기들의 땅

은 다 개발하고 개발도상국의 삼림은 훼손하지 말라고 요구하는 건 이율배반적일 수 있죠.

필자: 그런 시각도 가능하겠네요. 근대 이후 서양에서는 자연을 개척해서 인간에게 유리하게 사용하려는 개념이 우세했습니다. 그에 비하면 동양은 자연과 함께하려는 개념이 강했죠.

고객: 미술 작품에서도 그런 차이를 관찰할 수 있어서 동양미술에서는 자연과 함께하는 인간의 모습을 많이 보게 됩니다.

필자: 네덜란드에 비하면 한국의 농업은 더 발전해야 한다고 봅니다.

고객: 서유럽은 날씨가 온화해서 겨울에도 섭씨 0도 이하로는 잘 안 내려갑니다. 덕분에 농사가 잘될 수밖에 없고, 대부분의 유럽 국가가 그러해서 먹는 것만큼은 자급자족할 능력이 된다고 합니다.

필자: 날씨 탓만 하기에는 한국의 농업은 너무 낙후되어 있습니다. 식량안보지수가 OECD 국가 중 최하위라고 하죠. 곡물 자급률이 20%에 불과한데, 그나마 쌀은 90%를 넘기지만 밀, 콩, 옥수수 등의 생산량이 너무 적다고 합니다. 특히 빵 소비로 밀의 수요가 늘어남에도 자급률이 1%에 불과하니 이제는 논 대신 밀밭을 늘려야 하는 건 아닌가 하는 생각이 들 정도입니다.

고객: 쌀이 남아돌아서 보관에만 큰돈이 들고 2년 후면 할 수 없이 주정으로 쓴다고 합니다.

필자: 동남아시아처럼 쌀국수를 많이 먹는 것도 좋은 방법이 될 겁니다.

고객: 본래 한국은 기후와 땅이 척박해서 고부가가치의 품목을 취급해야 합니다. 유럽처럼 논을 밭이나 목장으로 돌리는 것도 생각해 볼 일입니다.

필자: 한국인은 쌀을 전시를 위해 지켜야 할 국가적 자산으로 여깁니다만, 이제는 그런 개념도 조금 변해야죠. 예전 군의관으로 복무할 때 병사들의 막사가 너무 낙후됐었습니다. 지휘관이 전쟁나면 다 버리고 갈 걸 막사는 뭐하러 짓느냐고 하더군요. 그런데 후임으로 온 지휘관은 전혀 다른 생각을 하고 있었습니다. 전쟁이 언제 날지도 모르는데 병사들을 계속 열악한 환경에서 지내게 할 수는 없다는 겁니다. 같은 맥락으로 전쟁이 언제 날지도 모르는데 쌀에 목숨 걸 필요는 없다고 봅니다.

고객: 네덜란드처럼 밭에 비닐 대신 유리를 설치하는 건 불가능한지 의문입니다.

필자: 설치비도 부담이고 태풍과 홍수 때문에 쉽지 않다고 들었습니다. 그러나 지금처럼 생산성이 떨어지면 어떤 식으로든 개혁이 필요하겠죠.

고객: 지금처럼 보조금 등으로 해결하려는 건 근본적 대책이 될 리 없을 겁니다.

필자: 네덜란드와 홀란드가 같은 명칭이 아니더군요.

고객: 홀란드는 네덜란드의 가장 큰 주라고 보면 됩니다. 네덜란드의 중심이 되는 지역인만큼 주요 도시들이 몰려있지만, 홀란드 외의 다른 지역 사람들은 네덜란드를 홀란드라고 부르는 걸 질색합니다. 스코틀랜드 사람들이 잉글리시라고 불리는 걸 싫어하는 것과 같습니다.

필자: 네덜란드에서는 마약이나 성매매가 합법이라고 합니다.

고객: 마약은 현행법상 엄연한 불법입니다. 그러나 강도가 약한 마약은 관용적으로 허용하는 분위기입니다.

필자: 불법이라도 처벌이 없다면 크게 무서울 건 없겠네요.

고객: 성매매도 불법으로 하자는 의견이 많습니다만, 그 또한 다른 나라에 비해 개방적인 편입니다.

필자: 하지 말라면 더 하고 싶은 청개구리 심보가 있죠. 반대로 마약을 개방적으로 취급하니 중독자가 줄더라는 기사를 봤습니다.

고객: 의사의 처방에 따라 마약을 저렴하게 살 수 있고, 정해진 장소에서 안전하게 투여할 수 있습니다. 저렴하니 이윤이 적고 그에 따라 판매가 감소하는 건지는 모르나, 아직 마약이 성행하지 않은 국가에서 함부로 따라 할 건 아니라고 봅니다.

필자: 전 마약은 아니더라도 정부의 지나친 규제는 반대합니다.

고객: 네덜란드는 국민의 실생활에 대한 규제가 가장 덜한 국가 중 하나입니다. 현대적 자율 국가의 모범 사례로 인정되기도 하는데, 실제로 네덜란드인들은 남에게 피해만 주지 않는다면 그 어느 것도 자유라는 생각이 강합니다. 법에 어긋나지만 않는다면 개인의 자유는 기독교적 윤리를 넘어서기도 하죠. 예컨대 낙태, 동성애, 안락사 등도 허용됩니다.

필자: 유럽의 국가들은 가깝게 붙어있어서 공동체 의식이 강해 보입니다.

고객: 그러나 유럽 국가들은 역사적으로 너무 많이 싸웠죠.

필자: 싸우면서 정든다고 합니다.

고객: 한번은 독일, 프랑스, 벨기에, 룩셈부르크의 총리 네 명이 저녁에 맥주나 한잔하자고 번개 모임을 하더군요. 과연 한국, 북한, 중국, 일본, 네 나라의 지도자가 그런 모임을 하는 게 가능이나 할까요?

필자: 룩셈부르크도 개방적인 거로 유명합니다.

고객: 세계 최고 수준입니다. 언어부터 개방적이어서 4개 국어가 공

용어고, 기업규제도 적어서 법인세도 최하 수준입니다. 그러니 유수의 기업이 본사만 룩셈부르크에 두고서는 그 나라에 세금을 내는 겁니다.

필자: 룩셈부르크로서는 손 안 대고 코 푸는 격이네요. 룩셈부르크가 GDP 세계 1위더군요. 1위는 아무나 하는 게 아닌가 봅니다.

고객: 대신 스위스처럼 조세회피처라는 악명을 얻기도 합니다.

필자: 네덜란드는 작은 나라임에도 한때 전 세계를 호령했죠. 동인도회사는 세계 무역의 중심지였습니다.

고객: 주식시장도 암스테르담에서 가장 먼저 생겼습니다. 당시 동인도회사와 무역 사업가들의 거래 수단으로 주식이 처음 쓰였죠.

필자: 다른 유럽 국가와는 달리 중세부터 봉건제 대신 자치 형태의 국가체제를 갖췄다고 합니다.

고객: 근대 들어서도 신흥 세력인 상인, 자본가 중심의 도시가 발달하면서 일찌감치 정부의 억압 대신 시민의 자유가 보장됐습니다. 심지어 식민지에서도 억압이 아니라 양국 간 자유무역의 형태를 취했다고 하니, 그 시대에 이미 자유의 가치를 알았던 사람들이라는 게 분명합니다.

필자: 유럽에서 스페인의 기세가 막강할 때 네덜란드까지 영향력을 미쳐서 나라가 2등분 된 건 잘 알려진 사실입니다.

고객: 스페인이 가톨릭 구교를 강요했는데 이에 저항한 사람은 네덜란드에 남고, 구교를 고수한 사람은 남쪽의 벨기에로 떠난 거죠. 스페인의 탄압으로부터 네덜란드가 독립한 후에는 프랑스, 스위스 등에 거주하던 부유한 신교도들이 네덜란드로 이주하면서 비약적으로 국력이 상승했습니다. 결국 스페인에 이어 네덜란드가 최고가 됐고, 그다음 차례는 영국이 됩니다. 네덜란

드와의 무역전쟁에서 승리한 후부터 대영제국의 세상이 도래하게 되죠.

필자: 네덜란드는 짧은 기간이었지만 총칼이 아닌 평화의 방식으로 세계 최고가 됐다는 데 의미가 있습니다.

고객: 벨기에와 분리된 이후 네덜란드의 국토 면적은 한반도의 20%에 불과합니다. 그런 작은 나라가 한때 세계를 제패했다는 건 놀라운 일입니다. 뉴질랜드라는 명칭도 네덜란드 어느 지방의 이름에서 유래한 것이고, 미국의 뉴욕 역시 초기에는 뉴암스테르담으로 불렸다고 합니다.

필자: 나라가 작으니 인구밀도는 높겠네요.

고객: 인구가 많지 않고 한국과는 달리 산지가 거의 없어서 사람들이 몰려있다는 생각이 들지 않습니다. 반면 한국은 국토의 70%가 산인 데다 수도권에 인구의 반 이상이 몰려 삽니다.

필자: 그래도 암스테르담은 복잡하더군요.

고객: 관광객이 많아서 그럴 겁니다. 사실 암스테르담에서는 집 구하기가 어렵습니다. 대체로 유럽의 도심들이 갖는 고충이죠. 집과 건물들이 오래된 유산이라 허물고 다시 짓기가 한국처럼 수월하지 않습니다.

필자: 그런 면에서는 한국이 좋네요. 한국에서는 대체로 속전속결입니다.

° 어학 연수차 스페인에서 1년 산 적이 있습니다

필자: 스페인어가 어렵다고 합니다.

고객: 영어권 언어들은 동사의 변화가 헷갈릴 때가 많죠. 그나마 스페인어는 덜 어려운 편이고, 포르투갈어가 조동사의 변화가 심하고 단어가 긴 편이라 어렵다고 합니다.

필자: 오래전 여행에 관심이 생길 무렵, 손미나의《스페인, 너는 자유다》라는 책을 관심 있게 봤습니다. 몇 년 전에는 TV에서 한국인 동화작가를 부인으로 둔 스페인 법대 교수의 영상을 봤죠. 카탈루냐 지방의 소도시에서 바다가 보이는 집에 사는데 꽤 여유로워 보이더군요.

고객: 유럽 남부는 햇빛이 좋고 따뜻해서인지 사람들이 느긋합니다. 날씨는 제가 다녀본 나라 중에 스페인이 가장 좋았습니다. 그러니 영국, 독일 등의 노인들이 은퇴한 후에 스페인 휴양지에 눌러살기도 합니다.

필자: 스페인에 이슬람 유적이 많다고 합니다.

고객: 남부로 갈수록 그렇죠. 서기 750년부터 약 3백 년간 이슬람의 지배를 받았습니다.

필자: 우리는 일제 35년인데 3백 년이라면 그냥 이슬람 국가였네요.

고객: 역사는 기술하는 사람의 의도대로 흘러간다는데 당시 스페인을 점령한 이슬람 왕의 이름은 잘 알지 못해도 중동을 점령한 알렉산더 대왕은 누구나 다 압니다.

필자: 알렉산더 대왕의 영토는 후대가 기억할 만큼 넓지 않습니까?

고객: 중동의 이슬람 세력이 달랑 스페인만 점령한 게 아니라 아프리

카 북부를 장악하면서 지브롤터 해협을 건너 스페인까지 갔겠죠. 그렇다면 그 크기도 알렉산더의 영토에 필적할 겁니다. 유럽 등 힘 있는 나라의 역사관이 세계사 교과서를 재단하는 건 아닌지 돌아볼 필요가 있습니다. 한 예로 유럽에 대한 중동의 공격은 침략이고, 그 반대는 점령이라는 단어를 쓴다고 합니다. 1453년 메흐메트 2세의 오스만제국이 동로마제국의 마지막 보루인 콘스탄티노플을 함락한 사건을 두고도 동양인들조차 안타까운 일로 받아들이기도 하죠.

필자: 오스만제국의 영토는 엄청난 크기였다고 합니다.

고객: 당시 오스만제국은 세계의 중심이었습니다. 그러나 그 역사는 비중 있게 다뤄지지 않는 듯합니다.

필자: 콘스탄티노플이 점령될 즈음 중세가 막을 내리고 근대에 들어서게 되는데, 이후로는 유럽이 더 많은 발전을 하게 됩니다.

고객: 그 이유까지 알긴 어려우나, 근대 이후로는 유럽의 어느 나라든 잘나가던 시절이 있었죠. 그러니 어느 나라를 가도 그런 역사를 자랑삼아 얘기하는 사람들이 많습니다.

필자: 역사를 알면 여행하는 데 색다른 감흥을 받습니다.

고객: 반대로 역사를 모르면 수박 겉핥기가 되기도 합니다.

필자: 서로마제국의 멸망 후 샤를마뉴 대제가 프랑스를 유럽의 중심국가로 부상하게 했고, 그가 사망한 후에는 세 아들에 의해 영토가 분할되는데 그게 프랑스, 이탈리아, 독일이 탄생한 기초가 됐다고 하더군요.[7]

고객: 스페인이 나폴레옹의 지배를 받기도 했는데, 당시 학살도 빈번했다고 합니다.

필자: 고야의 그림에서 그때의 참상을 엿볼 수 있죠.

고객: 나폴레옹이 지금의 아이티 공화국인 산토도밍고 섬에서 흑인 노예를 학살한 사건도 유명합니다. 그곳은 프랑스 식민지로 설탕과 커피의 주산지였는데, 프랑스 대혁명의 영향으로 느닷없이 독립을 선언합니다. 이에 무자비한 대응으로 일관한 건데, 최근 나폴레옹 사망 2백 주년 추모일에 프랑스 대통령이 그 사건에 대해 유감을 표명하기도 했습니다.

필자: 스페인 사람들은 남미 침략에 대해 어떻게 생각합니까?

고객: 선조의 업적과 잘못을 모두 인정하나 대충 오래된 일이라 간주하고 넘어가는 듯합니다.

필자: 스페인 사람들의 낙천성이 심각성을 넘어서는 겁니까?

고객: 그렇게 단정하긴 어렵지만, 일상에서 마주하는 그들의 낙천성은 대단합니다. 차 사고가 나도 한국처럼 드러눕는 사람이 없고 그냥 넘어가는 게 다반사입니다. 범퍼는 말 그대로 부딪히는 물건일 뿐이라고 보는 거죠. 그러니 차도 대충 몰고 다닙니다. 대체로 스페인에서는 얼굴 찌푸리고 다니는 사람을 찾아보기 어렵습니다.

필자: 행복해서 웃는 게 아니라 웃어서 행복해지는 거라 합니다.

고객: 너무 심각하게 살 필요는 없죠. 적당히 즐겁게 사는 겁니다. '적당히'도, 'Enjoy'도 나쁜 뜻은 아닙니다.

필자: 한국에서 적당히 즐기라 하면 한량 취급이나 받습니다.

고객: 살면서 즐기는 것만큼 중요한 게 어디 있습니까? 사람이 일하러 태어난 건 아닙니다.

필자: 스페인에서는 지금도 낮잠을 자는 시에스타가 유행합니까?

고객: 시에스타라는 명칭은 라틴어 Hora Sexta(여섯 번째 시간)에서 유래됐다고 합니다. 스페인뿐 아니라 이탈리아, 그리스 등 유

럽 남부의 나라에서 성행하죠. 제가 있던 발렌시아의 소도시에서도 그렇더군요. 대개 점심시간이 오후 2시에서 4시인데 관공서를 포함하여 대부분 점포가 문을 닫습니다. 식사 후 후식을 먹고 소파나 편한 의자에 앉아서 낮잠을 자는 겁니다.

필자: 한국인에게 절실하다고 봅니다. 솔직히 한국인은 너무 피곤하게 삽니다.

고객: 그런데 스페인에서도 대도시를 중심으로 사람들이 바빠지고, 갈수록 시에스타가 사라지고 있다고 하더군요.

필자: 그 좋은 전통이 왜 사라진답니까? 더구나 저처럼 잠 많은 사람에게는 적격입니다.

고객: 의사가 낮잠을 자면 곤란하죠.

필자: 응급 환자를 보는 의사만 깨어있으면 됩니다. 게다가 점심시간이 두 시간이라면 얼마나 여유 있겠습니까?

고객: 원장님 병원이야 마음대로 해도 되고, 유럽인들처럼 휴가를 한 달씩 가도 되지 않습니까?

필자: 다들 안 하는데 저 혼자만 하기가 좀 그렇죠. 하여간 한국은 의사를 포함해서 누구나 열심히 일해야 하는 나라임은 틀림없습니다.

° 부다페스트에서 민박집을 합니다

필자: 헝가리에 한국인이 많습니까?

고객: 많지는 않습니다. 대체로 식당이나 마트를 하고, 저처럼 민박

집을 하는 사람도 있습니다. 한 가지 흥미로운 건 헝가리 의대에서 공부하는 한국 학생이 꽤 있다는 사실입니다.

필자: 헝가리의 의학 수준이 높아서 유럽 어느 나라에서나 헝가리 의사 면허가 인정되나, 유럽에 정착하기가 어려워 다시 한국에서 자격시험을 치른다고 합니다.

고객: 유럽의 대학이 그러하듯 졸업이 어려워서 전과하는 학생도 있다고 들었습니다.

필자: 헝가리가 오래전 훈족의 땅이었다는 말이 있더군요. 당시 훈족에 밀린 게르만족이 대이동을 시작하면서 유럽 각지로 흩어졌고, 게르만 용병대장이었던 오도아케르가 집권하면서 서로마제국이 종말을 고했다는 건 잘 알려져 있습니다. 당시 훈족의 중심지가 바로 헝가리(Hungary)였는데 Hun은 훈족을, Gary는 훈족 언어로 땅을 뜻한다고 합니다.

고객: 헝가리인을 오노구르족이라 불렀는데 이를 그리스 로마식으로 받아적다가 웅그리, 홍그리에 이어 헝가리가 됐다는 해석도 있습니다.

필자: 그런가요? 제가 들은 게 다 진실은 아닌가 봅니다.

고객: 아마도 3, 4세기의 일인데 오래된 역사의 기록이 다 맞는 건 아니겠죠.

필자: 훈족이 지금의 프랑스를 넘어 로마 근방까지 진격했으나 가톨릭 교황의 항복에 가까운 협상으로 회군했다는 주장도 있습니다.

고객: 동유럽에서 훈족이나 칭기즈 칸의 몽골인이 쳐들어온다는 게 한국에서의 호환 마마처럼 공포의 의미인 건 맞습니다.

필자: 한국에는 자주 오십니까?

고객: 겨울 비수기에 가끔 왔다 가는 정도입니다. 이번에는 5년 만에 오는 겁니다.

필자: 유럽은 위도가 높음에도 겨울에 별로 춥지 않다고 합니다.

고객: 북유럽을 제외하고는 기후가 온화합니다. 특히 헝가리가 그러해서 여름에는 30도를 넘지 않고 겨울에는 영하 10도를 넘지 않습니다. 다만 알려진 대로 난방이 부실해서 겨울이면 집안에서도 옷을 많이 껴입고 있어야 합니다.

필자: 한국인이 동유럽에 정착하기가 쉽지 않죠?

고객: 투자 이민이면 체류 허가가 잘 납니다. 3년 동안 계속 헝가리 경제에 도움이 된다는 사실을 입증하면 영주권을 신청할 수 있는데, 이때 치르는 헝가리어 시험이 어렵습니다. 영주권을 따고 8년이 지나면 비로소 시민권 신청이 가능하죠. 저희는 5년 차인데 헝가리에서는 이중국적도 허용하므로 시민권을 신청할 계획입니다.

필자: 헝가리에 가게 된 계기가 있습니까?

고객: 한국에서 회사를 열심히 다니다 5년이 지나니 정말 이건 아니다 싶었죠. 젊어서 도전한다는 심정으로 그냥 헝가리에 들이댄 격입니다.

필자: 후회는 없습니까?

고객: 헝가리에 와서는 정신없이 일했죠. 후회하고 말고도 없었습니다. 그러다 좀 여유가 생기나 했더니 코로나 사태가 터지고 여행객이 급감하더군요. 저를 돌아봐도 인생은 결코 만만한 게 아닙니다.

필자: 동유럽은 워낙 인기가 많은 곳이니 이젠 회복되지 않았습니까?

고객: 거의 그렇습니다. 여행객들도 대체로 편안해하죠.

필자: 현지인들의 삶은 어떻습니까?

고객: 교육 수준이 높지 않음에도 편하게들 삽니다. 특히 시골에 가면 촌스러운 노인이 많은 데도 잘 웃고 행복해 보입니다.

필자: 왜 그럴까요?

고객: 우선 평등해서 그럴 겁니다. 과거 공산주의 시절부터 가난했으나 평등했죠. 그런 데다 지금은 그때와는 비교가 안 될 정도로 경제가 나아졌습니다. 행복의 또 하나 중요한 요인은 종교인데, 헝가리에서는 중장년 이상만 되면 주일에 성당과 교회를 찾습니다.

필자: 한국에는 되레 못 살던 시절을 그리워하는 어르신이 많습니다.

고객: 그때는 공평하기라도 했으나 지금의 한국은 불평등이 심합니다. 후진국일수록 불평등이 심한데 한국은 무늬만 선진국이라 해도 할 말이 없습니다.

필자: 그렇다고 가난하게 평등할 수는 없습니다.

고객: 한국이 예전처럼 매우 가난해지지는 않겠죠.

필자: 사실 헝가리는 선진국도 아니고 GDP도 한국보다 훨씬 낮습니다.

고객: 동유럽이 다 그렇죠. 일반적으로 선진국이란 1인당 GDP가 4만 달러 이상인 국가를 말하는데 엄밀히 말하면 한국도 아직 그 기준에 미치지는 못합니다. 그러나 행복이 성적순이 아니듯 GDP 순도 아닙니다. 제 기준으로 헝가리는 이미 선진국입니다. 국민소득의 수준이 아니라 국민이 편안하고 평등한 정도를 따진다면 그렇다는 얘기입니다.

필자: 불교 국가인 부탄도 행복도가 높게 나오더군요.

고객: 그렇다고 소득이 너무 낮으면 곤란하겠죠. 최소한 헝가리만큼은 되어야 할 겁니다.

필자: 한국이 불평등하다는 데는 동의하나 너무 삶이 편안하면 심심합니다.

고객: 일단 삶이 편안한 게 행복의 기본 조건 아니겠습니까? 아무 일 없는 게 좋은 거라고 합니다. 사람은 두 부류가 있어서 사람 좋아하고 놀기 좋아하는 사람은 한국이 좋고, 저처럼 여행 좋아하고 조용한 걸 좋아하는 사람은 헝가리 같은 나라가 좋습니다.

필자: 그렇게 보면 저도 헝가리 스타일입니다만, 가서 뭘 해 먹고 사느냐가 걱정이라 엄두가 나지 않습니다.

고객: 의사를 하면 되지 않습니까?

필자: 선진국에서는 한국 의사 면허를 잘 인정해 주지 않더군요. 그러니 한국 의사는 의업을 포기하고 이민 가기도 참 어려운 실정입니다.

고객: 그러면 의사는 그만두고 저처럼 민박집을 하세요.

필자: 그럴 용기도 없습니다.

고객: 가만 보니 한국에서 평생 의사를 하는 게 제일 좋은 분이네요.

필자: 솔직히 싫으나 좋으나 그게 제 팔자라고 생각하고 삽니다.

° 안식년을 받아서 일본에 갑니다

필자: 역사학을 가르치는 거로 압니다.

고객: 전공이 일본을 비롯한 동북아입니다.

필자: 일본의 근현대사는 변화무쌍해서 신기할 정도입니다. 대륙에서 떨어져 나가 고립된 변방의 나라가 메이지유신 이후 그 짧은 기간에 대단한 성장을 이루었다는 사실이 놀랍습니다.

고객: 메이지유신이 일본의 근대화에 결정적 계기가 된 건 맞습니다. 지금도 일본인들은 당시 개혁에 앞장섰던 사람들을 존경합니다.

필자: 그중 한 사람인 사카모토 료마를 그린 만화가 있더군요.

고객: 라이벌 관계였던 사쓰마번(현)과 조슈번의 통합을 이끈 인물입니다. 이후 그들이 바쿠후(막부) 세력을 몰아내는 데 성공하게 되죠. 바쿠후 시대를 종식하고 덴노(천황) 체제로 되돌려 놓은 대정봉환(大政奉還)의 토대를 만든 겁니다.

필자: 그 사건으로부터 개국과 메이지유신이 시작된다고 보면 되죠.

고객: 단순히 쇄국, 개국에 따라 차이가 초래된 건 아니나 조선과 일본의 역사를 극명하게 차별화시킨 전환점이 메이지유신인 건 사실입니다.

필자: 만화에 의하면 사카모토 료마는 이류 무사 집안의 막내아들로 태어나 어릴 때 동네 바보 취급을 받았다고 하더군요. 서당에서는 왕따였고, 병석에 누운 어머니께 드리고자 매일같이 들꽃한 송이를 꺾는 그에게 '계집애'라는 수식어가 붙었다고 합니다.

고객: 남다른 천재성이 있다고 알고 있습니다. 만화에서는 극적 효과를 위해 설을 가미한 부분이 있죠. 대정봉환 당시 그가 제시한 의회 입법, 해군 양성, 외국과의 교류 등 선상 8책은 그대로 메이지유신의 근간이 됩니다.

필자: 젊은 나이에 총에 맞아 암살됐더군요.

고객: 암살당할 때까지 정치를 오래 하진 않았습니다. 그럼에도 일본 역사에 남을 만한 영향력이 있습니다.

필자: 바쿠후가 무너지고 나서도 개방이 본격화하기까지 갈등이 심했다고 합니다.

고객: 혼란이 심했죠. 그러나 일단 물꼬가 트이자 일본은 아시아를 벗어나 유럽을 추구하는 탈아추구(脫亞追歐)를 기치로 자국의 많은 인재를 유럽과 미국으로 보내 일본의 미래를 결정할 모델 국가를 찾기 시작합니다. 후에 조선총독부 수장이 되는 이토 히로부미도 영국 유학파입니다만, 유신 초기에 동료 4인과 함께 바쿠후의 눈치를 피해 몰래 일본을 떠나죠. 영국에 도착해서 신문물을 목격하고는 엄청난 충격을 받았다고 합니다.

필자: 청일전쟁의 승리에 기여하고 일본 제국주의 기틀을 만들어서 동아시아 식민지 정책을 구체화한, 한국에는 전혀 반갑지 않은 인물입니다.

고객: 당시 일본 내에서는 총리도 여러 번 했으나, 덴노와 갈등이 있었다는 설이 있습니다.

필자: 유럽에서 모델 국가를 찾기는 했습니까?

고객: 해답을 독일에서 얻게 됩니다.

필자: 미국이나 영국이 아닌 독일입니까?

고객: 1800년대 중후반의 미국은 아직 미숙했고 영국은 너무 강했죠. 대신 비스마르크에 의해 국력이 번창하기 시작했던 신생국가 독일이 그들의 모델이었던 겁니다. 실제로 법과 관련된 건 독일 것을 그대로 가져왔다고 합니다. 따라서 일본의 체제는 현재까지도 미국이 아닌 유럽에 가깝습니다.

필자: 비스마르크는 철혈 재상이라 불리며 독일을 철권 통치한 지도자입니다.

고객: 당시 독일은 중앙 정부가 정치, 경제, 사회를 통합 설계하는 시스템이었죠. 그런 관료주의까지 일본이 따라 한 거라 볼 수 있습니다.

필자: 지금도 일본의 관료주의는 지속됩니다.

고객: 한국의 경우도 일본처럼 관료주의로 성장한 면이 강하나, 해방과 한국전쟁 이후 유럽이 아닌 미국으로부터 받은 영향이 크죠.

필자: 1900년대 중반부터는 미국이 세계 최고의 이상향이었으니 한국이 따라 하지 않을 이유가 없었을 겁니다.

고객: 개인적으로는 미국의 자본주의나 문화를 좋아하는 편은 아닙니다. 더구나 미국도 잘 나가던 시기가 지나니 빈부 격차, 인종 갈등 등의 문제가 적나라하게 드러납니다.

필자: 일본의 교육 시스템은 독일식과는 다른 건지 동경대 나온 사람들이 고위직을 다 차지한다고 합니다.

고객: 실상은 그렇지 않습니다. 대학보다는 출신 성분이 중요해서 고위 관료는 대물림하는 경향이 있죠. 대학 서열화도 한국보다는 덜해서 각 지방에 좋은 대학이 고루 분포해 있습니다.

필자: 일본에서는 직업의 대물림이 흔합니다만, 정치의 대물림은 정체나 낙후를 초래한다는 반대의 목소리가 높습니다.

고객: 정치뿐 아니라 전통의 고수가 개혁의 발목을 잡는다는 분석이 우세합니다.

필자: 메이지유신 당시 덴노로 대표되는 혼만 빼고는 다 바꾸자 했는데, 이때 아시아 문화의 상징인 월력과 구정을 없애고 동양의

학도 쇠퇴했다고 합니다.

고객: 그들에게도 수없이 많은 대립과 시행착오가 있었습니다. 예컨대 근대화 초기부터 한국을 정벌하자는 정한론을 두고도 갈등이 있었는데, 우리는 그런 사실조차 알지 못했음이 안타깝죠. 결국 일본의 식민지를 겪게 되지 않았습니까?

필자: 바쿠후가 물러난 후 서구식 민주주의를 채택하고, 이미 1800년대에 내각제를 시행할 정도의 국가가 어떻게 세계대전을 일으킬 정도의 군국주의가 된 건지 의문입니다.

고객: 관료주의의 오판이자 맹점이죠. 관료들이 나랏일을 결정하면 그게 전쟁이라 할지라도 국민은 군소리 없이 따르는 겁니다.

필자: 저항하는 합리적 세력이 없었습니까?

고객: 일본의 민주화운동도 역사가 깊어서 이미 1900년대 초부터 시작됩니다. 메이지유신 이후 축적된 부를 신흥 자본가와 관료가 독차지하는 데에 저항했던 거죠. 독재에 대한 항거는 아니니 진정한 의미의 민주화운동이라 할 수 없으나, 어찌 보면 근대화 과정에서의 필연적 갈등이었을 겁니다.

필자: 결과는 어땠습니까?

고객: 관료주의 세력의 철저한 승리였습니다. 이 사건 이후로 극우파는 더욱 힘을 얻게 되고, 당시 전 세계를 휩쓴 식민주의와 함께 타협보다는 군부로부터의 힘의 논리가 제2차 세계대전까지 이어진 거라 보면 됩니다.

필자: 전쟁을 일으키는 쪽은 언제나 승리를 확신하기 마련이나 일본은 너무 무모했던 거 아닙니까?

고객: 그렇게 봐야죠. 유럽에서 독일을 막기도 힘든 미국이 참전할 거라고는 예상하지 못했다고 합니다. 진주만 공격도 미리 힘을

빼고 의지를 꺾겠다는 의도였죠. 결과적으로 미국의 힘을 과소평가한 건 맞습니다.

필자: 자신들이 일으킨 전쟁에 대해 일본인은 어떻게 생각합니까?

고객: 속내를 드러내지 않는 일본인에게서 답을 구하긴 어렵습니다만, 아마도 복잡한 감정일 겁니다. 그러한 감정에는 수치스러움이나 원폭에 대한 피해의식도 포함되겠죠.

필자: 설마 패배를 수치스러워하는 겁니까?

고객: 그렇지는 않고, 전 개인적으로 일본인들이 무식했었다는 자책쯤으로 평가합니다.

필자: 세계 최고라고 자부했을 텐데 무식했다니 이해가 안 됩니다.

고객: 경제나 물질이 아닌 정신을 말합니다. 전후 일본인들이 패전의 원인으로 이 문제에 대해 고민했다고 보는 겁니다.

필자: 정신도 과하다 싶을 만큼 넘치지 않았던가요?

고객: 일본인이 혼이라 칭하는 건 그랬으나 그 혼을 뒷받침할 문명이나 지적 수준은 낮았던 거죠. 패전 후 일본인들이 이런 사실을 깨닫기 시작한 듯합니다.

필자: 훈남에 여유 있는 미군과 비교되는 자신들의 모습을 보면 더 그런 생각이 들었을지 모르겠네요. 당시 미군과 교제하고 싶어 하는 일본 여성도 많았다고 합니다.

고객: 그에 따라 정신도 서구화하자는 분위기가 형성되고, 그 방법의 하나가 출판과 독서의 장려였을 겁니다.

필자: 그즈음 일본의 지하철에서 승객들 대부분이 책을 읽고 있는 사진이 화제가 되기도 했습니다.

고객: 사회적 지성을 확립하는 과정에는 두 가지가 있는데 일본처럼 국민의 자발적 노력에 의한 방식과 싱가포르처럼 국가가 법과

원칙을 강화해서 이루어지는 방식이 있습니다. 일본의 경우에는 패전의 충격으로 국민이 정신을 차린 거라 볼 수 있죠. 역사적으로 전쟁이 그런 계기를 만들어 주기도 합니다.

필자: 패전 후 빠른 기간에 또다시 선진국 대열에 합류한 것도 놀라운 일입니다.

고객: 종전 후 5년 만에 벌어진 한국전쟁이 일본의 복구에 큰 도움이 됐죠. 군수물자의 조달을 위해 미국으로부터 엄청난 자금이 유입되고, 일본에 직접 공장을 지으면서 자연스럽게 기술도 이전하는 계기가 됩니다. 당시 일본 총리가 좋은 기회라는 취지의 발언을 할 정도였습니다.

필자: 남의 불행이 나의 행복이라고, 남이 피 흘리는 전쟁으로 이득을 취하니 얄밉기도 합니다.

고객: 우리도 베트남전쟁으로 경제가 성장한 면은 있죠.

필자: 그건 우리가 직접 가서 피를 흘린 겁니다.

고객: 그렇네요. 그건 큰 차이입니다.

필자: 당시 미국에서 지급하는 한국군 월급의 약 60%를 국가가 환수했다고 하더군요. 그 돈으로 경부고속도로, 제철소 등을 건설했다고 합니다.

고객: 후진국이라면 고위 관리들이 유용했을 텐데 그러지 않았으니 다행입니다.

필자: 일본은 체제 확립에도 한국의 도움을 받았죠. 한국전쟁을 목격하며 일본 내의 사회주의 세력을 차단하자는 여론이 비등해집니다. 당시 한 고등학생이 사회당 당수를 칼로 찔러 살해하는 사진은 유명합니다.

고객: 일본은 패전 후 그들만의 사무라이 정신도 재평가하죠. 세계대

전 당시 전투에 패한 지휘관이 자살하는 일이 많았는데, 이에 대한 비판이 제기되기도 합니다.

필자: 배가 침몰하면 함장이 명예롭게 수장되어야 한다는 건 이해하기 어렵습니다. 세월호 선장처럼 대피 방송도 안 하고 자기부터 빠져나오는 경우는 용서의 여지가 없습니다만, 구조 노력을 다한 후 자신의 생명마저 위태로우면 속히 탈출해야죠. 함장으로서의 연륜과 경험을 보존하기 위해서라도 말입니다.

고객: 함장, 지휘관은 국가의 전술과 전략을 이해하는 고급인력이므로 자살하는 건 중대한 손실입니다.

필자: 덴노가 상주하는 황거에 가본 적이 있는데 그 앞에 작은 자갈이 무수히 깔려있었습니다. 여행 가이드가 그 자갈의 의미를 맞춰보라고 문제를 냈는데 일행 중에 제가 정답을 맞혔습니다. 덴노 아래 깔린 일본인의 숫자를 의미한다고 하더군요.

고객: 고위 지도자의 성에 깔린 자갈은 암살자가 밟을 때 소리가 나도록 한 거란 얘기도 있습니다.

필자: 덴노가 국민의 정신적 기둥이 되기도 합니다. 한국은 그런 구심점이 아쉽고 종교도 다양해서 단합이 쉽지 않다고 합니다.

고객: 국민 모두가 존경하는 정치인도 없죠. 그런 정치인으로 인해 국민이 단합하는 계기가 되기도 합니다만 언제나 이순신, 세종대왕이며 근현대사에 모두가 공감하는 지도자가 없습니다.

필자: 크랩 멘탈리티(Crab Mentality)일지도 모릅니다. 양동이를 빠져나가려는 게의 다리를 아래 게가 잡고 늘어지듯 자신과 성향이 다른 지도자라면 우선 발목부터 잡는 거죠.

고객: 마음 둘 곳이 마땅치 않으면 사이비 종교가 암약하기도 합니다.

필자: 돈이 구심점이 되어서 돈, 돈 하다가 돈 사람들도 많아집니다.

고객: 신이나 지도자를 포함해서 누군가에게 머리를 숙인다는 건 겸손해진다는 것과 같습니다. 더구나 전체를 아우르는 그런 구심점이 없으면 중구난방에다 싸움이 잦아지죠. 과연 한국인은 어떤지 되돌아볼 필요가 있습니다.

필자: 덴노가 정신적 지주이긴 하나 완전한 신앙적 존재는 아닙니다.

고객: 일본은 아직도 절에 가서 기도하는 도교 문화라고 보면 됩니다. 한국은 1300년대 말에 이미 조선이라는 통일국가를 이루나, 일본은 바쿠후 시대를 지나 엄밀한 의미의 통일은 메이지유신 이후로 매우 늦었습니다. 일본은 원래 지방 문화가 발달해서 그 지역의 토속신앙이 다양했고, 축제가 많은 것도 그 신앙과 제사에 바탕을 둔 것들이 많기 때문입니다.

필자: 일본인의 정신 유산에는 와(和, 화)가 유명합니다.

고객: 와는 오래전부터 명문화되어 이미 서기 600년경에 일본인의 가장 중요한 자세라고 기록되어 있습니다.

필자: 섬나라에서 화합하지 못하고 전쟁이 나면 도망갈 곳도 없거니와 결국 공멸하게 된다는 위기감의 표현이라고 합니다.

고객: 화합한다는 건 단순히 서로 잘 지낸다는 것뿐 아니라 여러 가지 의미를 포함합니다. 튀거나 모나지 않는다, 남과의 화합을 해치지 않도록 개인의 책임을 다한다, 남을 배려하고 피해를 주지 않는다 등이죠.

필자: 남을 배려하는 건 한국인에게 아쉬운 부분입니다.

고객: 그러나 와를 어겼을 때의 섬뜩한 제재도 포함합니다. 사회 구성원이 자기 몫을 다하지 못하는 사람에게 왕따(이지메) 취급을 해도 어느 정도 용납된다는 거죠. 부모 자식 사이에도 자기

할 일을 못 해서 부모에게 손 벌리는 것도 와를 깨는 잘못된 행동이라는 인식이 강합니다.

필자: 자식이 직업이 있음에도 부모 집에 얹혀살면 월세를 낸다고 들었습니다.

고객: 일본인을 보면 동양과 서양의 사고방식이 절묘하게 조화를 이루고 있다는 느낌을 자주 받습니다.

필자: 한국에는 유교적 충효 사상이 있지만 정작 와가 필요해 보입니다. 화합하지 못하니 남북으로, 또 동서로 갈리지 않습니까?

고객: 와는 아니더라도 남에게 피해를 주지는 말아야죠. 범죄 행위뿐 아니라 약속을 안 지키거나, 거짓말을 하거나, 욕하는 것도 남에게 피해를 주는 겁니다. 참고로 일본어에는 험한 욕이 별로 없습니다.

필자: 한국에는 욕이 휘황찬란하죠. 특히 영화에서 욕 좀 그만했으면 좋겠습니다. 아무리 건달들 얘기라지만 부담스러울 정도로 욕이 많습니다.

고객: 학생들도 욕이 심하더군요. 남녀를 막론하고 그렇습니다. 성인이 되어서 어떤 삶을 살지 걱정될 정도입니다.

필자: 일본의 범죄율은 OECD 국가 중 최하위라고 합니다.

고객: 간혹 정신 나간 사람에 의한 엽기적 범죄도 있으나 대부분 사람은 법 없이도 잘살 만큼 선량합니다.

필자: 서울에 살면 교통혼잡으로 어쩔 수 없이 약속을 못 지키기도 합니다.

고객: 일본인은 그런 것도 핑계로 받아들이며, 따라서 늦은 사람은 반드시 진심이 담긴 사과를 해야 합니다. 그러니 상습적으로 지각하는 사람은 절교당하기 마련입니다.

필자: 지인이 Temper Tantrum이라고 마트에서 떼를 쓰는 아이를 그 자리에 종일 세워놓은 일본인 젊은 부부를 봤다고 합니다.

고객: 일본인은 자식을 엄하게 키우는 편이며, 더구나 남에게 피해 주는 건 참지를 않습니다. 식당에서 아이가 뛰어다니는 것도 마찬가지입니다.

필자: 바꾸어 말하면 한국인은 일본인보다 주위 사람들 눈치를 덜 봐도 되므로 살기에는 더 편할 수 있습니다.

고객: 그럴 수 있으나 정작 한국인이 남의 눈치를 많이 봅니다. 남에게 보이는 나에 대해 신경을 많이 쓰는 거죠.

필자: 일본인들은 개방적이나 알고 보면 폐쇄적이고, 친절하나 알고 보면 이기적이라 합니다.

고객: 대체로 서양식 실용주의와 개인주의 성향이 있습니다.

필자: 자동차도 조그만 걸 타더군요.

고객: 일본인은 남보다 튀는 걸 좋아하지 않고 실용성을 중시해서 그렇습니다. 일본인이 한국에 오면 길도 좁은데 왜 그렇게 큰 차가 많은지 놀란다고 합니다.

필자: 한국에서는 남이 하니 나도 하는 분위기가 있습니다.

고객: 좋아서 한다면 말릴 수 없지만, 남의 눈치나 볼 거면 안 하는 게 낫죠. 저 역시 실용주의와 개인주의를 선호합니다.

필자: 이제는 한국의 경제가 일본을 추월했다고 합니다.

고객: 국민총생산은 일본이 높고 1인당 국민소득은 한국이 조금 높습니다. 일본은 인구가 많아서 내수가 높죠. 그러나 내수만으로는 한계가 있고 제품이나 서비스가 가격 경쟁력에서 밀리면 수출이 막힐 수밖에 없을 겁니다.

필자: 1960년대 이후 개발 시대에는 일본의 관료주의가 장점으로 작

용했습니다. 정부가 기업을 보호하고 기업은 마음 놓고 수출하던 시대였죠. 지금은 관료주의가 성장의 걸림돌이라고 합니다.

고객: 일본은 관료주의가 한국보다 더 심했습니다. 정경유착, 관료주의에 따른 각종 규제, 경직성, 창의력 부족 등으로 경제가 활력을 잃어갑니다.

필자: 지금이라도 개혁하면 되지 않겠습니까?

고객: 관료주의의 뿌리가 깊은 모양입니다. 정부가 나서서 모든 걸 통제하려는 사고방식이 정치권을 중심으로 만연한 겁니다.

필자: 그래도 일본은 원천 기술이 있습니다.

고객: 기술료만 받아서는 충분하지 않겠죠.

필자: 일본 기업 내의 체계도 경직되었다고 합니다.

고객: 상하 질서가 너무 확고해서 창조력이 저하되고, 산업현장에서 너무 신중하다는 비판이 있습니다. 중요하지 않은 사업에도 A, B, C 플랜까지 만들라고 하니 속도에서 뒤처질 수밖에 없죠.

필자: 일본인은 자기표현도 잘하고 자유로워 보이는데 집단 내에서는 다른가 봅니다.

고객: 집단에서는 자기 생각을 잘 드러내지 않고 튀는 걸 도무지 싫어합니다.

필자: 일본의 기업들은 잘 나갈 때 기술 투자 대신 부동산을 사들였다고 합니다.

고객: 국민도 덩달아 부동산에 매달렸죠. 그런데 제품이 안 팔리고 경제가 안 좋으면 부동산 버블이 꺼지는 건 시간문제입니다.

필자: 한국도 기업들이 오래전부터 부동산을 사들인다는 얘기가 있습니다.

고객: 하향길도 일본을 따라 해서는 안 됩니다. 정신 차려야죠. 정부

는 기업을 밀어주고, 기업은 신기술 개발에 투자를 아끼지 말아야 합니다.

필자: 일본의 장·노년층은 직장을 가정으로 알고 열심히 일했는데 젊은이들은 딴판이라고 합니다.

고객: 회사에 나가서 앉아있는 것조차 싫어하고 취직, 결혼 다 포기하고 방구석에 틀어박혀서 최소의 돈만으로 연명하는 젊은이도 있다고 하더군요.

필자: 한국에서도 낯설지 않은 얘기입니다.

고객: 그 또한 일본을 따라 하지 말아야죠.

필자: 일본은 식민지와 전쟁에 대해 사과가 약합니다. 형식적인 유감 표명으로 들리기도 하고, 아직도 전범을 찾아서 단죄하는 독일과는 너무나도 다릅니다.

고객: 일본인에게 사과는 갚아야 할 빚이 있다는 말과 동의어라고 합니다.

필자: 그러면 빚 갚기 싫어서 사과를 못 한다는 말입니까?

고객: 그렇지는 않겠죠. 그때의 아픈 기억을 되살리기 싫어하는 일종의 회피일지도 모릅니다.

필자: 와를 앞세워 피해를 주면 사과한다는 게 단지 그들만의 얘기라면 곤란합니다. 그들의 논리가 피해국에는 해당하지 않는다는 겁니까?

고객: 전적으로 동감합니다. 다만 일본인은 이미 오래전의 일로 치부해 버리기도 합니다.

필자: 세계인이 다 알고 기억합니다. 동남아시아에서 포로들을 어떻게 대했는지, 난징에서 무슨 일을 벌였는지, 피한다고 될 일이 아니고 독일처럼 끊임없이 사과해도 모자랄 판입니다.

고객: 식민지 역사는 힘이 논리에 의한 인류의 오점입니다. 총칼로 남의 나라를 빼앗고는 원자재와 값싼 노동력을 착취하는 거죠. 게다가 식민지는 물건을 팔아먹을 좋은 시장이 되니 이중으로 먹잇감이 되는 겁니다.

필자: 식민사관에 대한 제대로 된 인식이 있는지도 의문이며, 신사에 전범을 모셔두고 총리란 사람이 버젓이 참배를 다닙니다.

고객: 그런 독단으로 인해 개방적이나 실은 폐쇄적이라는 얘기를 듣는 겁니다.

필자: 일본인에 대한 무조건적 반감은 불필요하죠. 그러나 상호관계의 회복은 역사의 오점을 명확히 정리하는 것에서부터 시작됩니다.

고객: 전후 미국이 일본의 전범들을 후하게 처리한 이유도 있습니다. 미국의 점령군 사령관이었던 맥아더가 덴노와 동등한 위치에서 일본을 지휘하는 것이 미국의 국익과 구소련 공산주의의 확장 억제라는 목표에 부합한다는 논리로 전범 처리조차 제대로 하지 않았죠.

필자: 그렇다고 전범으로 사형된 7인을 신사에 모시고 경배하는 건 봐주기 어렵습니다.

고객: 분명 문제가 있습니다. 그 7인은 제외해야 한다고 보며, 세계관에도 부합하지 않는 행위입니다. 더구나 그런 국수주의를 자신의 안위에 이용하는 일본 정치인이 더 문제입니다.

필자: 일본은 언제나 우파가 우세합니다.

고객: 패전 이후 좌파가 세력을 얻기도 했으나 지금은 원내 정당을 유지하는 정도입니다. 정권은 바뀌는 게 좋은 겁니다. 변화가 요구되는 세계적 무한 경쟁의 시대에는 더욱 그렇습니다.

필자: 일본으로 인해 한국의 국민 분열이 아직도 해결되지 않고 있습니다.

고객: 과거는 빨리 털어야 합니다만, 한국 내에서도 변죽만 울리고 표나 얻으려는 정치인이 있다면 그 또한 경계해야 합니다.

필자: 과거 청산은 가해자인 일본 측에서 미흡하지 않습니까?

고객: 양국의 합의가 있었던 거로 압니다. 미흡하다면 국제사법재판소에 제소해야죠.

필자: 현실적으로 패소의 가능성이 크다고 합니다.

고객: 주권이 있는 국가는 다른 국가의 판결에 영향을 받지 않는다는 '주권면제'의 원칙이 적용되기 때문입니다. 아무튼 한일 간의 과거는 어떤 식으로든 빨리 결론을 내야죠. 세월만 보내며 분열하고 속상해서 지낸 게 얼마입니까? 미래를 생각하더라도 이제는 미·중 대국의 틈바구니에서 이해관계나 행동을 같이해야 할 필요성이 더해만 갑니다.

° 아이들이 싱가포르에서 유학하고 있습니다

필자: 특별히 유학을 보낸 이유가 있습니까?

고객: 유학을 가는 이유는 더 나은 미래를 바라거나, 공부가 시원치 않아서일 텐데 솔직히 후자의 이유가 더 큽니다.

필자: 비용은 많이 듭니까?

고객: 싱가포르는 꽤 비싼 편입니다. 아내와 중학생, 고등학생 두 아이가 사는데 월 5백만 원으로도 빠듯합니다.

필자: 기러기 아빠십니다.

고객: 자식 때문에 부부가 떨어져 사는 건 한국이 유일하다고 하더군요. 한국에서 언제나 이런 모습이 사라질지 한스럽기도 합니다.

필자: 부부가 스스로 선택한 거 아닙니까? 누가 강요한 것도 아니죠.

고객: 그렇긴 합니다만 한국의 학력 중심 문화가 원망스럽습니다.

필자: 한국뿐 아니라 세계적으로도 점점 심해진다고 합니다.

고객: 그래도 다른 나라에서 조기 유학은 찾아보기 어렵죠.

필자: 유학을 규제할 수도 없고 달리 방법이 있겠습니까? 더구나 그런 기회조차 잡지 못하는 가정이 더 많습니다.

고객: 저도 그렇게 생각하며 위안합니다만, 고학력자 위주의 사회는 바람직하지 않다고 봅니다. 고교만 졸업해도 잘 사는 나라를 만들어야죠.

필자: 그건 동의합니다. 어떻게든 그렇게 해야 합니다.

고객: 한국인의 대학 진학률이 70%로 OECD 부동의 1위라는데, 그나마 80%에서 조금 줄었다고 합니다.

필자: 자신의 전공과는 다른 직업을 택하는 사람도 많습니다. 그러니 대학 등록금이 아깝다는 말이 나옵니다.

고객: 등록금 얘기만 나오면 걱정입니다. 지금도 빠듯한데 대학 등록금은 어찌 마련해야 할지.

필자: 특별히 싱가포르를 택한 이유가 있습니까?

고객: 미주나 유럽에 비해 가깝고 영어 배우기도 더 쉽다고 하죠. 같은 동양인이라서 영어를 쓰는데 거부감이 덜하다고 합니다. 다만 싱글리시라는 특유의 영어 발음이 나중에도 잘 안 고쳐진다는 얘기가 있습니다.

필자: 그것만도 어딥니까? 한국은 세계에서 영어를 못하는 나라 중 하나입니다.

고객: 싱가포르가 깨끗하고 안전하기도 하죠. 마약이나 성 문제도 거의 없습니다. 또한 교육 과정이 짧고, 선진국 대학으로의 편입이 쉽습니다.

필자: 여름에 싱가포르에 여행 갔는데 무척 덥더군요. 학생들이 시원한 맥도널드 매장에서 햄버거를 먹으면서 공부하는 모습이 인상적이었습니다.

고객: 청년들이 열심히 사는 나라고, 국가에서도 청년들의 창업지원을 잘한다고 합니다. 또 하나 싱가포르에서 부러운 건 결혼하면 정부가 주택 마련에 책임을 진다는 겁니다. 정부가 '집은 국가가 보조해 줄 테니 여러분은 일 열심히 하라'는 개념을 확실히 갖고 있다는 거죠.

필자: 그런 개념이 국가에 충성하도록 할 겁니다.

고객: 실제로 싱가포르 청년들은 국가를 자랑스럽게 생각합니다.

필자: 부모가 자식들 집 걱정을 안 하니 얼마나 좋습니까?

고객: 역으로 부모가 왜 자식들 집 걱정을 해야 합니까? 싱가포르뿐 아니라 대부분의 선진국에서는 찾아보기 어려운 일입니다. 부모의 책임은 성인이 될 때까지고, 일단 성인이 되면 자식이 알아서 살도록 국가가 도와야 한다는 개념이 확실한 거죠.

필자: 그렇다고 국가에서 집을 사주는 건 아닐 겁니다.

고객: 싱가포르에서는 80% 이상이 국가 주도형의 공공임대주택입니다. 그런 임대주택도 소유 가능한데 토지는 아니고 주택만 살 수 있습니다. 주택이 자기 소유면 질이 떨어지는 현상을 방지할 수 있죠.

필자: 그러면 나머지 20%가 개인 주택이나 아파트가 되겠네요.

고객: 사설 아파트는 콘도라고 하는데 무척 비쌉니다. 대부분 부자들이 소유하고 있으며, 이들 또한 콘도를 임대하고는 공공임대주택에 살기도 합니다.

필자: 콘도가 한국의 아파트값만 합니까?

고객: 그 정도는 아닙니다. 싱가포르도 부동산값이 올라서 힘들다고는 해도 한국만큼은 아니죠. 이제는 한국이 홍콩보다 더 비싸다고 합니다. 그 비싼 걸 부모가 다 해줄 수도 없고 어쩌라는 건지 한국의 청년들은 자괴감만 심해집니다.

필자: 그러니 집 사는 건 포기하고 대신 좋은 차 타고 즐기겠다는 청년이 많습니다.

고객: 한국은 집 문제에 있어서만큼 싱가포르처럼 해야 합니다. 이제껏 반대 방향으로 너무 멀리 온 느낌입니다만, 지금이라도 그렇게 하는 게 청년의 주택 고민을 해결하는 최선책입니다.

필자: 제가 존경하는 인물 중 한 분이 리콴유입니다.

고객: 청렴하고 위대한 지도자입니다. 경제를 살렸을 뿐 아니라 공무원 비리에 대해서도 엄해서 깨끗한 나라를 만들었죠. 그런 토대 위에 지금의 1인당 국민소득 9만 달러라는 결실이 있는 겁니다.

필자: 한국은 깨끗한 나라일까 자문하게 됩니다.

고객: 아직 먼 느낌입니다. 민간에서도 얼마나 많은 비리가 성행합니까? 재건축 사업을 보세요. 사회적으로도 사기에 거짓이 판을 칩니다.

필자: 깨끗한 나라에서는 정의가 살아있습니다.

고객: 뒷돈 먹고도 갖은 핑계에 변명이나 대는 정치인은 정말 사라

졌으면 좋겠습니다. 수십억 원을 받아먹고도 잘못한 게 없다는 사람이 있더군요.

필자: 청문회만 하면 왜 그렇게 비리가 줄줄이 나오는지 신기할 따름입니다.

고객: 정치가 깨끗해야 경제도 발전하는 법입니다.

필자: 그래도 한국이 이만큼 발전했으니 대단하긴 합니다.

고객: 더 잘 살았어야죠. 일을 얼마나 열심히 했습니까? 세계에서 일을 가장 많이 했으면 지금보다는 더 잘 사는 나라가 됐어야 하는 겁니다.

필자: 리콴유가 아들에게 총리 자리를 물려주고 그 아들의 부인이 국영기업의 CEO로 있다거나, 언론자유지수가 낮다거나, 싱가포르에도 각종 문제가 있다고 들었습니다.

고객: 완벽하기야 하겠습니까? 그럼에도 싱가포르인들은 여전히 리콴유 가족에 대해 존경과 신뢰를 보내고 있고, 함부로 욕하면 큰 화를 당하기도 합니다.

필자: 우리는 언제나 리콴유나 터키의 케말 파샤처럼 국민 모두로부터 대대로 존경받는 지도자가 나올까요?

고객: 제가 죽기 전에 그런 분을 만날 수 있게 될지 참으로 궁금할 뿐입니다.

° 중국에 사업차 자주 다녔습니다

필자: 중국은 땅이 넓고 역사가 유구해서 가볼 곳이 많습니다.

고객: 서양의 역사는 한 국가에서 다른 국가로 넘어가는 시리즈물 같지만, 중국은 기원전부터 한 국가에서 온갖 흥망성쇠가 다 이루어집니다. 그러니 어딜 가도 역사의 현장을 방문하는 느낌이 있습니다.

필자: 중국에서 미국(美國)이라 이름 지은 건 '아름다운 나라'라는 뜻이 아니더군요.

고객: 중국어로 미(美)를 '메이'라고 발음합니다. 처음 미국인이 중국에 와서 '어메리카'라고 소개했는데 앞에 '어' 자는 잘 안 들리고 나머지 '메리카'가 '메이궈'로 들려 중국식 발음대로 미국(美國)이 됐다고 합니다.

필자: 사업은 뭘 하십니까?

고객: 생필품 수입을 합니다.

필자: 중국산이 안 좋다는 편견이 있습니다.

고객: 말 그대로 편견일 수 있습니다. 가끔 부실 아파트가 붕괴하는 등의 사고로 세계적인 망신을 사기도 하나, 이에 대한 사회적 공분이 매우 심해서 정부에서도 사후 처벌과 관리를 철저히 합니다. 중국 사람들 일하는 모습을 보면 호락호락 대충하는 것도 아니죠. 회사 분위기도 좋은 편이라 한국이나 일본처럼 수직적 상하관계가 아닌 자유로운 환경에서 일을 잘해내고 있는 모습을 볼 수 있습니다.

필자: 중국에서는 유교가 잊힌 지 오래라는데, 한국의 장유유서는 아직도 생생합니다.[8]

고객: 그게 단점이 되어 기업의 창의력을 떨어뜨리는 결과를 초래하기도 합니다. 사회적으로는 '형님, 아우' 하면서 패거리 문화를 이루기도 하죠.

필자: 싸우면서 "너 몇 살 먹었냐?" 묻는 나라는 거의 없다고 합니다.

필자: 한국어에 존댓말이 유난히 발달한 것도 장유유서의 영향일 겁니다.

필자: 중국에서는 법이 엄해서 마약범은 사형이더군요.

고객: 아편으로 너무 많은 중국인이 고생했던 기억 때문일 수도 있습니다.

필자: 아편전쟁은 역사적으로 추악한 전쟁이라고 합니다.

고객: 중국으로서는 치욕적인 사건입니다. 당시 수많은 중국 함대가 영국의 철갑선 5척을 이기지 못하고 속수무책으로 당했죠.

필자: 영국이 외국에서 재배한 마약의 원료를 싼값에 사서는 완제품을 중국에 수출했다고 합니다.

고객: 영국이 중국으로부터 수입한 차의 대금을 은으로 지불했는데, 무역 적자가 커지자 마약을 수출하게 된 겁니다. 중국이 그걸 막자 영국이 전쟁을 벌인 거죠.

필자: 아무리 마약범이라도 사형은 너무하지 않습니까? 사형 전의 모습이 인터넷에 떠돌기도 합니다.

고객: 무조건 사형하는 건 아닙니다. 정도가 심한 경우에만 그렇죠.

필자: 판다를 죽여도 사형이라고 합니다.

고객: 한 번도 그런 예는 없지만, 다들 그렇게 알고 있습니다.

필자: 처벌이 엄한 게 사회 안전에 도움이 된다고 봅니까?

고객: 단연코 그렇다고 봅니다. 중국에서는 강도, 살인, 성범죄 등 범죄를 저지르면 패망한다는 인식이 강하죠. 정부에서도 국가가 국민의 안전에 대해 책임진다는 의지를 자주 표방합니다. 외부에서는 얼핏 억압적으로 보일 수 있으나, 범죄에 대한 처벌이 강해야 한다는 국민적 공감대가 확고해 보입니다.

필자: 중국에도 화북과 화남으로 나뉘는 지역주의가 있다고 합니다.

고객: 아무리 그래도 한족의 단결력이 지역주의보다는 우세합니다.

필자: 한족의 애국주의는 대단합니다.

고객: 예전부터 그랬죠. 역사적으로 북방 민족에게 자주 당했기에 단결력이 강합니다. 오죽하면 기원전 진나라 때부터 만리장성을 지었겠습니까? 조금씩 쌓기 시작해서 17세기에 완성됐으니 무려 2천 년이 걸린 공사입니다.

필자: 중국은 세계를 이끌어 갈 태세인데, 지나친 국수주의나 민족주의는 이에 역행하는 것 아닙니까?

고객: 경계해야죠. 어느 나라나 자기들의 이익만 추구하면 공생이 아닌 분쟁만 야기할 뿐입니다.

필자: 미국도 그런 현상이 심해집니다.

고객: 협상 말고는 대안이 없고, 지도자들도 더 자주 만나야 합니다. 인간은 만나지 않으면 적으로 간주하는 심성이 있습니다.

필자: 한국도 민족주의가 지나친 면이 있어서 때로 세계와 동화해야 하는 시대적 요구와 충돌합니다.

고객: 어느 나라든 혼자만 잘 살 수는 없는 시대입니다.

필자: 사회주의 중국이 자본주의의 부작용인 빈부 격차를 심하게 겪고 있습니다.

고객: 정부에서도 그 문제를 잘 알고 있습니다만, 쉽게 해결하기는 어려울 겁니다. 14억 인구가 똑같이 잘 살기가 쉽겠습니까?

필자: 중국도 인구가 감소해서 인도에 추월당했습니다.

고객: 자식 교육이 어려우면 잘 낳지 않는 경향이 있죠. 한국과 비슷합니다.

필자: 시진핑 정부가 교육 개혁과 함께 사교육 금지를 강화했습니다.

고객: 사교육이 암시장으로 잠입했다는 얘기도 들리더군요.

필자: 함께 잘 살자는 '공동부유' 개념도 들고나왔다고 합니다.

고객: 이미 보시라이가 주장했던 내용입니다.

필자: 기업에 대한 통제를 강화하는 건 이율배반적이지 않습니까? 파이를 키워야 공동부유도 빛이 납니다.

고객: 그게 자본주의화한 공산주의 국가의 현실적 딜레마이자 모순이기도 합니다. 최근 들어 많이 나아졌다고는 하나, 민간기업을 지원해야 함에도 오히려 통제하려는 시도가 빈번했죠.

필자: 중국 경제도 예전 같지는 않습니다.

고객: 일단 내수가 문제입니다. 사람들이 돈을 안 쓰니 경제가 잘 돌아갈 리가 없는데, 코로나 사태 때의 규제가 지금까지 영향을 미친다는 분석이 있습니다. 게다가 미국과의 마찰에 의한 어려움이 적지 않다고 알고 있습니다.

필자: 미국을 중심으로 중국의 인권 문제가 자주 제기됩니다.

고객: 큰 나라를 통제하려니 무리한 정책이 있는 건 사실입니다. 그런데 중국인들은 직접 겪지 않은 일에 대해서는 별 관심을 두지 않으며, 대체로 인권을 통해 중국을 견제하려 한다고 생각하는 사람이 많습니다.

필자: 미국과 중국의 대립에 의한 제3차 세계대전을 우려하는 목소리도 있습니다.

고객: 그런 일이 벌어지면 한국에는 대재앙이지만, 현실적으로는 실현 불가능할 겁니다. 국소적 마찰은 있겠지만 크게 벌려봐야 서로에게 이득이 없다는 걸 양국이 잘 알겠죠.

필자: 핵무기가 순기능도 있다고 합니다. 최신 핵무기는 히로시마에 떨어진 것보다 3천 배나 강하다는데, 이를 쓰면 같이 망한다는

걸 모를 리 없기 때문입니다.

고객: 소형 핵무기는 활용 가능하다고 하더군요.

필자: 우크라이나전쟁에서도 공공연히 언급됩니다만, 그나마 우리 세대는 큰 전쟁 없이 지났으니 다행한 일입니다.

고객: 독재하면 전쟁의 확률이 높아진다고 합니다. 어느 국가라도 민주화가 필요한 이유입니다.

필자: 산업혁명 이래 자본주의를 지탱하는 기술은 서구에서 시작됐으나, 이제는 아시아권이 그 열매를 맛보는 형국입니다. 특히 중국은 세계를 호령하는 위치에까지 올라섰고, 이제는 세계의 중심이 서구에서 중화권으로 옮겨가는 중이라는 분석도 유력합니다. 다만 중국이 책임감도 동시에 져야죠. 즉 단순히 돈 버는 데 그치지 말고 세계를 위한 인류애를 보여야 하나, 때로 힘이나 영향력을 과시해서 미래의 주도권을 확실히 쥐겠다는 의도가 엿보이기도 합니다.

고객: 제가 중국을 위해 변명할 아무런 이유는 없지만, 미국이나 EU의 견제에 대한 자구책일 수도 있습니다. 더구나 중국은 아직 선진국이 아닙니다. 1인당 국민소득이 1.5만 달러 정도에 불과하고, 빈부 격차가 크며 내부적인 문제도 많습니다. 하지만 지적하신 것도 일리가 있네요. 아쉬운 건 제가 일개 소시민이라서 그 말씀을 지도부에 전달하기가 불가능하다는 사실입니다.

필자: 꽌시(인맥)가 없습니까?

고객: 그런 게 있으면 얼마나 좋겠습니까? 시간을 유일한 무기로 삼아 바쁘게 왔다 갔다 했는데, 이마저도 코로나 이후로는 여의치 않습니다. 그러니 무역의 다변화는 국가가 아닌 제 코앞에 닥친 시급한 과제입니다.

° 캐나다 밴쿠버에 이민 간 지 10년째입니다

필자: 이민 가게 된 계기가 있습니까?

고객: 한국에서는 아이들을 잘 키울 자신이 없었죠.

필자: 사교육 때문입니까?

고객: 한국의 교육은 경쟁 위주라서 아이들에게 그런 짐을 지워주기 싫었습니다.

필자: 부모야말로 큰 짐을 지는 거죠. 우리는 왜 우리의 아이들을 캐나다의 아이들처럼 키울 수 없는 걸까요?

고객: 비교 우위라는 목표를 위해 달려가는 한국인의 의식구조가 개선되지 않는 한 어렵다고 봅니다.

필자: 그게 개선될 리가 있겠습니까?

고객: 국가가 나서야 합니다. 국민이 스스로 못해서 무거운 짐을 지고 산다면 국가가 나서야죠.

필자: 한국은 경쟁과 실력이 발전의 자산이라고 여깁니다.

고객: 고교 시절에 경쟁해서 실력을 쌓는 게 무슨 소용이 있겠습니까? 정작 대학 가서 창의와 연구에 몰두해야 합니다.

필자: 아이들은 캐나다에서 행복했습니까?

고객: 대학 전까지는 확실히 그렇죠. 지금은 대학생인데 취직이 걱정입니다. 입시는 아니더라도 취직 걱정은 아마도 전 세계 공통일 겁니다.

필자: 서양인들은 이미 성인이 되면 자녀가 알아서 할 문제라고 생각하지 않습니까?

고객: 최대한 일찍 집을 나가서 독립하려 합니다만, 요즘은 사정이

여의치 않아서 같이 사는 집도 많다고 합니다.

필자: 부모는 캐나다에서 살기가 어떻습니까?

고객: 팍팍하긴 하나 우리 부부가 좋아하는 여행을 즐길 정도는 되니 그런대로 괜찮습니다.

필자: 동부가 아름답다고 합니다.

고객: 캐나다는 동부, 서부 다 그렇습니다. 인구도 많지 않아서 어딜 가도 자연 그대로의 모습입니다.

필자: '캐나다'라는 명칭은 세인트로렌스 강 인근에 사는 토착 인디언들이 '마을'이라는 뜻으로 썼다고 하더군요.

고객: 동부에는 한 번 가봤는데 오타와, 킹스턴, 몬트리올, 세인트로렌스 강 등 경관에 놀라고 단풍에 취합니다. 나중에 기회가 되면 꼭 가보세요.

필자: 캐나다의 체제는 미국식 자본주의보다 유럽식 사회주의에 가깝습니다.

필자: 사회보장이 잘되어 있죠. 노후 기초연금이 많은 편은 아니지만 국민연금과 기업에서 나오는 퇴직연금이 있습니다. 회사에서 퇴직금을 따로 관리해 일시금이 아닌 연금의 형태로 지급하는 겁니다.

필자: 홀로 된 노인은 대개 시니어타운에서 지낸다고 들었습니다.

고객: 국가에서 저렴하게 운영하는 곳도 있고, 비교적 고가의 민간 실버타운도 있습니다.

필자: 캐나다는 노인뿐 아니라 전 국민 의료비가 거의 무료하고 합니다.

고객: 약값만 조금 내는 정도입니다. 어느 분이 암에 걸렸는데 역시나 약값만 조금 냈다는 얘기를 들었습니다.

필자: 의료보험료를 많이 내겠네요.

고객: 의료보험료도 내지 않습니다. 그냥 무상의료라고 보면 됩니다.

필자: 의료비가 안 들면 병원 이용이 너무 과다해지지 않습니까?

고객: 캐나다도 이민자나 고령자가 많아지니 의료비 감당이 안 되어서 본인 부담금을 내자는 의견이 많습니다. 그런데 실상은 한국처럼 병원에 자주 갈만한 환경이 안 됩니다. 애초부터 영국식을 그대로 따랐다는데 우선 전문의를 만나기가 어려워서 예약만도 오래 기다려야 합니다. 수술 한번 받으려면 해를 넘기는 일도 흔하죠. 그래서 한국인은 차라리 한국에 가서 치료받는 경우가 많습니다.

필자: 원래 캐나다가 돈 많은 나라 아닙니까?

고객: 나무만 베어도 2백 년은 먹고산다는데, 거기다 석유 등 천연자원까지 풍부하죠.

필자: 미국은 의료보험 사각지대에 있는 사람이 3천만 명이나 된다고 합니다.

고객: 미국은 의료비가 워낙 비쌉니다. 의료보험료도 비싸죠. 제가 보기에 훌륭한 의료시스템이라고 할 수 없습니다. 그나마 노인에 대한 의료 지원은 만족스럽다고 합니다.

필자: 서양인들은 가족 중심임에도 이혼율이 높습니다.

고객: 친구보다 가족과 함께 보내는 시간이 많다는 게 때로 독이 되기도 합니다. 부부가 성격이 안 맞으면 붙어있기가 어려워지는 거죠. 이혼이 수월한 또 다른 이유는 자녀에 대한 부담이 적다는 겁니다. 자녀를 독립된 개체로 여기기에 이해를 구하기도 쉬운 편입니다.

필자: 정작 한국의 이혼율이 높습니다. 놀라운 건 한국이 러시아와

함께 세계 1, 2위를 다툴 거라 하더군요.

고객: 한국도 예전처럼 정으로 사는 시대는 지났죠. 캐나다에서는 성격 차이가, 한국에서는 경제적 이유가 주요인일 겁니다.

팔자: 코로나 때는 어땠습니까? 대부분의 선진국에서는 피해액의 상당 부분을 보상해 줬다고 들었습니다.

고객: 피해액의 80%까지 지급했는데, 저희 부부도 1인당 월 2백만 원씩 받았습니다. 다만 그로 인한 인플레이션으로 물가가 대폭 오르는 부작용이 따랐죠. 게다가 우크라이나전쟁, 미국과의 무역전쟁으로 예전에 비하면 가히 살인적입니다.

필자: 80%까지 지원하면 모럴 해저드는 없었습니까?

고객: 일부러 문 닫고 일 안 하는 사람도 꽤 있었습니다.

필자: 캐나다에서는 환경이나 요식업에 대한 규제가 심하다고 합니다.

고객: 법규 위반도 엄하게 다루죠. 가령 야외에서 맥주 한 캔만 마셔도 용케 알고 찾아와서는 벌금 30만 원을 매깁니다.

필자: 야외에서 술 마시면 안 되는 이유가 있습니까?

고객: 자연보호일 겁니다. 술을 마시면 자제력을 잃고 쓰레기도 죄다 버리고 가곤 하죠.

필자: 한국에서는 흔한 일입니다.

고객: 그런데 한국의 그런 문화가 그리울 때가 있습니다.

필자: 그게 무슨 뜻입니까?

고객: 너무 법이 엄하면 사는 재미가 줄어든다는 겁니다.

필자: 그래도 법이 엄해야 서로 편하죠.

고객: 저도 한국에서는 가끔 길에 쓰레기를 버리기도 하고, 친구들과 술 먹고 고성방가하기도 합니다.

필자: 그게 자랑할 일은 아닙니다. 캐나다에서는 잘 지키고 한국에서는 막 가겠다는 건 별로 안 좋은 심보입니다.

고객: 한국인은 때로 조금의 객기 정도는 대충 봐주고 넘어가는 문화가 있습니다. 캐나다인도 그런 면이 있긴 하나, 다만 그게 백인들끼리의 얘기일 때가 많죠. 캐나다가 깨끗해서 살기 좋고 여행 다니기에 좋다고 해도 한국식 대충 문화가 그리울 때가 많습니다. 그러니 한국이 좋은 줄 아세요. 한국인에게는 한국이 제일 좋은 곳입니다.

° 페루에 출장 가서 살았던 적이 있습니다

필자: 페루에서 무슨 일을 했습니까?

고객: 한국 보톡스 회사의 지사가 페루에 있었는데 거기서 영업사원을 했습니다.

필자: 전 내 돈 내고 여행 가는 게 전부라서 '출장'이라는 단어가 부럽습니다.

고객: 여행을 좋아하면 그럴 수도 있겠네요.

필자: 페루로 간다니 반갑던가요?

고객: 당연히 걱정부터 앞섰습니다. 그러나 지금은 무엇과도 바꾸기 어려운 소중한 경험이었다고 생각합니다.

필자: 성 아우구스티누스는 "세계는 한 권의 책이며, 여행하지 않는 자는 그 책의 단 한 페이지만을 읽을 뿐이다"라고 했습니다. 저는 여름휴가를 1주일 정도 가는데, 고객들이 그것도 길다고 하

더군요.

고객: 한국의 자영업자는 너무 안 쉬는 편입니다.

필자: 어쩔 수 없이 해야 하는 경우가 대부분이죠. 페루 사람들은 느긋하던가요?

고객: 그런 편입니다. 제가 알기에 한국만큼 바쁜 나라는 없습니다. 매우 가난하거나 전쟁 중이 아니라면 말입니다.

필자: 한국인은 왜 이렇게 바쁘고 치열할까요?

고객: 사는 데 돈이 많이 들고 남보다 더 잘 살아야 하니 그렇겠죠. 페루에서는 사는 데 큰돈이 들지 않습니다.

필자: 페루가 한국과 친하다고 합니다.

고객: 예전부터 교류가 많아서 페루로부터 구리, 아연 등의 광물이나 수산물을 수입하고 자동차, 가전제품 등을 수출합니다.

필자: 지리적으로 멀어도 페루뿐 아니라 남미 국가들과 교류하면 얻는 게 많을 겁니다. 어느 분이 아르헨티나에서 곡물을 수입하는데 상당한 재력가라고 들었습니다.

고객: 페루는 여행하기에도 좋은 나라입니다. 서쪽으로는 태평양, 가운데는 안데스 산맥의 설산 고봉, 동쪽으로는 아마존 강의 상류가 펼쳐지는 천혜의 자연을 자랑하죠. 세계적으로 유명한 관광자원도 많아서 수도 리마, 옛 잉카제국의 수도였던 쿠스코를 비롯해 오래된 잉카제국의 건축물과 유럽식 건축물들이 과거와 현대가 공존하는 신비로움을 불러일으킵니다.

필자: 티티카카 호수나 외계인이 그렸다는 나스카 라인도 유명합니다.

고객: 모래사막, 오아시스 등 한국에서는 보기 어려운 자연이 날 것 그대로의 모습을 보여주기도 합니다.

필자: 마추픽추에 가봤습니까?

고객: 페루에 살면서 거길 안 갈 수는 없죠. 고지대라 추웠습니다. 관람 시간이 정해져 있어서 새벽 4시부터 준비해야 하는데, 일단 올라가 보면 명불허전입니다. '이 높은 곳에 집을 짓고 밭을 일구며 살던 사람들은 어떤 생각을 했을까?' 인간의 노력과 용기에 일순간 숙연해집니다.

필자: 그 잉카인들은 편하고 행복했을까요?

고객: 편하기야 했겠습니까? 편하다고 다 행복한 것도 아닐 겁니다. 아마도 잉카인처럼 소박한 삶이 진짜 행복일지 모릅니다.

필자: 가끔 남미의 서해안에서 발생한 지진 보도를 접합니다.

고객: 페루도 포함됩니다. 태평양판과 남미판이 충돌하는 지역이라 지진이 흔하다고 하더군요. 제가 있을 때도 잊을 만하면 한 번씩 진동을 느끼곤 했습니다.

필자: 남미에는 유명한 이구아수 폭포가 있습니다.

고객: 휴가 때 그곳과 아르헨티나에는 가봤습니다.

필자: 아르헨티나에는 백인이 많다고 합니다.

고객: 원래 원주민이 많지 않았고, 사탕수수나 목화 농장이 아닌 목축업이 주산업이라서 흑인 노예도 적었습니다. 게다가 유럽에서의 이민이 많았죠. 아르헨티나가 한때 세계 5위의 경제 강국이었는데, 그때 유럽인이 많이 건너갔습니다. 한국인도 6.25 전쟁 후 미국 이민이 유행일 때 아르헨티나에 많이 갔는데, 당시 북한에서 남한으로 피난 온 사람들이 많았다고 합니다.

필자: 한국인들이 이민 초기에 많이 고생했다고 들었습니다.

고객: 초기엔 농장에서 힘들게 일했고 사정이 나아지면서 의류나 신발 장사를 했는데, 의류는 지금도 한국인이 대세입니다.

필자: 저도 아르헨티나에 이민 간 분을 고객으로 만난 적이 있습니다. 자녀가 잘되어 스페인과 미국에서 좋은 직장에 다니는 게 자랑스럽다고 하고, 가끔 한국에 오면 너무 빨리 발전해서 자기만 촌놈이 되는 것 같다고 하더군요.

고객: 심지어 미국에 이민 간 분도 비슷한 말을 합니다. 한국은 발전 속도가 너무 빨라서 '어메이징'이라는 수식어가 붙는 나라입니다.

필자: 아르헨티나는 칠레처럼 남북으로 긴 나라입니다.

고객: 위로는 정글이 있고, 아래로는 빙하가 있는 유일한 나라라고 하죠. 남쪽 끝의 파타고니아가 유명한데, 거기까지 가보진 못했습니다.

필자: 중남미가 위험하다는 선입견이 있습니다.

고객: 남미 국가들의 치안이 갈수록 불안해진다는 보도가 많습니다만, 제가 있을 때는 우범지대만 피하면 됐죠. 페루 리마에서도 그랬습니다.

필자: 치안 문제는 남미뿐 아니라 전 세계적으로 심해지고 있습니다.

고객: 그에 비하면 한국이나 일본은 유난히 안전한 겁니다.

필자: 왜 범죄가 근절되지 않는지 의문입니다.

고객: 범죄가 너무 흔한 데다 한국처럼 CCTV가 많지 않아서 검거율이 낮고, 범죄인이 교도소에 들락거리는 걸 별로 개의치 않는다고 합니다.

필자: 페루인들은 주로 뭘 먹고 삽니까?

고객: 중미에서는 토르티야가 주식이고, 브라질이나 아르헨티나에서는 고기를 바비큐 식으로 구운 후 잘라 먹는 츄라스코가 인기입니다. 페루에는 고기나 해산물이 풍부하고 신선한 과일이

많습니다. 워낙 요리 재료가 다양해서 맛있는 음식이 많죠. 음식 생각에 다시 가고 싶은 마음이 간절할 정도입니다.

필자: 감자가 페루에서 처음 재배됐다고 들었습니다.

고객: 유럽으로 전해져서 큰 도움이 됐죠. 페루에서는 옥수수, 감자 등의 농업이 활발하고 광업, 제조업도 성행해 공장도 많은 편입니다. 특히 개발되지 않은 지하자원이 많습니다.

필자: 그런데도 잘사는 나라는 아닙니다.

고객: 소수의 상류층과 다수의 하류층이라고 할 정도로 부의 편중이 심합니다. 중남미에는 그런 나라들이 많아서 잘사는 사람은 대개 백인이거나 소수의 자본가, 정부 고위 관료 등입니다.

필자: 빈부 격차가 극복되지 않는 이유가 있습니까?

고객: 교육이 원인일 수 있습니다. 빈곤하기에 학업을 잇기 어렵고, 그로 인해 다시 빈곤해지는 악순환이 반복됩니다.

필자: 정부에서 그런 학생에 대한 지원이 덜합니까?

고객: 그 정도로 돈이 많지 않죠. 그런데 페루에서는 학생들이 공부를 열심히 안 해도 행복해합니다. 나아가 학생이 아닌 대다수 페루인이 그러해서 매우 낙천적이죠. 아마도 이 점이 다른 남미 국가들과의 차이일 겁니다.

필자: 사회적으로 상류층에 대한 불만이 심하진 않습니까?

고객: 별다른 건 없어 보였습니다. 상류층이 물의를 일으키지 않으려 조심한다는 얘기도 들리더군요.

필자: 보톡스 영업을 했으면 의사를 많이 만났겠습니다.

고객: 만난 의사들마다 콧는 매우 높았지만, 인격은 좋아 보였습니다.

필자: 의사는 백인이 많습니까?

고객: 리마의 큰 병원 말고는 현지인 의사가 많습니다. 페루에는 상대적으로 백인이 적습니다.

필자: 대부분의 남미 국가에서 백인의 인기가 높지 않다고 들었습니다.

고객: 상류층 백인들이 부를 거머쥐고 있기 때문입니다. 과거 식민지 시절부터 부를 물려받은 사람도 있는데, 전용 비행기를 타고 미국으로 쇼핑을 간다고 합니다. 페루의 경우처럼 조심하지 않고 이런 식이면 지탄을 받을 수밖에 없습니다.

필자: 제가 존경하는 에르네스토 체 게바라가 아르헨티나 사람입니다.

고객: 남미에서는 모든 남자의 로망인 듯합니다.

필자: 그는 원래 금수저인 데다 엄청난 미남입니다. 텁수룩한 수염에 시가를 문 살찐 얼굴이 우선 떠오르지만, 젊을 때는 훤칠한 키에 세상 누구보다 잘생겼습니다. 부에노스아이레스 의과대학을 졸업한 의사라는 건 잘 알려져 있죠. 게다가 탁월한 운동 실력에 시인으로서의 감수성까지 지닌, 아무런 걱정 없이 수려한 인생을 살 게 뻔한 사람이었습니다.[9] 그러나 이런 모든 조건과 경력을 일거에 내던지고 오로지 자신의 신념을 위해 평생을 바쳤으니 '20세기의 가장 완벽한 인간'이라는 칭호가 무색하지 않을 정도입니다.

고객: 쿠바 혁명에 성공하고 나서도 또다시 방랑길에 오르더군요.

필자: 친형제보다 끈끈했던 카스트로의 견제 때문일 겁니다. 대중에게 더 많이 다가가고 자신보다 인기가 많은 체 게바라가 권력의 걸림돌이라고 생각했겠죠. 실제로 카스트로는 그에게 자주 외유를 권해 구소련, 리비아, 북한 등을 방문하게 했습니다.

고객: 결국 버티지 못하고 떠난 겁니까?

필자: 자의 반, 타의 반이었을 겁니다. 더구나 믿었던 카스트로조차 권력자의 길을 걷는 모습에 실망했겠죠. 공산주의자로서 고국 아르헨티나로 돌아가기는 불가능했고, 결국 쿠바에서 결혼한 부인과 자식을 뒤로한 채 콩고로 향하게 됩니다.

고객: 콩고를 택한 이유가 있습니까?

필자: 대담하게도 전 세계의 공산 혁명이라는 대망을 품고 있었고, 그 첫 행선지로 아프리카를 택한 겁니다. 그러나 콩고인의 열정이 높지 않았고, 기대했던 구소련의 원조가 터무니없이 부족해서 목적을 이루지 못하고 다시 쿠바로 돌아오게 됩니다.

고객: 카스트로가 반갑게 맞아주진 않았겠군요.

필자: 귀국하자마자 공항에 나온 카스트로와 40분간 독대합니다. 아직도 두 사람 사이에 무슨 말이 오갔는지는 알려지지 않았으나, 그는 사랑하는 가족도 만나지 못하고 곧바로 볼리비아로 떠나게 됩니다.

고객: 쫓겨난 겁니까?

필자: 그게 맞을 겁니다.

고객: 볼리비아에서 게릴라 활동을 하다가 최후를 맞은 거네요.

필자: 미국이나 한국에서는 공산주의자라고 평가절하된 면이 있으나, 그는 국민보다 권력을 좇는 흔한 정치인도 아니었습니다.

고객: 페루에 있으면서도 잘 몰랐던 체 게바라를 조금 더 이해하게 됩니다.

필자: 〈모터사이클 다이어리〉라는 영화를 추천합니다. 그가 청년 시절 오토바이를 타고 남미를 여행하며 어떻게 민중을 이해하게 되는지 잘 보여주는 영화입니다.

고객: 들어본 적이 있네요.

필자: 영상 속 남미의 자연이 아름답고, 앞서 얘기해 주신 페루의 도시들이 대부분 나옵니다.

고객: 그렇다면 더욱 보고 싶어집니다.

필자: 여담이지만, 영화의 주인공이 실제 인물보다 못생긴 몇 안 되는 영화라고 합니다.

고객: 혹시 남미에 여행할 생각은 없으세요?

필자: 너무 멀어서 은퇴한 다음에나 생각해 보겠습니다.

고객: 은퇴는 언제 하실 겁니까?

필자: 이러다 힘없어질 때까지 하는 건 아닐지 모르겠습니다.

고객: 적극적으로 말리고 싶네요. 그러지 마세요. 일만 하고 살 거면 대체 성 아우구스티누스 얘기는 왜 한 겁니까?

2장. 우리들 사는 이야기

° 대학에서 정치학을 가르칩니다

필자: 한국인의 반은 정치인이라고 합니다.

고객: 먹고 살기가 괜찮으면 사람들이 정치에 관심을 덜 둔다고 하나, 한국은 그 반대임이 분명합니다.

필자: 먹고 산다는 건 즉 '민생'입니다. 그런데 정치인들은 민생보다 자신의 안위가 소중해 보입니다.

고객: 한국의 정치인은 우선 민생이란 무엇인지부터 제대로 알아야 한다고 봅니다.

필자: 경제가 좋아야 민생이 나아지지 않습니까?

고객: 반드시 그런 건 아닙니다. 경제가 어려워도 국민이 공평하게 살 방법을 찾아야죠. 물가를 안정시키고 사회적 취약층을 돕는 것도 중요하나, 실상 민생의 기본은 '국민 대다수가 공평하게 잘 사는 것'입니다. 정치인들이 흔히 하는 말 중에 민생과 함께 '개혁'도 있습니다만, 맨날 두리뭉실 뭘 개혁하겠다는 건지…. 말로만 떠드는 개혁은 그만두고 민생이라도 잘 알고 정치를 했으면 합니다.

필자: 정치인은 선거가 끝나면 민심을 겸허히 받아들이겠다고 합니다.

고객: 주로 패한 정당에서 그런 소리를 하죠. 그러나 민생을 모르는

데 민심이란 건 알겠습니까? 민주주의가 확립되고 민도가 높아지면 유럽이나 캐나다식의 공평한 사회주의를 지향하는 성향이 높아지며, 현재 한국은 이런 과도기적 단계에 있다고 볼 수 있습니다. 즉 한국인의 이런 성향이 민심을 대변하는 척도가 됩니다.

필자: 정당이 그런 걸 모르면 선거 결과에 대한 분석도 엉터리가 될 수밖에 없겠네요. 공평하려면 분배가 더 중요할 수 있습니다.

고객: 성장과 분배가 같이 가야죠. 보수는 성장, 진보는 분배라는 등식은 이미 오래전 얘기입니다.

필자: 좌우로 편 가르고 싸우다가 언제든 조선 말기의 상황이 재연될 수 있다고 합니다.

고객: 일본에 패망한 건 이완용과 을사오적만 잘못해서가 아닙니다. 한반도의 지리적 숙명을 극복하려면 단결해야죠. 지금처럼 단결은커녕 남북으로 갈리고 좌우로 갈리고도 반성할 줄 모르고 서로 잘났다고 싸우면, 주위 정세에 따라 운명이 결정되는 신세를 면치 못하게 됩니다. 그런 의미에서 절묘하게 균형 잡힌 현 상황이 오히려 감사하고 다행이라 여겨질 정도입니다.

필자: 어차피 남북한의 힘이 주위 강대국만 못하니 줄타기를 해야 하는 건 사실입니다.

고객: 상당한 외교력이 필요한 건 맞습니다.

필자: 스위스를 반면교사로 삼는 건 어떻습니까?

고객: 굳이 모델을 찾는다면 강대국 사이에 자리한 네덜란드의 실용주의가 아닐까 합니다. 스위스는 국민성이 강하기도 하거니와 피해서 가면 그만인 산악 국가라서 한반도와는 차이가 있습니다.

필자: 동북아의 평화는 남북보다 미국과 중국 간의 관계에 따라 결정되는 면이 있음을 인정하지 않을 수 없습니다. 만일 미국과 중국이 잘 지내면 북한도 뒷배가 허술해서 함부로 나서기 어려울 겁니다.

고객: 그렇겠죠. 러시아와도 유사한 논리가 성립될 수 있습니다.

필자: 반대로 북한이 미국과 친하면 남한은 어떻게 되는 겁니까?

고객: 그렇다고 미국이 남한과의 동맹을 포기하지는 않을 거고, 오히려 중국이 남한에 더 유화 제스처를 취할 수 있습니다.

필자: 고려연방제는 어떻게 보십니까?

고객: 반대할 수밖에 없습니다. 인구 비례로 결정권을 갖자면 북한이 응할 리가 없고, 의견이 분분한 남한이 전체주의의 일관된 북한을 당하기 어려울 겁니다. 차라리 북한의 급격한 붕괴에 대비하는 게 더 현실적입니다.

필자: 미·중 갈등은 세계의 패권을 다투는 주도권 싸움이기도 합니다.

고객: '투키디데스 함정(Thucydides Trap)'이란 용어가 적절합니다. 스파르타와 신흥 강국 아테네의 전쟁을 기술한 투키디데스의 《펠로폰네소스 전쟁사》에서 인용한 것으로, 신흥 강국이 부상하면 기존의 강대국이 이를 견제하는 과정에서 전쟁이 발발한다는 겁니다. 그런데 이 주도권 싸움의 바탕에는 언제나 돈이 있죠. 인류의 투쟁에는 언제나 돈이 내재하기 마련입니다.

필자: 걸프전에서도 근본적 원인은 석유임에도 마치 기독교와 이슬람의 종교 분쟁인 것처럼 포장되기도 합니다.

고객: 역사상 가장 치열했던 제1, 2차 세계대전도 종교 분쟁은 아닙니다.

필자: 힘의 균형을 이루어야 전쟁을 억제한다고 합니다.

고객: 일종의 딜레마입니다. 협상에 의한 군축이 인류가 가야 할 길입니다만, 대치하고 있는 국가들끼리는 그게 현실이기도 합니다.

필자: 북한이 중국식으로 개방하면 남한과의 대화가 수월하지 않겠습니까?

고객: 핵을 보유한 채 경제까지 좋아진다면 남한과 본격적인 주도권 싸움이 벌어질지도 모릅니다.

필자: 남북통일에 미군 주둔이 걸림돌이 될 거라 봅니까?

고객: 한반도에 미군이 있는 한 중국은 한반도의 통일을 바라지 않을 겁니다. 중국이 가장 꺼리는 게 압록강에 미군이 서 있는 거라 합니다.

필자: 통일이 되더라도 남한 내의 미군은 그대로 있어야 한다는 주장이 있습니다.

고객: 그조차 중국이 반대하겠죠. 그러니 남북통일이 당장 쉬운 건 아닙니다.

필자: 북한이 핵을 포기하겠습니까?

고객: 핵을 포기한 우크라이나의 운명을 교훈 삼아 더욱 집착할 겁니다. 그러나 쉽지 않더라도 반드시 포기하도록 해야 합니다. 북한이 가지면 언젠가 남한도 가져야 하고 일본, 대만이라고 가만히 있겠습니까?

필자: 중동 국가도 가져야겠네요.

고객: 그러니 동북아뿐 아니라 전 세계가 관심을 가져야 할 문제입니다만, 미묘한 국제 정세에 의해 그 심각성이 가려집니다.

필자: 통일까지는 아니더라도 북한에서 동독처럼 길 하나쯤 내줬으

면 합니다. 그렇게 되면 중국까지 차를 몰고 가서 점심에 중국 요리를 먹고 올 수 있을 겁니다.

고객: 제가 보기에도 참으로 요원한 꿈을 꾸십니다.

필자: 국민은 비슷한 수준의 정치인을 뽑는다고 합니다. 정치인이 연예인도 아니건만 유명한 사람을 뽑기도 하더군요.

고객: 유능하고 청렴하며 지역주의를 내세우지 않는 사람을 선별해야 하나, 아직은 국민의 선택 방식에 있어 아쉬움이 있습니다. 그러나 체제의 변화가 우선일 수 있습니다.

필자: 한국인은 남을 인정하지 않는 경향이 심한데, 그게 그대로 정치인의 모습이라고 합니다.

고객: 대화와 타협 대신 상대에게 흠집을 내서라도 우위에 서려는 모습이 처절하죠. 이제는 그런 정치인이 발붙이지 못하도록 국민이 각성해야 합니다.

필자: 개인적으로 EU의 탄생에 놀랐습니다. 역사 이래로 분쟁과 전쟁이 끊이지 않던 유럽이 짧은 시간에 하나로 통합됐습니다.

고객: 경제학자들은 미국의 달러화에 대항하기 위한 통합이라고 합니다. 게다가 중국 등 아시아 국가의 부상에 따른 경제적 요구가 절박했을 겁니다.

필자: 이유가 어쨌든 대단한 일이 아닐 수 없습니다. 독일인은 자신들을 '유럽인'이라 칭한다고 하더군요. 한, 중, 일을 경제적으로 통합해서 '동북아시아인'이라 하는 게 가능한 일이겠습니까?

고객: 반면 문제점도 많다고 합니다. 그들만의 배타적 통합이 되지는 말아야죠.

필자: 정치에서 다수에 의해 소수 의견이 묵살되기도 합니다.

고객: 난제가 아닐 수 없습니다. 역사 이래로 그러했고 현대에도 마

찬가지입니다. 중세를 지나면서 야만에 대항하여 개인의 안전을 도모하는 사회계약론이 유효했으나, 현대의 민주화된 국가에서조차 다수에 의한 결정이 과도한 지배력을 갖는다는 단점이 대두됩니다.

필자: 한국에서 특히 이 문제가 심각해 보입니다.

고객: 대화와 타협이 잘되지 않는 국가에서는 무조건적 다수결이 능사가 아니라 절차를 여러 번 거치도록 체계를 수정하는 방법이 유효합니다.

필자: 중요한 법률이라면 다수당 혼자 입법하지 못하게 하는 규정이 필요하지 않겠습니까? 교섭단체를 구성한 모든 당의 사인을 받도록 하는 것도 한 방법입니다.

고객: 민생이 아닌 정쟁과 관련된 법이라면 그런 방법이 유효할 수 있죠.

필자: 자기 당에나 유리한 법 제정도 많아 보입니다.

고객: 자기들만의 입법은 지양해야 합니다. 혼자만의 생각으로 답답한 소리나 하는 의원도 적지 않습니다.

필자: 한국에서는 법이 너무 쉽게 만들어지고, 너무 많아서 문제라는 비판이 있습니다. 누더기법, 쓰레기법이라고도 합니다.

고객: 의원에 의한 법안 발의의 개수가 성과의 척도가 되는 건 바람직하지 않습니다. 그러다 보니 사회적 토론이나 합의가 충분하지 않음에도 졸속으로 이루어지기도 합니다. 건수보다는 제청한 법안의 질로써 의원 활동을 평가해야죠.

필자: 한국에서는 의원 세비가 너무 높고, 보좌관도 10명 가까이라 너무 많다고 합니다.

고객: 이웃 일본만 해도 보좌관이 3명이며, 유럽에는 아예 보좌관이

없는 나라도 있습니다. 지방 의원의 경우에는 아예 무보수 명예직이 많죠.

필자: 그런 환경에서는 다른 의원들과 모여서 상의할 수밖에 없겠네요.

고객: 그래야 의원들끼리 모여서 연구하는 분위기가 형성되며, 의회에 파견된 법률가의 자문이 중요해집니다.

필자: 유럽 국가들처럼 사회가 비교적 안정적이면 의원이 한가해지고 새로운 법을 만들어야 할 필요성도 줄 겁니다.

고객: 한국에서는 언제나 그런 꿈같은 일이 이루어지겠습니까?

필자: 만일 그렇다면 경조사 챙기고 민원 해결하는 게 주업무일지도 모릅니다.

고객: 의원이 경조사에 끼는 일은 제발 하지 말았으면 합니다.

필자: 부르는 데 외면할 배짱이 있겠습니까?

고객: 공직선거법에도 엄하게 규정되어 있죠. 심지어 화환도 금지입니다만 안 지켜지기 일쑤입니다. 평소에는 욕만 하다가 의원이나 저명인사의 화환이라도 하나 놓이면 지위가 높아 보일 거라 착각하는 민도가 더 문제일 수 있습니다.

필자: 한국의 의원은 해외 연수를 빙자한 여행도 많이 다닌다고 합니다.

고객: 바로 구속하고 일벌백계해서 이제는 그런 뉴스 좀 그만 들었으면 좋겠습니다. 세금을 개인 용도로 쓰는 건 후진국에서나 가능한, 절대로 있어서는 안 되는 일입니다. 시간이 남아 골프나 여행을 했다면 무슨 돈으로 했는지 명확히 가려야 하건만, 국민도 큰 관심 없이 그러려니 하더군요. 의원들 특권도 너무 많은데 그런 거 내려놓고 솔선수범해야 합니다. 봉사하겠다는 사

람이 특권이라니요.

필자: 현대의 대통령은 조선 시대 임금이 아닙니다. 국민의 저항권이 중요하다고 봅니다.

고객: 토머스 홉스의 사회계약론은 서구 정치의 근간이 되나, 이에 저항권을 더한 존 로크의 사상이 근대 이후 민주주의 발전에 큰 영향을 미칩니다. 장 자크 루소에 이르면 저항권이 획기적으로 확대되어 근대의 역사적 사건이었던 프랑스혁명, 영국의 시민운동, 미국의 독립운동 등에 정신적 근간을 제공합니다. 더 나아가 영국의 토머스 페인은 국가를 필요악으로 정의했죠. 그는 진보 성향의 근대 정치인이었는데, 영국 헌법과 전통의 옹호자였던 에드먼드 버크와의 논쟁이 유명합니다. 국가가 너무 큰 권한을 가지면 안 된다 했고, 공권력에 대항하는 개인의 권리와 시민이 주인인 국가를 주창하여 미국의 독립에 중요한 역할을 합니다.[10]

필자: 우리는 입으로는 민주주의를 외치나 머리로는 자주 그 의미를 망각합니다. 민주주의에서는 민, 즉 국민이 주인임에도 도리어 객이나 종노릇을 하게 됩니다.

고객: 정부가 주인을 섬기는 데 최선을 다해야 함에도 규제하기를 더 좋아하기도 하죠. 규제가 아닌 질서를 위한 최소한의 개입과 평등을 위한 최소한의 행정적 집행을 한다는 개념을 잊지 말아야 합니다.

필자: 샤를 드골이 "정치가들은 자신이 한 말을 믿지 않는다. 그래서 사람들이 그들의 말을 믿을 때 놀란다"라고 했습니다.

고객: 사이비 정치인의 세 가지 특징이 있죠. 우선, 국민이 잘사는 것보다 자신의 지속 가능한 영화에 더 관심이 많습니다.

필자: 필리핀의 마르코스와 이멜다가 생각납니다. 자택에 명품 백화점을 차렸더군요.

고객: 정치인을 잘못 만나면 국가의 부와 위상이 흔들리는 건 시간문제입니다.

필자: 정치인은 자신의 입지가 흔들리면 그 원인을 외부로 투사하여 전쟁도 불사합니다.

고객: 그게 가장 심각한 패악으로, 역사에서 너무나 흔한 비극입니다. 둘째, 포퓰리즘도 표나 얻어보겠다는 술책에 지나지 않습니다.

필자: 베네수엘라가 대표적인 사례로 꼽힙니다. 반면 최근 아르헨티나 대통령으로 선출된 하비에르 밀레이는 과감한 개혁과 반(反) 포퓰리즘으로 일단 고무적이라는 평을 듣습니다.

고객: 저 또한 인상적으로 바라보고 있고, 그가 성공하게 될지 무척 궁금합니다. 국가가 어려운 사람을 도와야 하는 건 당연하나, 재정 확대는 함부로 하지 말아야 합니다. 이는 현재 프랑스가 어려움을 겪고 있는 이유이기도 하죠. 남부 유럽은 복지나 공공지출의 축소를 통해 경제가 회복되고 있지만, 프랑스는 시민들의 반대와 시위로 무산되면서 혼란만 가중되고 있는 겁니다. 사이비 정치인의 세 번째 특징은 공수표를 남발한다는 겁니다. 선거철만 되면 뭐든 다 해줄 것 같은데, 왜 평소에는 못하고 선거만 되면 하겠다는 걸까요? 어차피 정치인이 할 수 있는 일은 한계가 있는 것이며, 때로는 그냥 아무것도 안 하는 게 도와주는 거라는 비아냥을 듣기도 합니다.

필자: 권력을 잡으면 지난 정부를 철저히 비판하고 부패를 이유로 마녀사냥을 시작합니다.

고객: 한국에서 늘 있는 일이죠. 공 대신 과만 들춘다고 자기들의 점수가 올라가겠습니까? 누구나 과거를 후회하듯 정부라고 아무 후회 없이 다 잘할 수는 없습니다. 그러니 과가 불법이 아니라면 반면교사로 삼으면 그만이며, 평가는 역사가의 몫으로 남겨두면 됩니다.

필자: 남북전쟁에서 승리한 북부의 대통령 링컨은 남부를 끌어안았습니다. 미국이 남북으로 갈라지는 걸 우려하여 패잔병 수준의 남부 군인들에게 고향으로 돌아갈 차비와 식량을 제공하고, 남부군 사령관 로버트 리 장군에게도 아무런 책임을 묻지 않았다고 합니다. 이후 리 장군은 백인 우월주의 성향을 버리지 않았음에도 워싱턴 대학교 총장직을 수행하고 말년까지 평탄한 삶을 살았다고 하더군요.

고객: 위대한 정치인은 뭔가가 다른 법입니다. 반면 자신의 안위를 위해 정치하는 사람은 국민이 분열해도 상관하지 않으며, 나아가 분열을 자신의 안위에 이용하는 탁월한 재능을 발휘하기도 합니다.

필자: 한민족의 좌·우 대립은 세계적입니다.

고객: 자본주의, 공산주의는 본래 우리의 이념이 아닙니다. 남이 만든 이념의 앞잡이가 되어 서로 대립하고 갈등해야 할 이유가 무엇입니까? 그걸 지키겠다고 같은 민족이 원수가 되어서 땅을 가로막고 가족끼리 생이별하는 역사가 안타까울 뿐입니다.

필자: 남한보다 북한이 문제 아니겠습니까?

고객: 북한은 이념의 총칼 앞에 저항할 힘마저 잃어버린 겁니다.

필자: 매사에 좌파, 우파 중 한쪽만 고집하는 성향이 영원하다면 꼴통이죠.

고객: 사안에 따라 합리적, 실용적 판단이 요구됩니다. 땅은 파면 팔수록 깊어지며, 그에 따라 시야는 좁아지고 종국에는 빠져나오지 못하는 구덩이에 갇히는 꼴이 됩니다.

필자: 하물며 조선 시대에도 한반도를 오랜 기간 유지했습니다.

고객: 중앙집권제를 시행했던 정도전의 역할이 큽니다. 지방 관리는 중앙정부의 철저한 하부기관이었으므로 일본처럼 봉건제를 거치지 않고도 한 국가의 시스템을 잘 유지했죠. 정도전은 왕권을 견제하는 데에도 공을 들여서 왕이 신하와 대화하는 시간을 지키도록 하고, 지방 관리와의 소통도 중요시해서 상소를 반드시 읽게 했습니다.

필자: 아직도 세계적으로 이데올로기가 작동합니다.

고객: 이데올로기가 정권을 장악하면 언제나 위험합니다. 이데올로그들은 그들이 고안해 낸 사회적 이념이 패착이 되어도 바로잡는 걸 거부하는 특성이 강합니다.

필자: 역사적으로 독재나 1인 권력은 대부분 크고 작은 폭력에 의해 유지됩니다.

고객 국민에 대한 탄압을 넘어 대량 학살도 서슴지 않죠. 급기야 인류 최악의 죄는 1인 독재라고도 합니다.

필자: 불과 얼마 되지도 않은 20세기에 그런 사례가 많았다는 게 놀랍습니다.

고객: 노르웨이의 섬에서 69명을 살해한 사건이 있었죠. 그런데 아무리 잔혹한 살인범이라도 수백 명을 살해하기는 어렵습니다. 그러나 독재자는 수백만, 수천만 명을 살해하기도 합니다. 역사적으로 전쟁으로 타민족을 침공하고 무자비한 살인을 자행한 예는 너무나 흔하고, 그런 일을 주도한 인물이 아이러니하

게도 대부분 위인으로 칭송받습니다. 그러나 단 한 명이라도 무고한 생명을 빼앗았다면 그런 권력자에 대해서는 반드시 역사적 재평가가 이루어져야 합니다.

필자: 독재자는 교육에도 관심이 없다고 합니다. 국민의 의식 수준이 높으면 저항 의식이 강해지므로 소수의 엘리트만을 키워서 자기편에 두려는 거죠.

고객: 총칼로 위협하지 않고는 그런 정치를 할 수 없는 겁니다. 더구나 사람을 그렇게 죽여가며 무슨 정치를 한다는 겁니까? 지구상에 인간의 생명보다 더 소중한 건 없죠. 유물론이나 혁명 이념이 인간의 생명 위에 존재한답니까?

필자: 총칼로 이룬 자는 언제든 대가를 치르기 마련이며, 총칼로 이룬 평화는 평화가 아닙니다.

고객: 진정한 위인이라면 문화, 예술이나 철학을 통해 인간의 가치를 풍요롭게 해준 모차르트, 데카르트 같은 사람들입니다. 평화와 사랑을 전파한 분들은 더할 나위가 없습니다.

필자: 평화주의자가 나약하다는 편견이 있습니다.

고객: 절대 그렇지 않습니다. 남극에서 포경선과 투쟁하는 그린피스는 상대 선원에게 직접적인 폭력을 행사하지 않고도 치열하게 싸웁니다. 그들은 나약하지 않으며, 진정한 평화주의자는 누구보다 강하고 신념에 찬 사람입니다.

필자: 인간은 본래 잔인한지에 대해 끊임없는 의문이 제기됩니다. 필요에 따라 상대를 해치는 동물은 있지만 인간만큼 잔인하지는 않죠. 같은 인간임에도 고문을 하고 목을 자르고 산채로 불을 지릅니다.

고객: 요즘은 영화를 봐도 왜 그렇게 잔인한지 모르겠습니다. 머리에

칼을 꽂고 온몸에 총질을 해대는 장면이 난무합니다. 사람들도 타성에 젖어서인지 아무렇지 않게 잘도 봅니다.

필자: 게임도 잔혹하다더군요. 어릴 때부터 그런 데 익숙해지는 건 우려스럽습니다.

고객: 전쟁과 폭력도 현재진행형이어서 2000년대 들어서도 크게 다를 바가 없습니다. 더구나 인터넷 영상으로 생중계되기도 하는데 이젠 속일 수도, 감출 수도 없습니다.

필자: 인간이 폭력성을 버리기는 어렵겠죠?

고객: 낙관적으로 보진 않습니다. 강자가 존재하는 한 그들의 이익이나 권리가 침해됐을 때 무력이라는 유혹을 억제하기 어려울 겁니다.

필자: 폭력을 예방하려면 협상이 최선입니다. 아울러 UN의 역할이 중요하다고 봅니다.

고객: UN이 협상의 장이 되면 좋으나 몇몇 강대국의 의견에 따라 흘러가는 게 현실입니다. 현 5개의 상임 이사국 중에 1개국만 반대하면 아무것도 할 수 없는 구조가 가장 큰 문제입니다. 이사국이 15개인데 14국이 찬성해서 상임 이사회로 올리더라도 단 1개국이 반대하면 부결되는 겁니다. 그러니 이사회는 허울뿐인 거죠. 상임 이사국을 20개 이상 늘리고 다수결 또는 3분의 2의 원칙을 택해야 합니다.

필자: 자기들의 입지가 줄어드는데 5개국이 찬성할 리가 있겠습니까?

고객: 다른 국가들이 가만히 있어서는 안 되는 일입니다. 상임 이사국은 제2차 세계대전의 전승국들입니다만 세월이 많이 흘러 이미 시정해야 할 때가 지났습니다. 그렇지 않으면 UN의 목적

인 평화는 요원하며 그 존재 가치마저 퇴색됩니다.

필자: 무기 산업 때문에 전쟁이 사라질 수 없다는 지적이 있습니다.

고객: 전쟁이 나면 국민이 세금 내서 무기를 조달해야 하고, 그에 따라 무기 회사는 떼돈을 벌게 되죠. 그 돈은 다시 정치자금으로 순환되기도 합니다.

필자: 인간은 개별적으로 선하나 큰 문제를 일으키는 건 언제나 권력과 체제입니다. 히틀러 시대의 독일인도 당시 나치의 정책이 개개인의 양심에 어긋난다는 걸 알고 있었다고 합니다.

고객: 뭔가 잘못됐다는 양심의 소리는 있었으나 전체주의에 휩쓸려 그 소리에 귀를 막을 수밖에 없었겠죠. 체제는 개인의 의식을 조정할 만큼 큰 힘을 갖습니다.

필자: 저항할 방법은 있습니까?

고객: 개개인이 깨어있어야 하나 집단 무의식에 함몰되면 헤어 나오기 어렵습니다. 그러니 1인 지배체제나 독재는 언제나 위험하며, 지도자를 자주 바꿀 수 있는 민주주의 체제가 우월한 겁니다.

필자: 지도자가 자주 바뀌면 정책의 연속성이 훼손될 수 있습니다.

고객: 못하는 정치인이 연속성을 가지면 큰일입니다.

필자: 검증 시스템도 필요하겠네요.

고객: 과거 스웨덴의 에를란데르 총리는 평균 2년마다 국민의 검증을 받았다고 합니다. 장기 집권을 했지만 제멋대로 독재하지 않은 몇 안 되는 지도자 중 한 분입니다.

필자: 내각제가 민주주의에 더 합당하다고 생각합니다.

고객: 동의합니다. 현대의 지도자는 군주가 아닙니다.

필자: 마키아벨리의 《군주론》이 지도자의 필독서처럼 여겨집니다.

고객: 군주라는 표현부터 잘못된 거죠. 현대의 지도자는 국민의 심부름꾼입니다. 마키아벨리는 16세기 초, 무려 5백 년 전에 활동했던 인물로 이탈리아 피렌체의 메디치가에서 공직을 맡던 중 파문을 당하게 됩니다. 《군주론》은 재기를 위해 당시 군주에게 선물할 요량으로 쓴 책입니다만, 그가 바라던 대로 다시 발탁되지는 못했습니다. 이 책에는 현실에 기초한 방대한 서술과 함께 군주가 새겨들을 만한 고언도 있는 건 사실입니다. 당시 이탈리아는 도시형 국가로 스페인, 프랑스, 오스트리아 등 주위 강대국으로부터 잦은 수난을 당했습니다. 그런 처지에서 군주의 지위를 강조한 건데,[11] 현대의 지도자가 그걸 맹신하고 따르는 건 시대착오적입니다.

필자: 지도자가 처세술이 아닌 사상적, 철학적 근간을 고민하게 할 만큼 깊이 있지 않다는 비판도 있습니다.

고객: 실상 지도자라면 읽어야 할 책이 수없이 많아서 경제, 사회학, 국제관계학, 인문학 등의 폭넓은 지식이 요구됩니다.

필자: 그렇다고 지도자가 모든 분야를 잘 알아야 하는 건 아닙니다.

고객: 하긴 문학 작품을 읽고 감성이라도 키우는 게 더 나을지 모릅니다. 다만 현실에서는 1년에 책 한 권이라도 읽을지 의심스러운 정치인이 많아 보입니다.

필자: 정치하면서 많은 사람이 들어주고 자기 뜻대로 따라주면 과시욕이 채워질 겁니다.

고객: 그런 목적으로 정치를 시작하는 사람이 많습니다. 돈은 많은데 지성과 양심도 갖추지 못한 사람이 정치를 시작하는 동기가 되기도 하죠. 그런 사람은 국민이 일찌감치 손절해 버려야 합니다.

필자: 권력만큼 과시욕을 충족시키는 수단은 없습니다.

고객: 전 '권력'이라는 표현 자체를 싫어합니다. 정치에 웬 권력이라는 단어를 갖다 붙이는지? 대통령이나 총통이라는 표현도 그만 썼으면 합니다. 국회의장, 대법원장처럼 행정부장 정도면 되는 걸 독재자 같은 이미지나 줍니다. 아울러 한국의 봉황 휘장도 없앴으면 좋겠습니다. 대통령이 무슨 봉황을 두른 황제입니까?

필자: 외국에서도 'Powers'라는 단어를 쓰고, 미국의 헌법에도 기재되어 있다고 합니다.

고객: 미국이 그렇다면 그 또한 잘못된 겁니다. Powers 대신 '권한', 'Rights' 정도면 어떨까 합니다. 국사를 위임받은 정치인이 할 수 있는 권한이라면 적당합니다. 정권도 정부의 권력이라는 뜻이니 그냥 '정부'라는 표현으로 충분합니다. 원래 권(權)은 한자로 저울을 의미합니다. 경중을 분별하여 고르게 한다는 뜻이죠. 그런데 뒤에 역(力) 자가 붙으면 남을 자기 뜻대로 지배하는 공인된 힘이라는 의미가 되어버립니다. 권력이라는 표현을 아무렇지도 않게 받아들이면 국정을 국민이 아닌 권력자의 뜻대로 해도 된다는 무의식을 조장할 위험성이 있습니다. 국민이 세금 내서 월급 주고 봉사하라고 뽑아줬더니 봉사 대신 권력을 휘둘러서 되겠습니까? 현대 정치의 본질은 누가 뭐래도 '봉사'입니다.

필자: 권력은 아니더라도 권위는 필요하지 않겠습니까? 그렇지 않다면 국가적 사업과 책무에서 추진력이 반감될 겁니다. 지금도 특정 단체의 반대에 부딪혀 전체의 편의와 이익이 좌초되는 경우를 자주 봅니다.

고객: 그것도 맞습니다. 최소한의 권위는 인정되어야 마땅합니다. 그러나 그 정도의 선을 넘어서지는 말아야 합니다.

필자: 프로이센 왕국의 프리드리히 대왕이 군림이 아니라 봉사하는 지도자의 모범을 실천한 분입니다.

고객: 《반(反) 마키아벨리론》을 저술하기도 했죠. 이미 1700년대 중반에 이런 말을 했습니다. "국가의 최고 지도자는 국가의 첫 번째 종이다." 프리드리히 대왕은 지도자가 갖출 요건을 충족했다고 봐도 무방합니다. 그의 아버지 프리드리히 1세는 군대식의 강함을 선호했다고 하죠. 따라서 책과 예술을 사랑하고 플루트 악기나 부는 아들을 탐탁지 않게 여겼고, 심지어 아버지가 싫어서 영국으로 도망갈 궁리나 한 아들에게 처형을 명했었다고 합니다.

필자: 그러나 그런 아버지가 양성한 군대의 힘으로 프로이센의 영토를 확장합니다.

고객: 그 덕에 유럽의 변방이었던 독일이 성장하는 계기를 마련한 건 잘 알려져 있습니다. 더구나 그의 인간적인 면모는 부족함이 없었고 문화, 예술, 학문, 철학 등 다방면으로 국가의 위상을 높였죠. 건축이나 정원 문화에도 세련된 감각이 있었고, 심지어 포도주에도 조예가 깊었다고 합니다.[12]

필자: 죽기 전에도 소박하게 묻히고 싶다고 했다더군요.

고객: 현재까지도 독일 역사상 가장 위대한 지도자로 칭송받습니다.

필자: 한국의 대통령은 퇴임 후 칭송받기는커녕 암울한 길을 걷습니다.

고객: 막강한 힘을 갖고 맘대로 하다 보면 그만큼 반대 세력도 강해지죠. 그러니 우선 대통령의 힘을 빼야 합니다. 무엇보다 복잡

해진 현대의 국가 대소사를 혼자서 어찌 감당하겠습니까? 한국에는 이원집정부제가 적합하다고 봅니다. 프랑스에서 시행하는 대통령제와 의원내각제의 중간 형태인데, 평시에는 대통령이 외교와 안보만 맡고 국회에서 선출된 수상이 행정 수반을 맡습니다. 다만 전시에는 대통령이 이 모든 권한을 행사하는데, 전시라는 상황은 자주 생기는 게 아니므로 사실상 체계가 이원화되어 있는 겁니다.

필자: 장관 지명은 누가 합니까?

고객: 수상이 합니다. 또한 수사, 감사, 견제와 관련된 부처의 장은 국회에서 선출합니다.

필자: 수상이 잘하지 못하면 어떻게 되는 겁니까?

고객: 의회의 결정에 따라 임기 중에도 불신임이 가능합니다. 못하면 교체가 수월해야 하며, 그래야 멋대로 하지도 못하게 됩니다.

필자: 한국에서 장관이나 고위 공직자는 국회의 청문회를 통과해야 하는데, 이런 절차가 그냥 무시되기도 합니다.

고객: 대통령제를 하는 나라라도 선진국에서는 어림없는 일입니다. 국민의 대표인 의회의 허락도 안 받고 대통령이 마음대로 할 수는 없습니다.

필자: 의회에서 정치적 목적으로 무조건 반대하기도 합니다.

고객: 이유가 있겠죠. 아무리 정치적 목적이라 해도 국민이 보고 있는데 국회에서 무작정 반대만 하겠습니까? 안된다면 끝까지 대화해야죠. 그게 견제와 협치의 기본 정신입니다.

필자: 미국에서도 대통령이 멋대로 하는 인상이 강합니다.

고객: 반드시 그렇지는 않습니다. 같은 대통령제라도 한국과는 달라서 일단 주지사의 권한이 한국보다 강합니다. 또한 의회가 상·

하원으로 이루어져 있고 입법부의 권한이 강해서 대통령이 마음대로 하기 어렵습니다. 그럼에도 트럼프 이후로 양당과 그 지지자들의 갈등이 노골화되고 있죠. 최고의 민주국가라는 미국에서도 한국처럼 대통령제의 폐단이 드러나는 겁니다.

필자: 한국의 대통령은 법률안 제출권도 있다고 합니다.

고객: 나아가 여당 의원을 통해 대리 입법을 하기도 합니다. 같은 대통령제를 하는 미국도 그렇지는 않아서 입법부의 협조를 받지 않으면 마음대로 법률을 만들 수 없죠. 즉 한국의 대통령은 의회가 해야 할 입법까지 넘보는 무소불위의 존재입니다.

필자: 고대 그리스에서는 대통령이나 왕이 없었기에 토론을 통한 민주주의가 발전했습니다.

고객: 민주주의의 탄생에 결정적인 토대가 되죠. 왕의 속박이 없는 자유로운 분위기에서 철학이나 문화도 융성했습니다.

필자: 한국도 상·하원을 두는 건 어떻습니까?

고객: 찬성합니다. 단원제에서 다수당의 입법 독재 또한 무시할 수 없고, 하원과 상원이 서로 견제하는 게 민주주의에 더 합당합니다.

필자: 하원은 국내사를, 상원은 국외사를 주로 다룬다고 하더군요.

고객: 행정부에 대한 탄핵처럼 매우 중대한 이슈는 하원에서 결정한 후 상원에서 다시 한번 논의하게 됩니다.

필자: 다만 지금도 국회의원 세비로 말이 많은데, 양원제를 하면 세금이 더 들어갈 겁니다.

고객: 보좌관을 줄이는 등의 방법으로 세비를 대폭 감축해야죠. 국회의원 정원도 어느 정도 줄여야 합니다.

필자: 상·하원의 다수당이 같은 당이면 견제가 유명무실하지 않겠습

니까? 게다가 대통령까지 같은 당이면 짜고 치는 고스톱이 됩니다.

고객: 국민의 뜻이 그렇다면 그 또한 받아들여야죠. 아무리 그렇더라도 단원제보다는 낫습니다. 너무 산만하지 않은 한도 내에서 권한은 분리하는 게 현대 정치에 더 적합합니다.

필자: 한국에서는 양 당이 번갈아 주도권을 잡습니다.

고객: 소선거구제의 폐단입니다. 승자독식으로 1등만 국회의원이 되면 국회 내에서의 다양성은 사라집니다.

필자: 국민의 대표인 국회의원이 왜 그렇게 대통령의 눈치를 보는지 모르겠습니다. 대통령의 성을 따서'○심'이라는 표현도 더는 하지 말았으면 합니다.

고객: 거꾸로 됐죠. 대통령이야말로 국회의 눈치를 봐야 하는 행정부의 장일 뿐입니다.

필자: 한국에서는 의원의 소신이 적어 보입니다.

고객: 미국도 그렇습니다만, 그저 당론에 따르겠다면 자신의 존재 이유가 무엇입니까? 최소한 개인적 양심을 저버리지 말아야 합니다.

필자: 미국에서 대법관은 종신제라고 합니다.

고객: 그래서 한국처럼 대통령이 바뀔 때마다 사법부가 흔들리는 일은 덜합니다.

필자: 종신제도 바람직하지는 않아 보입니다. 그 또한 사법 독재 아닙니까?

고객: 그에 대한 문제 제기가 있고, 연방 대법관만은 국민이 선출하자는 의견도 있습니다. 그러나 종신제인 만큼 사법부의 위상이 대단해서 행정부·입법부가 함부로 할 수 있는 위치가 아닙니

다. 그에 비하면 한국은 사법부가 정권이 바뀔 때마다 흔들리는 경향이 있습니다. 행정부가 유난히 우세한 한국에서는 대법원장만이라도 직선제를 해야 삼권분립의 취지에 합당하리라 봅니다.

필자: 한국에서는 공영방송의 수장까지 대통령이 임명합니다.

고객: 있을 수 없는 일입니다. 미국에는 공영방송이라는 것조차 없습니다.

필자: 정부에 우호적이거나 적대적인 방송은 있더군요.

고객: 그건 방송사의 자유로서 인정받아야 합니다. 그러나 네 번째 국가기관이라는 언론만큼은 근본적으로 공정성을 잃지 말아야죠.

필자: 영국의 BBC나 일본의 NHK처럼 공영방송은 있습니다.

고객: 사장을 의회에서 임명하는 거로 압니다만, 그 나라들은 내각제를 하므로 총리의 영향을 덜 받습니다. 또한 세계적인 방송인 만큼 정치색도 덜합니다.

필자: 한국은 자본주의 국가 중에도 공기업이 많다고 합니다만, 사장 임명에도 대통령의 입김이 강합니다.

고객: 대선 때만 되면 콩고물이라도 얻어먹겠다는 사람이 많아지는 이유 중 하나입니다. 사장을 검증하는 공공기관운영위원회의 권한을 강화해야 합니다.

필자: 엽관제(Spoils System)라고 하더군요.

고객: 혈연, 지연, 학연 등을 기준으로 전리품을 나눠 먹는 걸 말합니다. 미국의 7대 대통령 앤드루 잭슨 때부터 만연했던 것으로 선거에서 승리한 정당은 모든 관직을 마음대로 처분할 수 있다는 관행입니다. 그러나 1800년대 초중반의 일이며, 현대 민주주

의에서는 가당치도 않은 일입니다.

필자: 그래도 미국은 대통령제를 고수하기에 힘과 군사력이 있습니다.

고객: 대통령제라서 군사력이 강한 건 아닙니다. 군사력은 그 나라의 입지, 경제 수준, 국제 정세 등에 의해 결정되며, 의원내각제를 하는 국가라도 필요하다면 막강한 군사력을 키울 수 있습니다.

필자: 실제로 유럽의 선진국 중에 대통령제를 하는 국가는 거의 없더군요.

고객: 선진국 중에는 미국이 유일하게 대통령제를 한다고 보면 됩니다.

필자: 한국에서는 국회의원 하던 분이 갑자기 행정부의 장관이 되기도 합니다.

고객: 견제의 취지에 걸맞지 않은 일입니다. 국회의원이 장관 하고 싶으면 대통령의 눈에 들어야 하니, 견제 대신 아부나 하게 되는 거죠. 더구나 한국에서는 국회의원과 장관의 겸직이 허용되는 이상한 시스템입니다. 두 가지 중요 업무를 혼자서 다 한다는 건 말이 안 되거니와, 장관 하다 그만두면 다시 의원으로 되돌아오면 됩니다. 미국처럼 장관이 되려면 당연히 국회의원을 사퇴해야죠. 그래야 대통령이 국회의원을 빼가는 경우도 덜해집니다.

필자: 시민단체에서 활동하던 사람이 정치에 나서기도 합니다.

고객: 그 또한 시민단체의 견제 목적에 어긋날 수 있습니다.

필자: 큰 규모의 시민단체에서 할 일은 정치계나 경제계의 비리 감시, 사회 불평등의 해소 등이죠. 그런데 아파트 관리비의 투명성 확인 등 실생활에 도움이 될 만한 작은 단체들이 많았으면

합니다.

고객: 한국인은 큰 정치 사안에는 관심이 많으나 정작 실생활에 연관된 사소한 건 잘 참는 편이라고 합니다. 말씀하신 아파트 관리비를 비롯해 길이 너무 막힌다거나, 단속이 많다거나, 일상생활을 불편하게 할 정도의 규제 같은 것들에 대해서 말입니다.

필자: 실상 문제 제기할 곳이 마땅치 않고 해결을 기대하기도 어렵습니다.

고객: 선진국처럼 자치단체가 활성화되길 바랍니다. 그런 곳에서 민원을 취합해서 문제 제기하는 게 가장 빠르죠. 시민단체나 자치단체의 활동이 느슨하면 불합리나 비리가 대충 넘어가는 일이 많아집니다.

필자: 국회에서의 싸움을 보지 않아도 되는 방법이 있겠습니까? 걸핏하면 장외로 나서기도 합니다.

고객: 쟁점 법안의 경우 과반수가 아닌 재적 의원 5분의 3 이상이 동의해야 법안으로 상정할 수 있도록 한 국회선진화법이란 게 있습니다. 국회의장의 직권상정과 다수당의 법안 강행 처리를 제한하는 게 목적이죠. 그런 수많은 법률에 따라 하면 되는 걸 왜 장외로 나서고 국민을 상대로 선전과 선동에 몰두하는지 모르겠습니다.

필자: 한국식 토론 교육의 부재는 국회라는 곳에서 적나라하게 드러납니다. 내 생각과 다르면 토론 대신 소리를 지르고 싸우기 시작합니다.

고객: 본래 남의 말을 들을 줄 모르는 사람은 정치를 해서는 안 됩니다. 국회가 토론과 타협의 장이건만 갈등과 대결만 조장하는 거죠. 북유럽에서는 중요한 안건에 대해 의원의 80%가 찬성해

야 채택되는 법률도 있습니다. 이를 위해 얼마나 많은 토론이 필요하겠습니까? 한국의 국회가 그런 걸 좀 배웠으면 합니다.

필자: 한국 사회가 그런 면이 있지 않습니까? 이성보다는 감정이 우세하고 남을 인정하는 배려가 부족하죠.

고객: 그런 게 더도 덜도 없이 정확히 국회에 적용됩니다.

필자: 가끔 국회의 수준이 국민 의식의 향상을 따라오지 못한다는 인상을 받습니다.

고객: 국회에 구세대 인물이 많기 때문입니다. 솔직히 선진국에 비해 한국의 구세대는 스마트한 면이 떨어집니다. 신세대가 나서고 인물이 바뀌면 되겠죠. 그렇게 기대할 뿐입니다.

필자: 정치가 부를 위한 수단이 되기도 합니다.

고객: 정치를 전공으로 한 사람은 정치하지 말라는 역설이 있습니다. 정치를 안 하면 돈을 벌 방법이 없기에 무조건 선거에 올인하게 되는 거죠.

필자: 선거는 정치인의 직업 구하기라고 합니다. 그러니 선거철만 되면 철새가 되거나 보스 눈치나 보고, 그러다 당선되면 장원 급제라도 한 것처럼 난리가 납니다.

고객: 돈과 명예가 아닌 봉사만을 목표로 한다면 그렇게까지 좋아할 리가 없죠.

필자: 선거 때 돈이 많이 들어가는 것도 문제입니다.

고객: 선거자금은 모든 정치인에게 있어 비리의 시작점이 됩니다. 시쳇말로 본전은 뽑아야 하지 않겠습니까? 선거자금부터 투명하지 않으면 정치가 애초부터 치부의 수단으로 전락할 수 있습니다.

필자: 그보다 더 중대한 문제는 선거에 막대한 국민 세금이 쓰인다는

겁니다.

고객: 선거한다고 당에 수백억씩 지원하는 나라는 없습니다. 게다가 당선 무효가 되면 그 돈을 토해내야 하는 것도 어처구니없는 규정입니다.

필자: 저는 선거운동이 시작되기도 전에 이미 선출할 후보를 결정합니다. 그러니 선거운동에서 무리한다고 결과가 달라질 거라 보지 않습니다.

고객: 이런저런 이유로 투표하지 않는 사람은 많으나, 부동층이란 여론조사에서나 많이 나타난다고 합니다.

필자: 아직도 선거철만 되면 유세차와 현수막이 난무하고 일당을 받는 사람들이 유세에 동원됩니다.

고객: AI 시대에 참 보기 싫은 광경 중 하나입니다.

필자: 돈 선거를 해결할 방법이 있겠습니까?

고객: 전수 조사해서 엄벌해야죠. 선진국과 후진국의 차이는 법의 엄정함에 있습니다. 법 집행이 느슨한데 깨끗한 정치를 기대할 수 있겠습니까?

필자: 깨끗하고 청렴한 정치인이라면 호찌민 주석이 대표적입니다.

고객: 베트남의 독립을 위해 평생을 바치면서 재물과는 상관없는 삶을 살았죠. 주석이 된 후에도 1식 3찬을 어기는 법이 없었고, 옷가지도 변변치 않아서 죽을 때 외투가 2벌밖에 없었다고 합니다. 유언장에도 "장례식 때문에 인민의 돈과 시간을 낭비하지 말라"고 했습니다. 정치인은 모름지기 청렴이 기본입니다.

필자: 대개 청렴한 분이 일도 잘하더군요.

고객: 사심 없이 일하기 때문입니다. 에를란데르 총리도 그 방면에는 대가입니다. 1946년에 스웨덴의 총리로 선출되어서는 1969년

퇴임할 때까지 23년간 나라를 다스렸는데, 장기 집권임에도 아무도 그를 독재자라고 하지 않습니다. 23년 동안 11번의 선거에서 공정하게 승리했기 때문입니다. 즉 국민이 총리직을 계속하라고 등을 떠민 거죠. 제2차 세계대전이 끝난 후 어수선한 시기에 국가를 재건하고 복지를 확립해서 스웨덴을 선진국으로 만들었고, 사회주의자였음에도 정부와는 다른 길을 가려는 노조와 매주 만나서 대화하고 타협하여 노사의 동반 성장을 이루게 됩니다. 집권 23년 후에도 국민이 은퇴를 만류했으나 순전히 자의에 따라 물러나는 결정을 했다고 합니다.

필자: 당연히 부와는 거리가 있었겠네요.

고객: 퇴임 후 머물 집이 없을 정도였습니다. 보다 못한 스웨덴 국민이 집을 구해주기도 했습니다.

필자: 한국의 호화 공관이 낯 뜨거워집니다.

고객: 그의 부인도 만만치 않습니다. 이사 후 집에서 '스웨덴 정부'라고 찍힌 볼펜 몇 자루가 발견되자 이를 국가의 재산이라고 반납했다고 합니다.

필자: 그런 정치인을 두었으니 스웨덴 사람들은 행운이네요.

고객: 행운은 여기서 끝나지 않습니다. 후임 총리인 올로프 팔메도 사회주의자였으나 실용과 평화를 가치로 삼았고, 에를란데르에 버금가는 청렴한 생활을 했죠.

필자: 그도 장기 집권을 했습니까?

고객: 그렇지는 않아서 부인과 단둘이 영화를 보고 오던 중 괴한의 총격을 받고 사망했는데, 이는 지금까지도 미제 사건으로 남아 있습니다.

필자: 그러나 부자라고 정치하지 말라는 법은 없습니다.

고객: 봉사하겠다면 말릴 이유가 없죠. 다만 정치로 인한 재산 증식이 크지 않음을 반드시 확인해야 합니다.

필자: 정치하면서 받은 월급으로 부자가 된다는 건 가능하지 않죠.

고객: 그래서 순전히 정치만 했던 사람은 청렴할 수밖에 없고, 또한 그래야만 하는 겁니다. 반면 비리에 연루된 정치인에게는 엄중한 처벌은 물론이고 다시는 정치판에서 얼굴을 볼 수 없도록 해야 합니다.

필자: 한때 '떡값'이라는 단어가 유행했습니다. 뇌물이 떡값으로 둔갑한 겁니다.

고객: 선진국에서는 1천만 원만 받아도 즉시 구속인데 수십억 원을 받고도 버젓이 법원에서 시시비비를 가려보겠다고 합니다. 대가성이 없다는 주장도 말이 안 됩니다. 대가성이 없는 건 부모, 자식 간에나 해당하는 겁니다. 나아가 합법적으로 처리되지 않은 정치자금은 대가성을 따질 것도 없이 무조건 뇌물입니다.

필자: 정치만 한 사람이 선거에서 낙선하거나 퇴임하면 무슨 일을 하게 됩니까?

고객: 회사 다니다가 사표 내거나 조기 퇴직한 사람과 뭐가 다르겠습니까? 다른 회사에 취직하거나 자영업을 시작해야죠.

필자: 대기업이나 로펌을 들락거리며 큰돈을 버는 사람도 있습니다.

고객: 공직에 있을 때는 청렴한데 퇴임 후에 갑자기 돈방석에 앉기도 하죠. 이 또한 곱게 볼 수 없습니다. 민간 기업이나 단체가 퇴임한 사람의 명성을 이용해서 사익을 챙기고, 그 사람으로 인해 발생한 이익금을 나눠 먹는 것에 불과합니다.

필자: 경제가 잘 돌아가면 정치가 쉽다고 합니다.

고객: 수입과 분배가 넉넉한 시기라도 모든 사람이 공평할 수는 없으

니, 그래서 언제나 정치는 어렵기 마련입니다.

필자: 정치인은 서민의 어려움을 잘 알아야 한다고 생각합니다.

고객: 서민으로 살아본 경험이 없어서 잘 모르는 정치인도 많습니다. 머리는 아는데 가슴은 모르는 겁니다.

필자: 교수는 정치하지 말라는 얘기도 있습니다.

고객: 그 또한 사회적 경험을 말하는 건데, 책상머리에 앉아서 알게 된 것과 직접 경험해서 아는 건 하늘과 땅 차이일 겁니다.

필자: 자기 사업을 해봤다면 직원들 월급 줄 돈이 없어서 전전긍긍해 보고, 은행 가서 빌어도 보고, 망해서 길바닥에 나앉는 게 어떤 건지 등에 대해 잘 알 겁니다. 그런 경험이 정치하는 데 큰 도움이 되겠죠.

고객: 한때 돈 없으면 정치판에 끼어들기도 쉽지 않은 게 한국의 현실이었습니다. 어려움을 겪어본 사람이 어려운 사람을 잘 안다는 데에는 전적으로 동의합니다. 다만 그런 사람만이 정치하는 건 아니므로, 간접 경험이라도 남의 아픔을 잘 이해하는 사람이 정치인이 되어야 한다고 봅니다.

필자: 직접 정치에 나설 생각은 없습니까?

고객: 전혀 없습니다.

필자: 단호하십니다.

고객: 학생들 가르치는 일에 만족하고, 교수직을 그만둔다면 작가로 나설 생각입니다. 솔직히 그 시간이 최대한 미뤄지길 바라고는 있습니다.

필자: 정년까지 오래 하고 싶으시군요.

고객: 교수가 적성에 맞으며 나름대로 열심히 가르치고 있다고 자부합니다. 솔직히 대통령 하면 뭐합니까? 전 유명해지는 것에 대

해 거부감이 있습니다.

필자: ‘여우의 신포도’ 아닙니까?

고객: 절대 아닙니다. 그냥 지금이 좋습니다. 정치인을 포함해서 유명하다는 사람을 많이 만나봤는데 대체로 불편해 보이더군요. 심지어 마음대로 길거리에 다닐 수도 없다고 합니다.

필자: 특히 연예인들이 그렇습니다.

고객: 얼굴 가릴 필요도 없고 편하게 길 가다 간식도 사 먹고 영화도 보고, 그런 게 바로 자유입니다.

필자: 학생들에게 정치에 나서지 말라 하진 않겠죠?

고객: 정치하겠다고 들어온 학생들에게 그럴 수는 없죠. 그런데 일찌감치 명예욕, 권력욕이 엿보이는 학생이 있습니다. 싹이 노란 건데 그런 학생은 직접 불러서 호되게 훈계하기도 합니다.

필자: 현재 한국의 정치를 어떻게 평가하십니까?

고객: 삼류입니다. 거기엔 분명 제 책임도 있을 테니 또한 인정하지 않을 수 없습니다.

필자: 방법이 있다면?

고객: 체계를 대폭 바꿔야 합니다. 기득권을 내려놓는 작업이 선행되어야죠. 이를 위한 개혁을 제대로 할 수 있는 사람이라면 분명 영웅이 될 겁니다. 그러나 산업화, 민주화 이후에 아직 그런 분이 없다는 게 아쉽습니다.

필자: 정치를 가르치면서 가장 중점을 두는 분야가 무엇입니까?

고객: 정치철학입니다. 쉽게 말하면 정치의 개념입니다. 개념이 없는 정치는 정치가 아닙니다.

필자: 잘못되거나 왜곡된 개념도 있습니다.

고객: 결국 그걸 바로잡고자 정치를 가르치고 있습니다. 개념은 또한

시대에 따라 달라집니다. 개념을 갖고 시대상에 맞는 정치를 할 수 있다면 최선입니다.

필자: 학생들에게 인성을 가르칩니까?

고객: 날이 갈수록 도덕론이 중요해집니다만, 우선 개개인의 의식구조가 건전하고 남과 잘 타협할 줄 알아야죠. 또한 정치인이기 전에 인간이 되길 바라는 마음으로 학생들을 대하려 합니다. 더 열심히 해야죠. 그래야 한국의 정치가 국민으로부터 욕먹지 않는 날이 앞당겨질 거라 봅니다.

° 조그만 건축회사를 운영합니다

필자: 한국에서 사업하기가 어려워진다고 합니다.

고객: 인건비, 자재비 다 오르고 특히 건축 분야가 어렵습니다.

필자: 국가의 가장은 누가 뭐래도 돈 벌어오는 기업입니다.

고객: 국가에서 가장 대접까지는 아니라도 기업 하기 좋은 환경을 만들어 주면 좋겠습니다. 예전처럼 정경유착은 아니더라도 정부가 나서서 기업의 투자를 적극적으로 도와야죠. 특히 미래의 먹거리인 신기술 투자가 뒷전이 되지 않도록 규제를 최소화하는 정책적 마인드가 필요합니다.

필자: 사회주의 국가인 중국에서도 그 분야에 대한 지원이 상당합니다.

고객: 신기술에서 밀리면 미래는 없다고 봐도 됩니다.

필자: 기업에 대한 국가의 간섭을 억제하고 시장의 자연성을 중시하

는 신자유주의가 유효합니까?

고객: 작은 정부, 공기업의 민영화, 노동의 유연성 등은 이해되나 복지예산의 축소로 불평등이 심화하는 문제가 있죠. 불평등이 국내의 서민에게만 다가오는 게 아니라 국가 간에도 심해져서 무분별한 글로벌리즘을 초래한다고도 합니다. 다만 신자유주의를 논하기 전에 한국에서는 규제로 인한 어려움을 호소하는 기업이 많습니다.

필자: 법인세도 낮춰야 합니까?

고객: 그로 인해 얻는 이득이 세수 감소로 잃는 손해보다 클 때만 가능하겠죠. 기업인이라면 국가 살림에 어려움이 없는 한도에서 최대한 낮추기를 바라는 게 당연합니다.

필자: 법인세 인하로 해외 투자 유치에 성공한 아일랜드가 역사상 처음으로 영국의 경제를 추월했습니다.

고객: 남북이 대치하고 인건비, 물가가 높은 한국에서 투자 유치가 쉽지만은 않죠.

필자: 실제로 현장에서 규제 때문에 기업 하기가 어렵습니까?

고객: 학교 선생님이 학생 가르치는 것보다 행정 업무가 더 골치 아프다고 합니다. 기업도 돈 버는 데 치중해야 하건만 그와 유사한 면이 있습니다. 한국은 국민 사생활에 대한 규제도 많은 편입니다. 예컨대 도로에 단속카메라가 왜 그렇게 많은지 모르겠습니다. 사고 예방보다 벌금 실적을 위한 건지 의문일 정도입니다.

필자: 잘 가다가 브레이크 밟으려면 짜증 나기도 합니다. 또한 모든 차들이 그래야 하니 기름 한 방울 나지 않는 나라에서 낭비일 수 있습니다.

고객: 대신 끼어들기 단속카메라나 많았으면 합니다. 양심을 포기한 운전자에 대한 제재는 환영입니다.

필자: 미국에는 도로에 발광체 등의 안전 표시가 많다고 합니다.

고객: 정작 그런 게 사고 예방에 큰 도움이 됩니다. 예컨대 어린이보호구역에는 과속방지턱을 만들고 그런 발광체를 설치하는 게 단속카메라보다 더 효과적일 수 있습니다.

필자: 도로의 턱이 사고를 유발하기도 합니다.

고객: 미리 속도를 줄일 수 있도록 진입하기 전에 경고 표시를 확실히 해야죠. 최근에는 구간단속도 많아지던데 각자 알아서 천천히 가면 되는 걸 너무 지나치다 싶을 때가 있습니다.

필자: 한국에는 알아서 천천히 가지 않는 사람이 많은 것도 사실입니다.

고객: 국민 수준이 예전 같지는 않죠. 도심에서도 법규를 무시하고 운전하는 사람은 드뭅니다. 그보다는 운전 중 휴대폰을 보거나 딴짓을 하는 게 현저하게 더 많은 사고를 유발합니다.

필자: 사실 도심보다는 지방 간선도로가 더 위험합니다.

고객: 지방도로는 안전 시절을 더 촘촘히 해야죠. 그에 비해 꽉꽉 막히는 서울 도심에서 단속카메라가 왜 그렇게 많아야 하는지 이해가 안 됩니다.

필자: 도심에서도 심야에는 폭주족이 활개를 칩니다.

고객: 폭주족이나 규정 속도를 지나치게 상습적으로 초과하는 사람은 면허를 취소해야죠.

필자: 미국에서는 함정단속이 많다고 하더군요. 어디선가 나타나서는 여지없이 딱지를 끊고 과태료의 액수도 크다고 합니다. 그보다는 카메라에 찍히더라도 적은 과태료가 낫지 않겠습니까?

고객: 과태료 액수가 높은 데에는 이의가 없으며, 심한 감시 자체가 문제라는 겁니다. 정치가, 행정가가 만들어 놓은 규제에 따르지 않으면 벌을 받는다는 방식으로 국민을 고분고분하게 하려는 의도가 숨겨진 느낌마저 들죠.

필자: 실제로 제한 속도를 곧이곧대로 지키는 사람은 단 한 명도 없을 겁니다.

고객: 지킬 수 없는 규정은 선량한 사람조차 잠재적 범법자를 만듭니다.

필자: 그래도 CCTV는 범죄 예방의 효과가 있습니다.

고객: 그건 인정합니다. 다만 단속과 규제만을 위한 장치는 최소화하여 국민을 속박하는 일은 없어야죠. 미국의 현주소와 사상을 엿볼 수 있는 에인 랜드의 소설 《아틀라스》에 이런 글이 있습니다. "사실 우리는 사람들이 법을 어기기를 바랍니다. 죄 없는 사람들은 다스릴 수가 없어요. 정부가 휘두를 수 있는 권력은 범죄자를 탄압하는 것뿐이죠. 지켜질 수도, 시행될 수도, 객관적으로 해석될 수도 없는 법들을 잔뜩 통과시켜 놓으면 범법자들이 양산되고 우린 그들을 이용할 수 있게 됩니다."

필자: 섬뜩하긴 하네요.

고객: 또 다른 예로 음주단속에 대해 깊이 생각해 봤습니까? 불특정 다수를 용의자로 보고 일렬로 줄을 세워 단속하는 건 인권침해가 될 수 있습니다.

필자: 납득하기 어렵습니다. 한국은 음주가 성행하고 음주운전으로 사고가 많은 나라입니다.

고객: 음주단속을 하지 말자는 건 아닙니다. 미국에서도 뉴욕이나 LA 같은 대도시에서는 1년에 한두 번 연말연시, 추수감사절 등

의 명절에 길을 막고 음주단속을 합니다. 그러나 사전에 그 위치와 시간을 정확히 알리죠. 이마저도 안 하는 주가 대부분이며, 평상시에는 음주운전을 의심할 만하거나 신고가 들어왔을 때만 개별적으로 단속이 이루어집니다.

필자: 또 다른 나라에서는 어떻게 합니까?

고객: 한국처럼 수시로 길을 가로막고 하는 나라는 드뭅니다.

필자: 음주운전은 심각한 범죄입니다.

고객: 당연합니다. 그러나 몇 명의 음주운전자를 잡기 위해 대다수 선량한 시민들에게 불편을 끼쳐서는 안 된다는 겁니다.

필자: 그럼 단속을 어떻게 해야 합니까?

고객: 미국처럼 의심할 만한 증거가 있어야죠.

필자: 단속률이 줄어서 사고 예방이 되겠습니까?

고객: 저도 한국의 특수한 음주 문화 때문에 지금과 같은 단속 방법이 어쩔 수 없다는 건 인정합니다.

필자: 갑자기 말이 바뀌십니다.

고객: 국민이 알고 있어야죠. 외국의 사례를 십분 참고해서 이 방법이 잘못된 건 맞지만 현실적인 이유로 국민 개개인이 협조한다는 의미를 잘 알고 있어야 하는 겁니다. 아는 것과 모르는 것은 전혀 다릅니다. 민주주의의 주인은 국민이며, 국민이 아무것도 모르고 국가에서 하라는 대로 하는 건 주권 의식을 놓아버리는 것과 같습니다.

필자: 안다고 주권 의식이 생기겠습니까? 저항만 심해질 겁니다.

고객: 필요하면 저항해야죠. 주권 의식이란 그런 겁니다.

필자: 음주단속에 저항해야 합니까?

고객: 정 필요하다면 받아들일 수 있으나 국가는 개개인의 협조에 감

사해야 하며, 잠깐이라도 선량한 시민의 시간을 뺏은 것에 대해 대단히 미안한 마음을 가져야 합니다.

필자: 지금도 단속 중에 그런 얘기를 듣습니다.

고객: 형식적으로 해서는 안 되는 매우 중요한 발언입니다.

필자: 외국에서는 음주운전에 대한 처벌이 강하다고 합니다. 호주에서는 명단을 공개해서 모든 사람이 알 수 있도록 한다더군요. 모름지기 범죄에 대한 처벌은 강해야 한다고 봅니다. 싱가포르는 그렇게 해서 선진국 반열에 올랐습니다.

고객: 처벌의 강도가 강해야 한다는 데에는 이의가 없습니다. 다만 범법에 대한 처벌은 일률적인 단속이나 규제와는 다른 얘기입니다.

필자: 가끔 외국의 사례를 찾아보고 싶을 때가 있으나 귀찮아서 하지 않게 됩니다.

고객: 국민 대부분이 그럴 겁니다. 정부부터 그런 자료를 국민에게 제시해야죠. 특히 국민을 단속하거나 규제하려면, 설사 한국과 환경이 다르더라도 먼저 외국의 사례를 찾아보고 해당 자료를 국민에게 제시한 후에 시행하면 반대나 이의가 덜할 겁니다.

필자: 한국에서 가끔 급발진 문제가 제기됩니다만, 외국의 사례가 궁금하기도 합니다.

고객: 제가 알기로 전 세계에서 급발진을 주장하는 사례의 90% 이상이 한국에서 일어난다고 합니다. 이처럼 외국의 사례를 알아야 비교 분석해서 합리적 대안을 마련할 텐데 그렇지 못하면 서로 싸움질만 하게 됩니다.

필자: 차라리 그냥 선진국의 걸 그대로 갖다 쓰라고 하고 싶습니다. 아무렴 선진국이 한국보다 못하겠습니까?

고객: 심지어 볼거리, 놀거리도 외국 사례에 관심이 없는 건지 어딜 가도 특별한 걸 모르겠습니다. 게다가 한 지역에 뭐가 생기면 곧 다른 지역에도 똑같은 게 생깁니다. 출렁다리는 왜 그렇게 많은지, 이 좁은 나라에서 세계가 아닌 각 지방끼리나 경쟁하는 모습입니다.

필자: 한국(10만km^2)의 면적은 미국 캘리포니아(42만km^2)의 4분의 1에도 못 미치더군요. 더구나 북쪽으로는 한 발자국도 나갈 수 없는 폐쇄된 섬나라와 같습니다.

고객: 지리적 특성도 그러하나 대다수 한국인은 애초에 외국의 정치나 선거제도, 교육체계, 의료와 복지, 연금제도, 방위력 등에 별 관심이 없어 보입니다. 하다못해 가까운 일본의 체계도 잘 알지 못합니다. 외국에 무지하면 한국이 가장 살기 좋은 나라고, 한국인이 최고라는 헛된 우월감을 가질 수 있죠.

필자: 반면 서양 문물에 대해 헛된 열등감을 갖기도 합니다.

고객: 개인이나 집단이나 스스로를 객관적으로 평가하고, 그에 따라 부족한 면이 있다면 시정과 노력을 게을리하지 말아야 합니다.

필자: 대중매체의 역할이 중요해 보입니다.

고객: 대중매체도 그저 막연한 비평만 해서는 안 되죠. 비평 전에 외국의 사례를 취재한 후 사실을 적시해서 국민의 합리적 판단에 도움을 줘야 합니다. 우물 안 개구리처럼 외국 물정에 어두우면 국민은 대충 넘어가게 되고, 그런 환경은 정치인이나 행정가들이 멋대로 해도 되는 기회를 제공합니다.

필자: 네덜란드처럼 자율을 중시하는 국가도 있습니다.

고객: 자율은 융통성이라는 여유를 제공하기도 합니다. 들은 얘기입니다만, 미국에서 속도위반에 걸린 한 젊은 여성이 묘안을 떠

올렸다고 합니다. “경찰 아저씨, 제가 키스해 드릴 테니까 한 번만 봐주세요.” 이에 경찰이 점잖게 말하길 “키스는 사랑하는 사람한테나 해주는 거랍니다. 이번은 봐 드리니 운전 조심하세요.” 경찰이 돌아서려 하자 여자가 잠깐의 고민 끝에 차에서 내리면서 말하길 “잠깐만요. 제가 정말로 아저씨를 사랑하게 되었거든요. 그러니 꼭 한 번만 키스하게 해주세요.”

필자: 경찰이 미남이었나 봅니다. 한국에서도 교통경찰에게 돈을 건네주면 넌지시 받고 “조심하십쇼”라고 하던 때가 있었습니다.

고객: 심지어 그 시대를 그리워하는 사람도 있으나 그건 융통성이 아니라 비리네요. 중요한 건 민주주의 국가에서 규제나 제재가 우선은 아니라는 점입니다.

필자: 건축 관련 규제도 심한 편입니까?

고객: 조그만 건물 하나 짓는 데도 지켜야 할 법이 너무 많은데, 그 법이 수시로 바뀌기까지 합니다.

필자: 부동산 관련 법이나 세법도 대학 입시처럼 자주 바뀌더군요. 솔직히 맨해튼이나 홍콩처럼 7, 80층 건물은 왜 못 짓는지 모르겠습니다.

고객: 맨해튼의 바닥은 암반이라 고층 건물이 가능합니다.

필자: 한국도 그렇지 않습니까? 게다가 지진도 적은 편입니다.

고객: 지방에라도 규제를 대폭 풀어주면 좋겠습니다. 한두 개의 고층 건물이라도 지방의 랜드마크가 될 수 있죠.

필자: 쇠퇴하던 스페인의 빌바오에 구겐하임 미술관이 들어서면서 세계적인 명소가 됐습니다. 우리는 왜 그렇게 못하는지?

고객: 주위 기업 하는 사람 얘기를 들어보면 회사 살리느라 밤낮으로 뛰어다니고 갖은 고생을 하는데, 공장 땅이나 팔아서 평생 먹

고살지 그 어려운 걸 왜 하느냐는 말을 자주 듣는다고 합니다. 학교를 운영하는 분도 마찬가지일 겁니다.

필자: 기업의 가치는 돈입니까?

고객: 삭막하게 들리겠지만 진리입니다. 아무리 사회적 가치와 철학을 추구한다 해도 기업이 돈이 없고 이윤을 남기지 못하면 파산이 기다릴 뿐입니다.

필자: 돈을 많이 번다고 반드시 좋은 가장은 아닙니다.

고객: 가난하나 행복한 가정은 있죠. 국가가 가난하더라도 국민이 행복할 수 있습니다. 그러나 기업은 다릅니다. 돈을 못 벌면 회사원이 행복할 리가 없고, 나아가 존재할 이유조차 없습니다.

필자: 세상 모든 악의 90%는 돈에서부터 시작된다고 합니다.

고객: 악행을 일삼는 기업은 퇴출이 답입니다. 그러나 대부분 기업에서는 선량한 임직원들이 땀 흘려 일합니다. 더구나 한국처럼 자원 없는 나라에서 수출하는 기업은 애국의 선봉장입니다.

필자: 아무리 해도 안 되는 기업이 많고, 자영업자의 대부분이 장시간 일함에도 어려운 게 현실입니다. 더구나 자영업자는 폐업 후 별다른 구제대책도 없다고 합니다.

고객: 유럽처럼 적게 벌어도 모두가 소박하고 평등하게 잘 사는 사회를 만들어야죠. 이제는 어쩔 수 없이 그렇게 가게 될 겁니다. 흥청망청 써대고 술 마시는 시대는 이미 지났습니다.

필자: 노동이 단지 돈벌이의 수단만은 아닙니다.

고객: 일은 자신의 가치를 찾고 드러내 보이는 숭고한 목적을 가집니다.

필자: 최저임금은 어떻게 생각하십니까?

고객: 한국은 1인당 GDP에 비해 최저임금이 높은 편입니다. 그러나

경제 규모에 비하면 적당한 수준이죠. 영국, 프랑스, 독일 등 유럽 주요국보다 낮고 미국, 일본보다 높습니다만, 미국에서도 상향 조정될 거라고 합니다. 이런 것도 외국의 사례를 참고해서 국민에게 알려야죠. 그래야만 갈등의 여지가 줄어듭니다.

필자: 가능하다면 높은 최저임금을 보장해야 한다고 봅니다.

고객: 논란의 여지가 없습니다. 다만 국가 경쟁력, 인플레이션 등을 충분히 고려해야죠. 정책은 뭐든 그렇습니다.

필자: 한국기업은 빚이 많다는데 운영하는 회사는 어떻습니까?

고객: 자본금이 넉넉하진 않지만 가능한 대출을 적게 받고 시작해서 그 덕에 지금까지 회사가 살아남았다고 봅니다. 외국의 가정이나 기업은 빚을 매우 두려워한다는데, 가끔 주위에서 빚을 내서 다른 분야에 투자하는 사람들을 보면 참 걱정됩니다.

필자: 청년들도 그런 투자에 뛰어듭니다.

고객: 뜯어말리고 싶습니다. 전 청년에게 기회 되는 대로 한국을 떠나라고 조언합니다. 갈수록 경쟁은 심해지고 성공할 가능성도 예전 같지 않습니다. 세계 각지에서 꿈을 펼치는 게 얼마나 대단합니까? 설령 실패하더라도 외국에서의 경험은 인생을 통틀어 큰 자산이 될 겁니다.

필자: 만일 제가 병원을 그만두고 다른 사업을 한다면 뭘 추천하시겠습니까?

고객: 농담하십니까?

필자: 가끔 다른 걸 해볼까 생각합니다.

고객: 농담이 아니라면 몇 가지 조언을 드릴 수는 있죠.

필자: 귀담아듣겠습니다.

고객: 뭔가 시작하면 다 잘될 것 같지만 천만의 말씀입니다.

필자: 그건 조언이 아닙니다.

고객: 외람되지만 그게 가장 중요한 조언입니다. 의사가 의료와 관련된 다른 일을 하겠다면 모를까? 아니, 그렇더라도 역시 말리고 싶습니다.

필자: 저 역시 의료와 관련된 일을 할 바에야 그냥 이대로 살 겁니다.

고객: 자신의 전문 분야가 아니거나 직장에서 하던 일과 무관한 창업은 실패할 확률이 높습니다. 혼다 신이치의 《회사를 그만두고 성공하는 50가지 방법》에서의 요점 세 가지를 소개해 드리죠. 첫째, 자신의 취미나 주특기를 살려라. 취미가 골프이면 골프 연습장을, 낚시이면 낚시터 옆의 펜션을 하라는 겁니다. 둘째, 최소 3년은 준비하라. 열 받아서 회사에 사표 내고 곧장 식당 하지 말라는 거죠. 부인이 요리를 잘한다고 덜컥 식당을 내는 사람도 있습니다. 셋째, 돈보다는 여유로운 삶을 추구하라.[13]

필자: 어쩔 수 없이 자영업을 해야 하는 상황이 닥치기도 합니다.

고객: 그렇다면 우선 하고자 하는 사업이 망하게 되는 이유를 생각해야 합니다.

필자: 시작하기도 전에 망할 이유를 생각하라고요?

고객: 그것도 최소 10개는 생각하고 준비해야 합니다.

필자: 식당의 예를 들어서 말씀해 주신다면?

고객: 손님이 안 온다, 음식이 맛이 없다, 음식이 남과 다른 특징이 없다, 음식값이 너무 비싸다, 재료비가 비싸다, 시작했던 곳이 나중에 보니 자리가 안 좋다, 옆에 경쟁업체가 들어온다, 직원 구하기가 어렵다, 직원이 마음에 안 든다, 경기가 안 좋다, 임대료가 너무 비싸 타산이 안 맞는다, 식당이 지나치게 작거나 크다, 주인이 갑자기 가게를 비우라 한다 등 당장 생각해도 열 가

지 이상이 나옵니다. 이에 대해 아무런 답 없이 시작하는 건 계란으로 바위를 깨겠다는 것과 같죠. 인간은 자신에게 관대해서 나빠질 걸 걱정하지 않는 경향이 있습니다. 흔히 하는 착각도 있는데 맛있고 싼 가격이면 다 될 줄 아는 겁니다. 고객 감동이 아닌 그런 정도의 생각은 성공을 보장하지 않습니다.

필자: 사전에 유연하게 대처할 준비를 해야겠네요.

고객: 유연성도 사장이 갖춰야 할 중요한 덕목입니다. 자기 방식만 고집하는 사람이라면 위험성이 큰 게 사업입니다. 그런데 유연성 말고도 요건이 열 가지는 더 있죠. 꼼꼼함, 성실함, 따뜻함, 직원에 대한 배려, 크게는 미래를 내다보는 안목, 경제에 대한 이해 등의 요건과 능력이 요구됩니다. 아무리 작은 사업이라도 꼭 필요한 것들입니다.

필자: 유연하면서 꼼꼼해야 한다니, 그런 완벽한 사람이 어디 있습니까?

고객: 사업은 완벽을 추구해야 겨우 망하지 않는 겁니다.

필자: 경제학 교수 중에 부자 없다고 합니다.

고객: 아마도 그게 가장 중요한지 모르겠습니다. 아는 것과 현실은 전혀 다르다는 사실 말입니다.

필자: 그럼 대체 뭘 믿고 사업을 시작해야 합니까?

고객: 아무튼 세상이 내 생각대로, 내 마음대로 돌아가는 건 아니므로 운이 좋아야 한다고나 할까, 그런 눈에 보이지 않는 게 크게 작용하기도 합니다.

필자: 결론인즉 제가 다른 거 하지 말라는 뜻으로 들립니다.

고객: 꿈도 꾸지 마세요. 병원이나 잘하고 취미나 즐기심이 옳은 줄 압니다.

° 경범죄부터 처벌이 엄해야 한다고 봅니다

필자: 너무 많은 사람이 쓰레기나 오폐수를 함부로 버립니다. 특히 해수욕장에 쓰레기 버리는 사람은 이해가 안 갑니다.

고객: 해수욕장에서 음주나 취식을 하면 벌금이 3백만 원인데 현실성이 떨어지는 게 문제입니다. 선진국처럼 30~50만 원으로 즉결 처분하면 사라질 일입니다.

필자: 단속할 인력이 부족하다면 용역을 쓰면 되지 않습니까?

고객: 제가 구청에서 근무했습니다만, 용역업체와 수지가 맞지 않아서 계약이 쉽지 않다고 하더군요.

필자: 동네에서 퇴직한 분들 중심으로 환경 지킴이를 만드는 건 어떻습니까?

고객: 그것도 지원자가 많지 않습니다.

필자: 쓰레기 문제에 있어서는 계몽이 안 먹힌다고 봅니다.

고객: 그래서 벌금이 유일한 해결책일 수 있죠.

필자: 한국에서는 범죄에 대한 처벌이 약해 보입니다. 전과 10범 이상의 범죄자가 사회에 나와 또다시 재범하는 뉴스를 보면 참으로 어이가 없습니다.

고객: 전과가 최소 3범이면 개전의 여지가 없다고 보는 게 타당함에도 법원에서 무슨 생각으로 다시 내보내는지 이해가 되지 않습니다.

필자: 정신감정을 제대로 해야죠. 판결에 있어 정신의학과 전문의의 조언이 절대적으로 필요합니다. 특히 공격성으로 남을 해칠 가능성이 있다면 완치될 때까지 치료감호소에서 나오지 못하게

해야 합니다.

고객: 완치가 되겠습니까?

필자: 반사회적 성격장애나 분노조절장애가 고착됐다면 치료가 쉽지는 않습니다.

고객: 범죄자들이 술을 마셔서 정신이 없었고 기억도 없다는 변명을 자주 합니다만, 바꾸어 말하면 자신은 술을 마시면 아무 짓이나 할 정도로 위험하다는 겁니다. 따라서 음주 범죄에 대해 관대한 처분도 금물이라고 봅니다.

필자: 미국에서는 술을 먹고 시비를 걸면 한 대 맞아도 괜찮다는 뜻이라 하더군요. 그런 경우 때린 사람의 정당방위도 폭넓게 인정된다고 합니다.

고객: 그런가 하면 미국에서는 수감된 범죄자가 무려 3백만 명이고, 교도소를 중심으로 형성된 도시도 있습니다. 너무 많다 보니 형량이 낮은 죄수를 석방해서 사회적 공론이 되기도 합니다.

필자: 말이 안 되네요. 교도소가 좁다고 죄수를 석방하다니, 그래서야 범죄가 근절되겠습니까?

고객: 미국이 남미 국가들처럼 치안이 불안해지는 데에는 그런 이유도 있을 겁니다.

필자: 그에 비하면 한국은 안전한 나라입니다.

고객: 그건 확실하죠. 총기와 마약에 대한 규제가 강한 나라는 범죄의 강도가 심하지 않습니다. 그러나 한국이 인근 일본이나 유럽에 비해 범죄율이 낮은 건 아닌데, 사기 등의 민생 범죄가 많기 때문입니다.

필자: 사기에 대한 판결도 약하다고 합니다. 가령 10억 원대 사기 쳤으면 최소 10년은 살아야 하지 않겠습니까?

고객: 더 살아야죠. 1년에 1억 원도 못 버는 사람이 횡재한 격이니 사기 친 액수만큼 20년 이상은 살아야 합니다.

필자: 너무 심한 거 아닙니까?

고객: 피해자의 인생을 파탄 내면 그만한 대가를 치러야죠. 형량을 대폭 늘리고 돈을 되돌려 주면 그 액수만큼 정상 참작하여 형을 낮춰줘야 합니다. 그래야 피해자에게도 실질적인 도움이 됩니다.

필자: 판결이 엄하다 해서 범죄가 줄어들지 않는다는 말이 있습니다.

고객: 그렇다고 수십억 원을 사기 쳤는데 초범이네 양형기준이네 해서 1, 2년만 살다 나오는 건 말이 안 되죠. 미리 돈을 빼돌리고 1, 2년만 살다 나오면 10억 원이 생기는 건데, 피해자 입장에서는 기가 막히는 일입니다. 이래서는 사기 범죄가 더욱 성행하고, 사회에 피해자가 어리숙해서 당한다는 잘못된 신호를 심어줄 우려가 있습니다.

필자: 보이스피싱은 전 국민을 대상으로 자행되는 범죄임에도 국가적 대처가 늦은 감이 있습니다.

고객: 그 또한 처벌이 강해야죠.

필자: 교도소를 많이 지어야겠네요.

고객: 필요하다면 그럴 수밖에 없습니다.

필자: 범죄자를 위해 세금을 써야 하느냐는 지적이 있습니다.

고객: 열심히 일을 시켜서 교도소 비용을 충당하고 남으면 피해자에게 조금이라도 돌려주도록 해야 합니다.

필자: 개인적으로 도로교통법에 따른 처벌은 좀 약했으면 합니다.

고객: 갑자기 이상한 소리를 하시네요. 그 또한 엄하게 해야 합니다.

필자: 속도나 모든 규정을 다 지키면서 운전하는 사람이 어디 있답니

까? 누구나 어쩔 수 없이 걸릴 수 있는 거고, 그러니 현 수준의 벌금보다 좀 깎아주면 좋겠다는 취지입니다.

고객: 아직도 교통사고로 다치는 사람이 많습니다.

필자: 범칙금이나 과태료 낸 적이 없습니까?

고객: 저도 가끔 내긴 하죠.

필자: 공무원 하던 분이 걸릴 정도면 모든 국민이 다 걸린다는 거고, 그런 건 좀 깎아줘도 된다는 말씀입니다.

고객: 그렇긴 하지만, 지금 정도도 선진국에 비하면 충분히 싼 편이랍니다.

° 돈을 벌려고 일했죠

필자: 누구나 그렇지 않습니까?

고객: 어릴 때부터 가난해서 돈을 모아야 했습니다. 결혼해서도 아내에게 생활비를 쥐꼬리만큼만 주고는 모든 불평을 배부른 소리로 들었죠. 정작 돈을 모을 줄만 알았지, 쓸 줄을 몰랐던 겁니다. 이혼하고서도 몰랐습니다. 내가 얼마나 돈에 인색했는지를. 딸아이를 아내가 데려가서는 재혼하고 아이의 성을 바꾸더군요. 문제는 그런 일을 겪고도 변화하지 못하고 인색한 삶을 계속해 나갔다는 겁니다.

필자: 그렇게 해서 모은 돈이 많지 않았습니까?

고객: 한 방에 사기를 당했습니다.

필자: 돈의 소중함을 알만한 분이 사기라니요?

고객: 사기꾼이란 자가 동네에서 다 아는 사람이었죠. 생수 사업을 한다고 했습니다. 빙하수라고 빙하가 바다에 떨어진 걸 정제해서 만든 물이라고 하더군요. 빙하는 수십만 년 동안 지구의 온갖 미네랄을 간직하고 있는 건강의 보고라며 떠들고 다녔습니다.

필자: 미네랄이라면 흔히 먹는 종합비타민에도 넉넉히 포함되어 있지 않습니까?

고객: 사람이 만든 것과 자연이 만든 게 같을 수 없죠. 사람이 어떻게 자연을 따라가겠습니까?

필자: 마치 사기꾼 입장에서 말씀하십니다.

고객: 설명서도 시원하니 너무 멋졌습니다. 누가 봐도 의심의 여지가 없었죠.

필자: 공장은 어디에 있답니까?

고객: 투자받아서 알래스카에 세울 예정이고, 그래서 투자금이 필요하다고 했습니다.

필자: 미국에서 허가받은 서류는 확인했습니까?

고객: 그 허가를 위해서라도 돈이 필요했겠죠.

필자: 도무지 확실한 게 없네요.

고객: 사업이 애초부터 100% 확실한 건 없다고 했습니다. 가능성을 보고 투자하는 건데, 저를 포함해 동네 사람들 모두 그 가능성을 크게 봤던 겁니다.

필자: 동네 사람들 모두 했습니까?

고객: 나중에 알고 보니 다른 지역 사람들까지 포함해서 50억 원이나 되더군요. 그중에 제 돈은 3억 원이었습니다. 빠듯한 수입에서 평생을 아끼고 아낀 돈이었죠.

필자: 50억 원으로 공장은 지을지 모르겠네요.

고객: 빙하수를 만드는 방법은 간단해서 냉동장치가 있는 선박으로 빙하를 옮긴 다음 정제만 하면 된다고 했습니다.

필자: 뱃값만 해도 50억 원이 들겠습니다.

고객: 작은 어선에도 냉동장치는 다 있죠. 우선 중형 선박을 이용할 계획이라고 했습니다.

필자: 처음부터 3억 원을 다 준 건 아니겠죠?

고객: 3천만 원부터 시작했는데 한 6개월은 월 3%의 이자를 주더군요.

필자: 그 맛에 점점 더 많은 돈을 넣었겠네요. 그 이자가 본인의 돈 3천만 원에서 나간 거죠.

고객: 제가 그걸 알았으면 돈을 넣었겠습니까? 이자 줄 정도의 초기 자금은 갖고 시작하는 줄로만 알았습니다. 1년 지나니 본색을 드러내더군요. 사업이 진척이 안 되어서 이자를 못 주니 조금 기다리던가 투자를 더 하라고. 느낌이 안 좋았습니다. 원금을 달라니 이미 투자한 후라 이익이 날 때까지 돌려줄 수 없다고 합니다. 그렇게 제 돈 3억 원을 포함해 30억 원을 다른 데로 빼돌린 겁니다.

필자: 아주 고전적인 수법입니다만, 그때 주변에서 말리는 사람이 없었습니까?

고객: 제가 원래 독불장군형인 데다 돈에 눈이 멀어서 말리는 소리가 들리지도 않았습니다. 그렇게 사기를 당하고 하염없이 소주나 마시는 날이 늘어가던 어느 날, 저녁부터 윗배가 아프더니 밤새 고통스럽더군요. 다음 날 일찍 근처 내과에 갔더니 담낭염이 의심된다고 즉시 큰 병원에 입원하라고 합니다. 그런데 결

과는 담낭염이 아니라 담낭암이었습니다. 청천벽력이었죠. 이제 세상을 포기해야겠다는 생각뿐이었습니다.

필자: 이렇게 건강하신데 쓸데없는 생각을 하셨습니다.

고객: 그때가 아마도 제 인생에서 최초의 행운이었을 겁니다. 수술이 잘되어서 무난히 퇴원하고 얼마 안 지나 회사에 복귀했으니까요. 담낭암은 별 증상이 없어서 말기에 발견되는 일이 흔하다는데, 저는 재수가 좋았던 겁니다.

필자: 맞습니다. 초기 암은 특별한 증상이 없는 경우가 많습니다.

고객: 그러나 행운이란 건 지금이나 하는 생각이고 당시는 그런지도 몰랐습니다. 또다시 짜증스럽고 힘든 날의 연속이었죠. 그즈음 직장에 저와 나이가 비슷한 한 사람이 관리직으로 들어왔습니다. 며칠 얘기를 나눠보니 가난했던 가정환경도 저와 비슷한데 성격은 확연히 달라서 표정부터 항상 웃는 얼굴이었습니다.

필자: 돈도 잘 쓰던가요?

고객: 잘 쓴다기보다 쓸 때 쓸 줄 아는 사람이었죠. 그에 비하면 전 돈에 목숨 거는 부류였습니다. 어느 날 독서라고는 할 것 같지도 않던 그가 제게 책 한 권을 주더군요. 아잔 브라흐마의 《술 취한 코끼리 길들이기》였죠. 그게 제가 인생에서 처음으로 제대로 읽어본 책이었고, 처음으로 책 읽는 시간이 좋다는 걸 알게 된 계기였습니다. 책을 통해 그 사람의 단면이 들여다보이기도 하더군요. 마음이 편해지는 걸 느꼈습니다.

필자: 마음이 편해야 비울 수 있다고 합니다.

고객: 전 마음에 욕심만 가득했으니 비워질 리가 없었죠. 일도 돈 벌 수단일 뿐이었으니 하기 싫은 걸 억지로 했던 거고, 그저 시간이나 때우고 퇴근하려는 날이 많았습니다.

필자: 하고 싶은 걸 열심히 하는 건 취미생활이고, 하기 싫은 걸 열심히 해야 노력하는 거라고 합니다.[14] 예컨대 공부하기 싫은 사람이 노력하지 않으면 공부를 잘할 리가 없고, 군대 가기 싫은 사람이 노력하지 않으면 군대생활이 더 힘들어지게 된다는 거죠.

고객: 그러고 보니 둘 다 제게 해당되네요.

필자: 정주영 회장은 새벽부터 일어나서 일하러 가야 하는데 해가 왜 안 뜨냐고 했답니다. 일이 얼마나 좋았으면 그랬겠습니까?

고객: 그 책에도 "그대가 무슨 일을 하든 그 일에 그대의 온 존재를 바쳐라"라는 문구가 있습니다.

필자: 그 동료분은 열심히 일하던가요?

고객: 아주 열심히 하는 건 아닙니다만, 성격이 느긋하니 일도 인간관계도 큰 어려움이 없어 보였습니다. 그에게서 많은 걸 배웠죠. 전엔 술 마시다가도 돈이 많이 나올 것 같으면 혼자 도망을 쳤고, 동료에게 커피 한 잔 살 줄도 몰랐습니다. 얻어먹을 줄만 알았고, 더욱 한심한 건 그러고도 고마운 줄을 몰랐습니다.

필자: 그렇게 모은 돈을 사기당한 거 아닙니까?

고객: 심지어 사기를 겪고 나서도 아무것도 몰랐죠. 돌아보면 전 원망이나 할 줄 아는 사람이었습니다.

필자: 자신을 알면 비로소 변할 수 있다고 합니다.

고객: 이제는 저도 변했습니다. 주위에서도 먼저 알아보고 달라졌다고 하죠. 넉넉하진 않지만 돈을 제법 쓰니 주변에 사람들도 많아집니다. 그런데 참 신기하게도 예전의 제 모습과 같은 사람이 의외로 많이 보이더군요. 자신밖에 모르는, 실은 자신을 잘 모르는 사람들 말입니다.

필자: 이제는 그분들에게 어떻게 대합니까?

고객: 말해야 소용없죠. 예전의 절 생각해도 그렇습니다. 그냥 그러려니 하고 참습니다.

필자: 혹시 돈을 너무 많이 쓰는 건 아닙니까?

고객: 솔직히 모이는 돈이 없어서 이제는 씀씀이를 조금 줄여야 할 판입니다. 그래도 예전처럼 짠돌이로 살지는 않을 작정입니다. 이제는 사람 사는 맛이 뭔지도 알게 됐으니까요.

◦ 부동산 중개업을 하고 있습니다

필자: 부동산 투자에 관해 한 수 알려주세요.

고객: 몇 가지 원칙이 있죠. 우선 책을 읽어보세요. 최소 3권은 읽고 나서 시작해야 합니다. 다음으로는 너무 멀지 않고 쉽게 가볼 수 있는 곳을 택할 것, 업자의 말만 믿지 말고 인근 중개소 3곳 이상에서 상담할 것 등입니다.

필자: 한국의 경기가 이미 고점을 찍었고 인구가 감소하면서 부동산 가치가 떨어질 거라는 예상이 있습니다.

고객: 단순 비교는 어렵지만, 주식은 잘못하면 휴지 조각이 되는데 부동산은 그래도 남는 게 있다고 합니다.

필자: 부동산은 워낙 큰돈이 들어가니 조금이라도 가치가 떨어지면 잃는 돈의 액수도 크지 않습니까?

고객: 그러니 말씀드린 원칙은 기본일 뿐 신중하고 또 신중해야 하며, 이는 모든 투자에서 그러합니다.

필자: 가끔 연예인이 빌딩을 매매해서 단숨에 수십, 수백억 원의 시

세 차익을 남겼다는 소식을 접합니다.

고객: 실제로 그런 경우는 많지 않습니다. 건물값이 대폭 오르더라도 세금 문제 등으로 팔지 않는 사람이 대부분입니다. 건물이란 팔지 않으면 차익을 남길 수 없는 거고, 실상 건물값이 올랐다고 하더라도 임대료를 마음대로 올리지 못해 헛배만 부르다는 사람을 많이 봤습니다.

필자: 경기 침체 때는 임대료조차 못 받아서 전전긍긍하는 건물주가 많다고 합니다.

고객: 요즘은 아예 공실도 많죠. 그러니 중개사가 할 일은 늘었지만, 생각처럼 잘되지 않아 힘든 건 마찬가지입니다.

필자: 부자가 되려면 어떻게 해야 합니까?

고객: 씀씀이를 줄여서 목돈을 만들 생각부터 해야 합니다.

필자: 정작 부자가 씀씀이가 짭니다.

고객: 그들은 그렇게 해서 부자가 된 겁니다. 부자가 되면 돈을 좀 쓰기도 하지만, 그래도 여전히 짭니다. 또한 남 탓, 사회 탓해서 부자가 된 사람은 보기 어렵습니다.

필자: 부자들은 투자를 잘합니까?

고객: 어쩔 수 없이 해야 하지만, 그게 그들의 골칫거리가 되기도 합니다.

필자: 요즘은 청년층을 중심으로 삼포족이 늘어납니다. 아무리 목돈을 만들어도 내 집 마련에는 턱도 없으니 그냥 버는 대로 쓰고 즐기자는 거죠.

고객: 그것도 좋은 방법입니다. 서양인들은 대체로 그렇더군요. 이의를 제기하고 싶진 않지만, 다만 부자가 될 가능성은 그만큼 적어지는 게 사실입니다.

필자: 투자와 투기를 어떻게 구별합니까?

고객: 흔히 원금 손실의 가능성이 없으면 투자고, 있으면 투기라 하지만 주식의 예를 들면 그 기준이 모호합니다. 대신 전 이런 기준을 제시하고 싶습니다. 빚을 갚을 만큼의 고정 수입이 없으면 투기라 할 수 있습니다.

필자: 심지어 살 집을 구하는 데도 투자 심리가 개입됩니다.

고객: 우선 능력에 맞는 집을 사야죠. 또한 살 집이라면 투자보다는 환경을 고려해야 합니다. 전 수도권의 공기 좋은 곳에 사는데 쾌적해서 불만이 전혀 없습니다.

필자: 부동산으로 무리해서 패가망신하기도 합니다.

고객: 한국인은 대출을 너무 쉽게 생각하는 경향이 있죠. 대출해서 부동산에 투기하거나 무리해서 건물을 짓고는 파산하는 사람이 많습니다.

필자: 땅이나 부동산으로 사기를 치기도 합니다.

고객: 한심한 사람들입니다. 부끄럽게 얻은 재물은 쓰레기일 뿐입니다.

필자: 사기를 피하는 방법을 알려주세요.

고객: 앞서 말씀드린 대로 인근 부동산 3곳만 가서 알아봐도 그런 일은 없습니다. 믿을 만한 전문가의 폭넓은 조언만이 사기를 예방할 수 있습니다. 이는 투자뿐 아니라 다방면에 통용되는 진리입니다.

필자: 전문가라는 사람조차 사기꾼일 수 있습니다.

고객: 믿을 만해서 소개받았다는 사람도 그럴 수 있죠. 그러니 최소 3명 이상의 전문가로부터 조언을 구하고, 내 재산은 단 1원이라도 함부로 해서는 안 된다는 생각으로 임해야 합니다.

필자: 돈이 조금이라도 남으면 투자는 해야 하는데 은행에 넣어두기도 그렇고 뭘 해야 할지 막막하기도 합니다.

고객: 투자에서 욕심은 금물입니다. 역시 좋은 전문가를 찾는 게 우선이죠. 사회 초년생이라면 최소 10년은 기초공사한다고 생각해야 합니다. 사실 대다수 사람은 건물을 살 정도로 큰돈을 벌기 어렵습니다. 토머스 스탠리가 제시한 '재산 기대치'라는 게 있는데, (나이 × 상속재산을 제외한 모든 연간 소득) ÷ 10이죠. 미국을 기준으로 해서 그런지 기대치가 조금 낮긴 하지만, 이 정도에 근접하면 잘살고 있는 게 아닐까 싶습니다.

필자: 돈은 어떻게 쓰느냐가 중요합니다.

고객: 맞는 말입니다. 돈의 가치를 잘 알아서 허세가 아니라 자신에게 가치 있는 데 쓰면 부자고, 사회에 가치 있는 데 쓰면 최상급의 부자인 겁니다.

° 사회학을 전공했습니다

필자: 사회 전반을 망라하니 공부할 게 많겠습니다.

고객: 경제, 정치는 물론이고 철학, 가족과 사회, 교육, 노동사회학, 도시 또는 농촌사회학에 종교, 역사, 문화, 범죄, 의료, 복지 등 거의 안 배우는 게 없다고 보면 됩니다.

필자: 지금은 무슨 일을 하십니까?

고객: 교육과 관련된 시민연합에서 활동하고 있습니다.

필자: 한국병의 근원은 교육에서부터 시작됐다고 합니다.

고객: 절실하게 통감합니다. 저 역시 그걸 바로잡기 위해 노력하는 중입니다.

필자: 사교육 얘기를 안 할 수 없네요.

고객: 제가 유학했던 미국에서도 사교육이 유행하더군요.

필자: 원래 미국 내의 상류층이나 유대인들이 심하다고 하더군요.

고객: 사교육에 쓰는 돈이 단위부터 다르고, 기여입학을 위해 내는 찬조금의 액수도 상상을 초월한다고 합니다.

필자: 미국인들은 어떻게 받아들이고 있습니까?

고객: 당연히 비판의 목소리가 높죠. 사교육으로 점수는 올릴 수 있을지 모르나 다양한 경험이나 인성의 함양과는 거리가 멉니다.

필자: 일정 수준 대학 평준화가 된 프랑스, 독일은 덜하지 않습니까?

고객: 그런 나라들도 전과는 다르다고 하더군요.

필자: 그래도 한국 정도는 아닐 겁니다.

고객: 솔직히 한국은 너무 심합니다. 더구나 빈부 격차에 따라 발생하는 사교육의 차이가 사회적 불평등의 시초가 되는 현실입니다.

필자: 경쟁의 부정적 영향이 강조됩니다.

고객: 경쟁에서 이긴 소수만 잘사는 나라가 되지는 말아야 합니다. 소수가 아닌 나머지는 나머지가 아니라 대다수임을 잊어서는 안 됩니다.

필자: 그래도 경쟁하는 사회가 발전적이라고 합니다.

고객: 정도껏 해야죠. 경쟁이 불평등만 낳는다면 무슨 의미가 있겠습니까?

필자: 한국에서 교사가 학생이나 학부모로부터 무시당하는 일이 많아집니다.

고객: 그렇게 된 데에도 사교육의 책임이 있죠. 미국에서는 교사의 권위가 대단합니다.

필자: 미국의 대학 입시에서는 내신의 비중이 높지 않다고 합니다.

고객: 미국의 대학 입시는 교육부가 아닌 대학의 자율에 의하는데, 한국도 그렇게 했으면 합니다. 무엇보다 한국 교육의 근본 문제는 대학 서열화입니다. 이게 완화되지 않으면 어떤 대책도 불완전하고, 그에 따라 입시제도도 자주 바뀌니 학부모만 골탕을 먹게 됩니다.

필자: 그렇다고 완전한 대학 평준화가 되겠습니까?

고객: 어느 만큼이라도 해야죠. 국립대학만이라도 시작하면 좋겠습니다. 그리고 수도에 우수한 대학이 다 있는 나라는 어디에도 없습니다. 일본만 해도 지역마다 좋은 대학이 산재해 있습니다. 서울의 대학을 지방으로 이전하거나, 산학협력으로 인재를 발굴하는 지방 대학부터 대폭 지원하는 정책이 필요합니다.

필자: 좋은 대학 나와서 좋은 기업에 들어가면 고임금을 받으니 입시가 치열해지고 사교육이 성행하지 않습니까?

고객: 사실 대학 서열화보다 더 큰 근본 문제는 임금 격차입니다. 일본은 대졸과 고졸 출신 사이에 임금 격차가 한국처럼 크지 않습니다. 한국도 이에 대한 사회적 공론화가 요구되고, 또한 국가에서 적극적으로 개입해야 할 필요가 있습니다.

필자: 어떻게든 대입을 위한 교육은 피해야죠.

고객: 날 때부터 대학 입시를 위해 영어를 가르친다고 하더군요. 그럴 거면 유아 때부터 국어, 수학 문제 풀이도 가르치라 하죠. 성인이 되기까지 인생의 목표가 명문 대학이면 교육이 무슨 의미가 있겠습니까?

필자: 다만 대학 평준화가 고교생의 학력 저하를 초래한다는 우려가 있습니다.

고객: 쓸데없는 걱정이며 공부는 대학 가서 하는 게 맞습니다. 이미 성인이 된 대학생에게 교양과목을 가르치는 것도 우스운 일이죠. 고교 시기는 성인을 위한 마지막 과정이므로 일생에서 가장 중요할 수 있습니다. 그러니 이 시기에 국, 영, 수만큼이나 윤리와 정의를 포함한 철학, 인문학, 예술 등을 가르쳐야 하는 겁니다.

필자: 한국의 현실에서 공허하게 들립니다만 이왕이면 결혼, 육아나 투자 상식 등도 가르쳤으면 합니다. 일생에서 그런 게 영어, 수학보다 더 중요하죠. 더구나 한국의 입시 교육이 상상력, 창의력을 계발하는 데 있어 별 도움이 안 된다고 봅니다.

고객: 창의력은 토론에서 나오며, 의자에 혼자 앉아서 문제 풀이나 해서는 창의력이 생길 수 없습니다. 실리콘밸리의 신예 천재들도 치열한 토론으로부터 결과물을 만들어 낸 겁니다.

필자: 혼자서 공부만 잘한다고 창조적 인재가 되지는 않겠죠.

고객: 외국에서 공부하는 한국 학생이 중, 고등학교 때는 좋은 성적을 유지하다가 정작 대학에 들어가서는 토론 방식에 적응하지 못해서 겉돌기도 하더군요.

필자: 토론 교육이 안 되면 남의 말부터 잘 듣지 않습니다.

고객: 특히 갈등이 발생했을 때 상대의 말을 잘 들은 후 자신의 의견을 합리적, 이성적으로 표현한 후 마지막으로 조정의 단계를 밟게 되는데, 이 모든 게 토론의 과정입니다. 이에는 많은 연습과 훈련이 필요한데 토론 교육을 제대로 받지 못하면 매사에 감정적이고 급해서 갈등이라도 생기면 조정이 아닌 싸움만 일

삼게 됩니다. 한국인이 분열하고 서로 삿대질을 잘하는 것도 토론 교육의 부재가 큰 원인입니다.

필자: 선거방송에서도 토론이 실종된 모습을 많이 봅니다.

고객: 타협은 실종되고 주야장천 싸움만 벌입니다. 결론도 없고 갈등만 부추기다 끝나죠. 나아가 토론이 아니라 그저 말이나 번드르르 잘하는 사람도 경계해야 합니다.

필자: 참고로 여성이 남성보다 말을 잘한다고 합니다. 여성이 언어중추가 우세한 우뇌가 발달해서 그렇다는 설이 있죠. 또한 여성에서 좌우의 뇌를 잇는 뇌량의 폭이 더 넓어 말을 할 때 양쪽 뇌의 정보를 적절히 활용하므로 남성보다 표현력이 우수하다고 합니다.

고객: 제가 아는 한 남성도 단어 몇 개만으로 대화하는 특기가 있습니다. "됐어", "그래", 이런 식이죠. 바로 제 남편입니다.

필자: 남편도 좀 교육하지 그러세요?

고객: 중이 제 머리 못 깎는 격입니다.

필자: 고교에서는 대학 입시를 위해 내신을 조절하고, 대학에서는 취직시험을 위해 웬만하면 A 학점을 준다고 합니다. 대학 가서도 연구 대신 취직 공부만 하는 게 현실입니다.

고객: 저는 대학만큼은 유급이 있어야 한다고 생각합니다. 그래야 학문에 매진하고 우리도 기초 분야에서 노벨상 하나는 타겠죠.

필자: 인간이 무조건 평등해야 함에 대한 반론도 만만치 않습니다.

고객: 물론 날 때부터 능력이 다른데 억지로 뜯어 맞출 수는 없죠. 다만 너무 큰 격차만큼은 줄여보자는 겁니다.

필자: 당장은 대학 평준화보다 임금 격차의 해소가 더 실현 가능성이 있어 보입니다.

고객: 국가에서 가이드라인을 정해주는 게 좋습니다. 그에 따라 세제 혜택을 주는 것도 고려할 만합니다.

필자: 그렇다면 대기업에서는 임금을 삭감해야 합니까?

고객: 중소기업의 임금이 어느 만큼 상승할 때까지 동결하고 기다리는 것도 한 방법입니다.

필자: 교육을 연구하면서 임금에도 관심이 높으십니다.

고객: 교육이 최종적으로 임금과 연동되면 다수를 위한 보편적 가치를 표방하는 교육이 왜곡될 가능성이 커집니다.

필자: 대기업이나 공기업을 선택하는 이유는 임금뿐 아니라 장래에 대한 불안도 있습니다. 중소기업에 들어갔다가 망하기라도 하면 어쩌겠습니까?

고객: 임금 차이가 적다면 지금보다 중소벤처기업을 택하는 사람이 많아지고, 회사가 망하더라도 대기업이 아닌 다른 유사한 기업으로 이직할 기회가 많아질 겁니다. 지금은 대기업만을 위해 얼마나 많은 취준생, 실업자가 생겨납니까?

필자: 대기업에 들어가도 불안해서 각종 국가시험에 지원자가 몰립니다.

고객: 경쟁률이 10:1을 넘어 상상 초월이라고 합니다.

필자: 집값 상승과 부동산 문제도 강남이라는 사교육 활성 지역으로부터 시작된 겁니다.

고객: 교육 문제를 해결하지 못하면 국토의 균형발전도 소리만 요란할 뿐입니다.

필자: 서울에 있는 상위권 대학 3개만 지방으로 옮기면 균형발전에 도움이 된다고 합니다.

고객: 이전하더라도 해당 지역에 일자리가 부족하면 졸업생이 다시

서울로 올 겁니다. 그러니 기업이나 정치시설도 같이 옮기는 게 최선입니다.

필자: 교육 문제는 너무나 오랫동안 지속되어 왔고 또한 현재진행형이니 지적한 것들이 잘될지 의문입니다. 대학의 지방 이전, 대학의 평준화, 산학협동에 세제 지원, 대학 졸업 후의 임금 격차 해소 등 여러 방법 중 실상 어느 하나라도 쉬워 보이는 게 없습니다.

고객: 그래도 해봐야죠. 교육과 임금 문제를 풀지 않고 국민의 삶이 나아지길 바라는 건 우물가에서 숭늉 찾기와 같습니다. 또한 이 문제에 있어서는 민간에 기대하기 어려우므로 정부가 직접 나서야 합니다. 혁명적 변화가 어렵다면 점진적 방식으로라도 시작해야 합니다.

필자: 실상 학교보다 부모의 교육이 더 중요합니다.

고객: 자녀교육의 근본은 가족의 사랑입니다. 다만 도가 지나치거나 방향이 왜곡되지 말아야 하며, 아이의 눈높이에 맞게 관심과 공감이 지속되어야 합니다. 이게 쉬운 거 같지만 절대 그렇지 않죠. 피곤하다고, 살기 어렵다고 자녀에 무관심한 가정이 많습니다.

필자: 자녀를 짐으로 여기고 학대하는 부모도 있습니다.

고객: 천륜을 저버리고 부모 이전에 인간이기를 포기한 행위입니다. 인간이라면 제발 그러지 말았으면 합니다. 자기 자식을 학대하는 건 살인만큼이나 중대한 범죄라고 생각합니다.

필자: 사회학자가 보는 한국인의 특징이 궁금합니다.

고객: 한마디로 정의하기 어려운 문제입니다.

필자: 일단 한국인은 잘 웃지 않는다고 합니다.

고객: 성격이 원래 그런 사람이 있습니다. 남성에서 더 흔하고 고집이 센 유형이죠. 나이를 먹으면 푸근해진다고 하나 이런 사람들은 더 심해져서 꼰대가 될 가능성이 큽니다.

필자: 한국의 젊은 층은 불평등에 대한 불만이 많습니다. 그러니 웃음 대신 분노부터 앞서서 욕을 달고 살기도 합니다.

고객: 다 같이 가난했던 기성세대에 비해 지금의 젊은 층이 느끼는 불평등은 더 심하죠. 더 많은 돈을 위해 치열하게 경쟁해야 하고, 열심히 해도 나보다 잘사는 사람이 더 많아 보이고, 집값은 하늘 높은 줄 모르고, 해도 안 된다는 절망감이 팽배해 있으니 차라리 주택 마련, 결혼, 육아 포기하고 혼자 살겠다는 마음이 들지 않겠습니까? 그런 태도를 비난만 해서는 안 되는 이유입니다.

필자: 한국이 불평등한 나라인 건 맞습니다.

고객: 실상 서울과 지방, 서울에서도 강남과 강북, 대기업과 중소기업의 임금 격차, 대학 간 불평등, 금수저와 흙수저 등 온갖 불평등이 산재합니다.

고객: 한국은 6.25 전쟁 후 미국식 자본주의를 받아들였습니다. 그게 발전에는 적합해서 부를 일구었으나 뒤늦게 빈부 격차와 불평등이라는 부작용이 드러난 거죠.

필자: 부의 대물림이 불평등의 출발점이 되어 애초부터 기울어진 운동장이 되기도 합니다.

필자: 서양에서는 부모가 자식에게 물려줄 재산도 없고, 있더라도 사회에 환원하는 경우가 많습니다.

고객: 자식도 성인만 되면 독립심이 강해서 부모로부터 뭘 받겠다는 생각이 덜합니다. 그러니 서양에서는 증여세나 상속세가 있으

나 마나 하고, 그런 세금이 오히려 가업을 계승하는 데 방해만 되니 폐지하자는 주장이 있다고 합니다. 그에 비해 부의 대물림으로 인해 불평등을 심화하는 한국에서는 증여세, 상속세를 지금만큼이라도 유지해야 한다고 봅니다.

필자: 최근 들어 세율을 내리자는 의견이 있습니다.

고객: 가업을 잇겠다는 목적이라면 내려야 하나 부동산이나 주식을 통해 막대한 부를 그대로 물려주겠다면 더 엄하게 세금을 매겨야 할 겁니다. 한국에서 불평등은 상속으로부터 시작되기 때문입니다.

필자: 세금 말고 불평등의 해소를 위한 방법이 있습니까?

고객: 불평등의 해소에는 상속으로부터의 평등, 교육 및 대학의 평등, 임금의 평등이라는 세 가지 요건이 충족되어야 합니다. 그나마 상속의 불평등은 세금으로 개선될 여지가 있으나, 교육과 임금의 불평등은 국가가 지금처럼 해서는 해결되기 어렵습니다.

필자: 한국에서 잘 되겠습니까?

고객: 정치지도자들의 철학과 능력 문제죠.

필자: 지구상의 인간이 얼마나 불평등한지 실감 나는 기사를 본 적이 있습니다. 네팔에서 여덟 살의 아이가 학교에 가지도 못하고 하루 내내 돌을 깨서 1,000원 남짓을 버는 반면, 한 뉴욕의 할머니는 유산의 일부인 약 110억 원을 애완견에게 물려줬다고 하더군요.

고객: 미국의 유명 대기업 회장들의 연간 소득이 아프리카 국가의 국민총생산보다 더 많기도 합니다. 세상은 참 요지경입니다.

필자: 당시 저도 네팔의 소녀에게 기부했었죠. 다행히 한국인의 많은

도움으로 그 지역의 아이들이 다시 학교에 다니고, 그 소녀가 간호사를 꿈꾼다고 하더군요.

고객: 좋은 일입니다. 우리는 그렇게 세상이 조금씩 바뀌는 희망을 보곤 합니다.

필자: 1970년대 미국 기업의 CEO는 일반 노동자보다 30배 정도 많은 보수를 받았으나, 2000년대 넘어서면서 격차가 점점 벌어져 이제는 300배라고 합니다.

고객: 현재 미국인의 상위 10%가 부의 대부분을 갖고 있고 국민의 50%는 정체 또는 퇴보한다는 보도가 있습니다. 개인적으로 미국식 자본주의보다 유럽식 사회주의를 선호하는 이유입니다.

필자: 한국인은 사촌이 땅을 사면 배가 아프다고 합니다. 바꾸어 말하면 그만큼 평등의식이 뚜렷할지도 모릅니다.

고객: 여러 각도의 해석이 가능하죠. 사촌이 나보다 더 잘되면 안 된다는 심성은 '우월 콤플렉스'일 수 있습니다. 일본인은 열등 콤플렉스가, 한국인은 우월 콤플렉스가 우세하다고 합니다.

필자: 고급 차나 명품 선호가 그에 따른 현상이겠죠.

고객: 일본인은 실용주의적, 중국인은 대국적 기질이 강한데 확실히 한국인만큼 남에 대해 신경을 많이 쓰지는 않습니다.

필자: 자조적으로 들리겠지만 한국에서는 스스로 행복을 찾는 게 낫지 않을까 싶습니다.

고객: 어차피 남과 비교하지 않는 진정한 개인주의가 행복의 조건입니다.

필자: 그러나 한국인은 남과 비교하길 잘하고 남 눈치를 많이 봅니다.

고객: 좁은 나라에서 너무 부대껴 살아서 그런가요? 한국인도 이제

는 남에 대해 너무 신경 쓰지 말았으면 합니다. 남 신경 많이 쓰면 허례허식도 심해지죠. 결혼식, 장례식에 화환 개수를 신경 써야 하는 나라는 한국뿐이라고 합니다.

필자: 꽃집도 장사를 해야죠.

고객: 그런 데다 낭비하지 말고 외국처럼 집에 꽃장식이나 많이 해두면 좋겠습니다.

필자: 미국에서는 자녀가 자신들 결혼식에 부모 친구를 부르지 말라고 한다더군요. 축의금 안 받고 자기 돈으로 치르는 데 예산을 아끼자는 생각이랍니다.

고객: 자식이 알아서 결혼하는 거고, 부모는 단지 게스트로 참가한다고 하더군요.

필자: 이제는 한국에서 인구감소를 걱정해야 할 판입니다.

고객: 불평등은 그대로 두고 아이를 편하게 키울 환경도 조성하지 않고 무조건 낳으라고만 하면 되겠습니까?

필자: 전 근본적으로 지구상의 인구가 줄었으면 합니다. 자원, 오염, 온난화 등 온갖 문제의 근본은 인구 증가입니다.

고객: 전 낙태에도 찬성합니다. 생기는 대로 다 낳을 수는 없죠. 필요악 정도로 인정해야 합니다.

필자: 한국이 평등한 나라가 될 수 있겠습니까?

고객: 지금의 청년세대에나 기대해 볼 일입니다. 그러나 그들조차 불평등에 익숙해지고 개혁 대신 불평과 자괴감으로 현실 도피적 성향이 만연하면 희망은 적습니다.

필자: 그래도 한국은 동방예의지국이라고 합니다.

고객: 충, 효, 예의 유교 문화도 다시 생각해 볼 시점입니다. 국가가 아닌 권력에 충성하는 게 맞는 건지, 국가가 해야 할 효를 전적

으로 자식에게 부담 지우는 건 아닌지, 또한 예라 하나 허례허식에 치우치는 건 아닌지 말입니다.

필자: 한국인은 극단적인 면이 있습니다. 음식부터 극단적으로 맵죠.

고객: 공산주의, 자본주의도 극단적으로 하는 듯합니다. 다만 자원도 없는 나라에서 극단적으로 열심히 일해서 지금 이 위치에 올라선 건 자랑스러운 일입니다.

필자: 한국인의 편 가르기는 어떻게 보십니까?

고객: 그보다는 차라리 개인주의를 택하는 게 낫죠.

필자: 그러나 친구 따라 강남 가는 부화뇌동으로는 합리적 개인주의가 어렵습니다.

고객: 미국에서도 부화뇌동이 있는 모양입니다. 캘리포니아에서 선풍기 신상품을 많이 판 영업사원의 경험에 의하면, 전기료를 대폭 아낄 수 있다거나 지구환경을 지킨다는 호소 대신 옆집에서도 샀다는 제안이 더 잘 먹히더라는 말이 있더군요.

필자: 지극히 개인주의라는 미국인 중에도 팔랑귀가 많은가 봅니다. 한국의 산업화 시대에 지도층부터 평등에 대한 개념이 확실했다면 지금보다 훨씬 살기 편한 나라가 됐을지도 모릅니다.

고객: 당시 사업하다 망하고 길거리에 나앉는 사람도 많았는데 그런 분들에 대한 구제책도 부실했죠. 산업화와 빈부 격차가 같이 진행됐다고 해도 될 정도입니다. 즉 '보이지 않는 손'이 불평등까지 해결하지는 못한 겁니다.

필자: 아직도 다 같이 가난했던 시절의 추억을 떠올리는 분이 많습니다. 자신은 섬마을에서 태어났는데 아버지가 어부인지라 너무 가난하고 먹을 게 없어서 도미, 전복만 먹고 자랐다는 분이 있습니다.

고객: 농담이겠지만 자기 집이 가난해서 정원사 월급도 못 줬다는 얘기나 같네요. 당시 공장에서 일하는 청년들을 비하하기도 했는데, 산업의 최전방에서 고생하는 분들께 고맙다고 절을 했어도 모자랐습니다.

필자: 그들에 대한 대우가 좋았다면 지금의 노사분규도 덜하고 정치, 사회적 분열상도 덜했을 겁니다.

고객: 그때 임금을 많이 줬다면 발전 속도가 느렸을 거라는 주장도 일리는 있죠. 그러나 사측이 취한 돈이 너무 많았던 건 사실입니다.

필자: 개발도상국이 대체로 그런 경로를 밟지 않습니까? 중국도 임금이 오르면 내리막길을 걷게 될 겁니다.

고객: 어느 나라든 가난하게 사는 사람들의 처지를 잘 살펴야 합니다. 한국에서도 배운 거 없고, 특별한 기술도 없이 개발에서 소외되고, 아무리 열심히 살아도 가난해야만 했던 사람들에게 국가와 사회가 제대로 했는지 되돌아봐야 하고, 또한 지금은 잘하고 있는지 확인해야 합니다. 길이나 학교에서 청소하는 분들, 공사장에서 온 힘을 다해 일하는 분들을 귀히 여겨야 하며, 그 노력에 합당한 수익을 드려야만 합니다.

필자: 한국은 적게 벌어서 소박하게 사는 나라가 아니죠. 임금은 선진국에 못지않으나 기본 생활비나 자녀교육 등 지출이 워낙 많아 상대적으로 빈곤한 사람이 많습니다. 그런가 하면 부모 덕에 오픈카 타고 설치는 청년들이 있고, 오토바이 배달을 하거나 식당, 카페에서 알바를 하는 기특한 청년들도 있습니다.

고객: 후자의 청년들은 존경받아야 마땅하며 반드시 그들이 행복한 사회가 되어야 합니다. 그러나 전자는 다릅니다. 서양에서는

가업승계가 아닌 이상 자식이 부모 덕에 호강하는 걸 부끄러워 하는 인식이 있습니다. 성인이 되어서 부모에게 돈 타 쓰는 걸 독립할 줄 모르는 한심한 캥거루라고 보는 거죠.

필자: 한국 드라마에서 재벌 2세가 외모, 재력, 정의감 등 모든 걸 갖춘 능력자로 나오는 것도 이제는 그만 좀 했으면 합니다.

고객: 외국에도 부모 덕에 돈질하는 드라마가 있는 거로 압니다만, 대개 그런 사람들의 말로가 안 좋게 나오죠. 개인의 노력으로 성공한 사람만이 진정한 감동입니다.

필자: 한국의 양육비는 단연코 세계 1위라고 합니다.

고객: 통계에 잡히는 것만으로도 1위인데 그마저도 빙산의 일각일 겁니다. 예술, 스포츠라도 가르치려면 부모의 등골이 휩니다. 게다가 양육비로 끝나는 것도 아니죠. 자식이 성인이 되면 이제는 더 큰 문제들이 기다립니다. 결혼도 부모가 시켜줘야 하고, 집 장만에 자금을 있는 대로 보태야 하고, 사업자금이라도 대주다 보면 부모의 노후자금은 언감생심입니다.

필자: 그렇게 자식을 키우는 것도 모자라 손주가 생기면 또 키워야 합니다.

고객: 일본에서 조부모의 손주 돌보기를 장려하던 때가 있었죠. 아이들에게 물적, 정신적 혜택을 제공한다는 이유였습니다. 그러나 조부모의 건강과 복지에 부정적 영향을 미치는 것으로 밝혀져 더 이상 권장하지 않는다고 합니다.

필자: 한국의 부모는 자식에게 무한책임을 지며, 이를 위해 슈퍼맨이 되어야 합니다. 이러니 청년들이 아이 낳을 생각을 안 하는 게 당연합니다. 부모가 되면 그 길을 또 걸어야 하니 아예 낳을 생각이 없는 겁니다.

고객: 현실이 이런데 월 1백만 원이네, 일시금 1억 원이네 준다고 아이를 낳을 리가 없죠.

필자: 한국의 노인 빈곤율이 40%로 OECD 국가 중 1위라고 합니다.

고객: 노인 빈곤율이 가장 낮은 네덜란드의 1.5%는 물론 동유럽 헝가리의 5.2%에도 한참 뒤처지는 수치고, OECD 국가의 평균 13%에도 전혀 미치지 못합니다. 한국의 퇴직연금과 사적연금의 가입 비율도 선진국과 큰 격차를 보입니다.

필자: 노후에 수입이 한 푼도 없는 분들이 많습니다. 자식에게 용돈 타 쓰는 형편인데, 자식이라고 넉넉해서 주겠습니까?

고객: 눈칫밥 먹는 심정이겠죠. 근본적으로 사회생활을 제대로 한 대다수 노인의 노후는 국가가 책임져야 한다는 개념이 있어야 합니다. 성인이 된 자식을 부모가 아닌 국가가 맡아야 하는 것과 같죠. 이제는 한국도 다른 선진국처럼 부모와 성인이 된 자식을 철저히 분리해서 보는 게 맞습니다. 그러니 연락도 되지 않는 자녀가 서류상에 있다고 노인에 대한 지원을 끊는 어처구니없는 일이 발생하지 말아야 합니다.

필자: 국민연금이 있다지만 가입률이 70%로 못 받는 사람이 많다고 합니다.

고객: 사각지대가 많습니다. 노인 기초연금도 40만 원 정도면 충분한 게 아니죠. 목표 수급률이 70%에 이르는데 이는 너무 많습니다. 프랑스, 독일 등은 약 20%고 북유럽 국가라도 40%를 넘지 않습니다. 즉 많은 선진국이 기초연금을 받을 대상을 좁게 선별하고 대신 액수를 많이 주는데 한국도 그럴 필요가 있습니다. 더구나 한국은 기초생활에 돈이 많이 들어가는 고물가 국가입니다. 한국은 현재 젊어서도, 늙어서도 불평등한 나라라

해도 틀린 말이 아닙니다.

필자: 기초연금이 올라가면 국민연금을 안내는 경향이 높아진다고 합니다.

고객: 그 문제를 해결하려면 국민연금의 소득대체율을 지금의 30~40%에서 50%로 높이는 게 좋습니다.

필자: 지금도 재원이 고갈된다는데 가능하겠습니까?

고객: 국가나 국민이 연금 재원을 최우선으로 지켜야 한다는 생각을 가져야 합니다. 나라가 없으면 연금 또한 의미가 없으니 국방비가 가장 중요하고, 다음으로 연금 재원을 지켜야 한다는 겁니다.

필자: 근본적으로 육아, 청년수당 등은 최소로 하고 노후에 몰아주는 것에 찬성합니다. 누구나 늙으므로 그게 공평하지 않습니까?

고객: 저 역시 국가가 수시로 언 발에 오줌 누듯 찔끔찔끔 주는 건 반대합니다.

필자: 보편복지에 포퓰리즘의 우려가 제기됩니다.

고객: 육아, 교육, 결혼, 주택 장만 등에는 보편복지를 해야 하나, 노후는 선별복지의 개념으로 노인 빈곤을 해결해야 합니다.

필자: 선별 과정에서 들어가는 재원이 만만치 않다고 합니다.

고객: AI 시대에 한국의 능력으로 그 정도 자료는 만들 수 있다고 봅니다.

필자: 노년이 되면 의료비도 걱정입니다. 더구나 간병비까지 큰 부담이죠.

고객: 선진국은 요양보험료에서 간병인 비용을 지원합니다. 따라서 한국처럼 따로 간병인을 고용하거나 간병인보험에 가입할 필요가 없죠. 이 또한 개선되어야 할 문제입니다.

필자: 한국은 대체로 복지 분야에서 미진한 부분이 많아 보입니다.

고객: 기본적으로 육아와 교육, 청년 구직과 주택 마련을 지원하고, 장애인과 소년소녀가장을 챙기고, 소상공인 지원에, 자녀교육비로 애먹는 편부모를 도와주고, 노후보장을 해주고, 언뜻 할 게 너무 많아 보이나 제대로 된 국가라면 반드시 해야 할 것들입니다.

필자: 그런데 한국의 현실은 반대입니다. 어릴 때부터 사교육 시켜야 하고, 성인이 되면 취직, 결혼, 주택 마련 등으로 불안하고, 아이를 낳아서 부모가 되면 이제는 자식의 사교육, 취직, 결혼, 집 걱정을 대신 해야 하고, 이윽고 노년이 되면 또 무슨 돈으로 먹고살지를 걱정해야 합니다.

고객: 세금은 사람에게 먼저 써야 합니다. 한국에서는 대신 길거리에 낭비되는 세금이 너무 많아 보입니다.

필자: 정치가 할 수 있는 게 한계가 있다고도 합니다. 한국인의 의식구조가 바뀌지 않는다면 더 그럴 겁니다.

고객: 의식구조가 개선될 조짐이 없고, 그로 인해 모두가 힘들게 살아야 한다면 어떤 식으로든 정치가 해결방안을 구해야죠.

필자: 강제적 개입을 의미합니까?

고객: 우선 당위성을 알려서 여건을 만들고 적절한 지원책을 모색해야 합니다. 그래도 안 되면 강제성을 동원할 수밖에 없습니다.

필자: 강제성에 대한 반감이 있습니다.

고객: 처벌 위주가 아닌 공익의 목적에 부합하도록 행해지면 반감이 덜할 겁니다.

필자: 한국에서 입시 위주의 교육과 과도한 경쟁은 양심, 정의 등에 대해 소홀한 개인을 양산할 수 있습니다. 사기나 거짓말이 난

무하는 것도 이 때문이겠죠. 일례로 차 사고만 나면 드러눕습니다. 오래전 얘기입니다만 한 지인의 부인이 골목길에서 운전하다가 중년의 여성을 가볍게 치었는데 치료비가 1천만 원이 나오도록 줄기차게 병원에 다니더랍니다.

고객: 미국에서도 심했다고 하죠. 그런데 요즘은 판사가 동영상을 보고 배상을 결정한다고 합니다. 의사의 진단 기간과는 별개로 비양심을 배제하고 합리적인 액수의 배상을 판결하는 겁니다.

필자: 한국에서도 도입이 시급하네요. 한때는 제 병원이 있는 건물의 오피스텔에 사는 분이 아침마다 들러서 커피를 빼가더군요. 양심 불량을 보다 못해 간호사가 한마디 한 적이 있습니다.

고객: 고객 센터에 비치된 봉지 커피를 통째로 들고 가는 사람도 많다고 합니다.

필자: 약속을 안 지키는 것도 정직과는 거리가 멉니다.

고객: 약속은 인간관계에서 반드시 지켜야 할 기본임에도 너무 가볍게 여기고, 뭘 빌려주면 되돌려 주거나 갚을 생각을 안 하는 사람이 많습니다.

필자: 나라마다 가르치는 키워드가 있습니다. 일본은 화(和), 중국은 중용, 미국은 정직 등입니다만, 한국은 양심부터 가르치면 좋겠습니다.

고객: 《하멜 표류기》에 "조선인들은 서로를 믿지 못해 거짓말을 잘하고 남을 잘 속인다"라는 내용이 있다고 합니다.

필자: 한국에서는 사기도 성행해서 땅, 주식, 투자 사기, 보험 사기, 보이스피싱에 급기야 전세금까지 가로채더군요. 일반인의 거래에서도 계약 만료일이 되어 전세금을 반환해 달라 하면 없어서 못 준다고 되레 큰소리를 치기도 합니다.

고객: 전세금은 은행에 맡겨둔다거나 해서 약속한 날 전해줘야죠. 이미 써버려서 후임이 들어올 때까지 못 준다는, 도무지 말이 안 되는 소리를 아무렇지도 않게 합니다.

필자: 법적으로 해도 별 소용이 없다고 하더군요.

고객: 안 주면 속히 가압류를 신청하고 3개월 후에도 반응이 없으면 경매 처분을 해야죠.

필자: 한국의 법원에서 그렇게 빠른 판결을 해주겠습니까?

고객: 그래야 약속이 지켜지고 상식이 통하는 나라가 되죠. 이런 것도 안되고 국민이 쓸데없이 걱정하면 제대로 된 나라가 아닙니다.

필자: 판사가 가뜩이나 할 일이 많다는데 더 바쁘겠네요.

고객: 한국에서는 판사 정원을 대폭 늘려야 한다고 봅니다. 지금도 한국에서는 판결이 느려서 애먹는 사람이 많습니다.

필자: 그분들의 월급이 줄겠습니다.

고객: 월급은 그대로 줘야죠.

필자: 세금이 더 들지 않겠습니까?

고객: 사회가 제대로 되는 데 쓰이는 세금은 전혀 아깝지 않은 겁니다.

필자: 이제껏 한국과 한국인의 문제점들을 나열했습니다만, 어느 하나라도 쉬운 게 없네요. 차라리 이민이나 가버리는 게 낫겠습니다.

고객: 전 그래도 한국에서 살 겁니다.

필자: 그렇습니까? 이제껏 한국을 냉정하게 평가하고 부정적인 면만 강조하다가 돌연 한국이 좋다니 좀 생뚱맞습니다.

고객: 한국이 좋죠. 우선 안전하고 생활이 편리합니다. 집 앞에 편의

점이 다 있고, 뭐라도 시키면 금방 옵니다. 야밤에 혼자 돌아다녀도 괜찮은데 이건 외국에선 상상조차 할 수 없는 일입니다. 의료비도 너무 싸고 좋습니다. 게다가 아직은 마약, 총기로부터 안전해서 중범죄의 빈도가 낮습니다. 공무원도 친절합니다. 외국 가보세요. 선진국이라도 공무원들 느려터져서 가슴이 미어터집니다. 정보화도 빠른 데다 집안의 전자제품이라도 고장나면 금방 와서 고쳐주죠. 외국인에 관대한 편이라서 인종차별도 덜합니다. 사람들도 대체로 착합니다. 더구나 다들 부지런하고 열심히 삽니다. 식당을 포함해서 어딜 가더라도 직원들이 참 친절하기도 합니다. 한국은 날씨도 좋아서 사계절이 있으니 꽃 구경, 물놀이, 단풍놀이, 눈 구경 다 하고 삽니다. 얼마나 좋습니까?

° 세금이 너무 많이 나오네요

필자: 그만큼 많이 번다는 거 아닙니까?

고객: 저처럼 집 한 채 있는 사람에게 세금을 중과하니 문제죠. 집을 판 것도 아닌데 세금이 많은 건 이해가 되지 않습니다.

필자: 한국은 보유세가 높은 편이라고 합니다.

고객: 미국에서도 보유세는 높으나 증가율이 높지 않습니다. 주에 따라 다르나, 가장 많이 오르는 주라도 기존 세액의 2% 정도라고 합니다. 더구나 보유세는 국세가 아니라 지방세입니다. 그에 따라 지역 주민들을 위해 쓰도록 하는 지자체도 있고, 보유세

를 내면 다른 세금에서 감면해 주기도 합니다. 더 중요한 건 보유세에 비해 거래세가 낮아서 양도세도 매우 낮은 수준입니다.

필자: 유럽 국가는 어떻습니까?

고객: 재산세율은 높으나 세액이 집값에 연동되지 않고 애초부터 등급별로 과세하는 나라가 많습니다.

필자: 이웃 일본도 궁금하네요.

고객: 한국의 공시가와 비슷한 주택 평가액으로 과표를 잡습니다. 매년 공시가를 조정하는 한국과는 달리 3년마다 재평가하고, 아무리 집값이 올라도 보유세 인상의 상한선이 있어서 세 부담이 급격히 오르지 않습니다.

필자: 너무 적으면 부자가 혜택을 받는 격이 됩니다.

고객: 대신 부자는 소득세를 많이 내죠. 실현되지 않은 소득에 중과세하는 대신 소득세를 올리는 게 합리적이라고 봅니다.

필자: 한국은 소득세에 비해 재산세의 비율이 높아서 부동산 관련 자산세는 물론이고 양도소득세도 OECD 회원국 중 1위라고 합니다.

고객: 다른 나라에서 볼 수 없는 종합부동산세까지 있는데, 이는 이중과세의 소지가 있습니다. 재산세에 포함해서 단계별로 누진해야 하고, 필요하다면 위로 올라갈수록 누진세율을 더 높이는 방법이 타당합니다.

필자: 1가구 1주택자의 보유세는 적어야 하나 다주택자는 세금을 중과할 필요가 있다고 봅니다.

고객: 집을 투자나 투기 목적으로 갖고 있다면 그래야 할 겁니다. 집을 수백 채나 가진 사람도 있더군요. 빌딩 1백 채를 소유한 사람도 있다는데, 그런 사람은 손자가 태어나면 세금부터 가르친

다고 합니다.

필자: 초고소득자에게 대한 세율은 일반적 경우와는 다르게 해야죠.

고객: 동의합니다. 바라건대 그런 분들 중심으로 재산을 사회 기부하는 문화가 형성되면 좋겠습니다.

필자: 자영업자의 40%가 세금을 안 낸다니 과세의 적절성도 제기됩니다.

고객: 조금이라도 내는 게 의무를 이행하는 거죠. 그러나 탈세하지만 않는다면 적게 버는 분들에게는 그런 혜택도 필요하다고 봅니다.

필자: 세원은 넓게 하고 세율은 낮춰야 공정하다고 합니다.

고객: 그렇게 되려면 빈부 격차를 줄여야 하는데 한국은 아직 먼 느낌입니다.

필자: 정부와 지자체에서 국민이 낸 세금을 아껴 썼으면 합니다.

고객: 재정의 목표와 운용을 법제화한 재정 준칙(Fiscal Rules)이 부실한 나라가 한국과 튀르키예라고 하죠. 선진국에서는 재정을 투입하는 데 있어 일정한 규정집도 있다고 합니다.

필자: 재정의 건전성을 해치는 중요한 요인 중 하나가 포퓰리즘입니다.

고객: 예컨대 대학생의 조식비까지 국가에서 지원하는 건 전 세계에 유례가 없습니다. 무료네 무상이네 하는 것도 국민이 낸 세금으로 하는 거죠. 정치인이 자기 돈 들여 하는 것도 아니면서 아무 데나 무상이라고 생색을 냅니다.

필자: 인구가 주는 지방에서도 공무원 수는 그대로라 하고, 학생 수는 주는데 교육재정교부금은 오히려 증가한다는 소식도 있습니다.

고객: 찾아보면 허다합니다. 이 좁은 나라에서 도로에 너무 많은 세금을 쓰는 게 아닌가 싶을 때도 있습니다. 휴일 말고는 텅 빈 고속도로도 많다고 합니다.

필자: 정작 일 년 내내 막히는 곳은 개선을 안 합니다. 그 많은 버스 정거장 대기석에 열선이 깔린 곳도 있더군요. 어느 나라에 그런 게 있답니까?

고객: 사회간접자본이 부를 창출한다지만 이미 한국은 그 수준을 넘어 너무 많은 돈을 쓰는 듯하고, 수십억 원을 들여 설치한 구조물이 흉물이라고 또다시 철거하느라 예산만 낭비한 사례도 흔합니다.

필자: 가끔 지자체에서 막대한 예산을 들여 시행한 사업이 망했다는 보도를 접하기도 합니다. 민간 기업이었다면 당사자에게 책임을 물리거나 투자금을 회수하려는 노력을 다했겠죠. 언론에서도 국고를 낭비했다고 보도는 하지만, 그에 대한 처리가 어떻게 됐는지는 취재를 안 한 건지 의문일 때가 있습니다.

고객: 정작 중요한 건 바로 그겁니다. 언론에서도 사실 보도에 그치지 말고 사후 처리 부분에 더 많은 신경을 써야죠. 근본적으로는 재정을 허가하고 감시하는 의회와 시민단체가 제 역할을 다 해주길 바랄 뿐입니다.

° 부사관으로 근무합니다

필자: 제 병원 근처에 큰 부대가 있어서 군인과 가족들이 자주 오십니다. 개인적으로 저도 군의관을 3년 했습니다.

고객: 어디서 근무했습니까?

필자: 양평 전차부대에서 했습니다. 지금은 다른 사단과 병합되어 없어졌다고 하더군요.

고객: 몸으로 때우는 게 많아서 그렇지, 알고 보면 군대가 일반 회사와 다를 바가 없죠.

필자: 훈련을 나가보면 군인이 멋있다는 걸 새삼스레 깨닫습니다. 자대에서는 부실해 보이던 사람이 전차 포사격이라도 나가면 전혀 다른 사람이 되더군요. 말하는 투부터 행동 하나하나가 완전 상남자입니다. 전차포는 직선으로 날아가므로 2km 전방의 문고리도 맞힙니다. 빵빵 쏴대면 간담이 서늘하죠. 한번은 영내에서 직접 전차 운전을 해봤는데 앞에 돌이 있어도 대충 뭉개고 지나가니 기분까지 시원해지더군요. 당시 미군과 합동 훈련에 참여하기도 했습니다. 3월이었는데 구급차 안에서 침낭에 들어가 자는데도 참을 수 없이 추웠던 기억이 생생합니다. 그때만 해도 한국군의 식사는 식판에 덜어주는 배식이었는데, 미군은 전투식량으로 먹는 둥 마는 둥, 밤에 잠은 자는 건지 속전속결에 거침이 없어서 한편 놀랍기도 했습니다.

고객: 군인을 멋있게 봐주니 감사합니다만, 저 자신을 그렇다고 생각해 본 적은 없습니다.

필자: 지금부터는 꼭 그렇게 생각하세요. 근거 없는 자신감도 문제지

만, 너무 겸손해도 안 좋다고 합니다. 만일 북한과 싸운다면 이길 자신은 있습니까? 남한의 전력이 궁금하기도 합니다.

고객: 북한은 연료 부족으로 훈련 때 전차가 몇 대밖에 못 나갑니다. 그러니 분위기만 익히는 수준이죠. 전투기도 수는 많으나 대체로 고물이고, 전반적인 무기체계는 남한의 상대가 안 됩니다. 다만 전쟁 초기에 포사격으로 수도권에 상당한 타격을 입힐 수는 있죠. 그러나 시간이 가면서 전세는 급격히 역전될 겁니다. 재래식 무기로는 남한의 상대가 안 되기 때문이고, 그런 이유로 북한이 더욱 핵에 매달리는 건지도 모릅니다.

필자: 한국은 징병제이므로 전문성이 떨어진다는 평이 있습니다.

고객: 미군이 그런 쓴소리를 한 적도 있습니다만 받아들여야 한다고 봅니다. 국방도 국가대표 스포츠처럼 애국심이나 열정만으로 되는 건 아니죠. 군 수뇌부에서 고민하고 해결해야 할 문제라고 생각합니다.

필자: 더구나 남한의 인구 감소로 병력 숫자가 북한의 절반 이하라고 합니다.

고객: 그에 대한 답은 예비군 말고는 없습니다. 이스라엘처럼 예비군 병력을 잘 조직화하고 훈련을 심화해야 합니다.

필자: 이스라엘에서는 군복 입고 총을 멘 여군이 시내의 카페에서 커피를 시키더군요.

고객: 한국은 그 정도로 위급하지는 않고, 만일 그런다면 불필요한 위화감이나 불안감을 조성하겠죠.

필자: 제가 복무할 때 느낀 점 하나는 사병의 외출, 외박을 지나치게 제한한다는 점이었습니다. 군인이 특별한 사유가 없음에도 영내에 묶여있는 건 지나친 구속이 아닐까 합니다.

고객: 요즘은 많이 좋아졌습니다. 전에는 사고 날까 봐 못 내보낸 것도 있었죠. 월급이 적어서 그런 이유도 있었습니다.

필자: 매일은 아니더라도 주말이나 휴일만큼은 경계병을 제외하고 누구나 나갈 수 있어야 하고, 또한 그 정도 월급은 보장해야 한다고 봅니다.

고객: 현재 국가에 봉사하러 나선 사병의 가치를 적극적으로 보호하려는 노력이 있습니다. 월급도 많이 올라가고 있죠. 더 나아질 겁니다.

필자: 또 한 가지, 군 면제를 스포츠인으로 한정하는 건 편협해 보입니다. 학계, 연예계, 스포츠계를 막론하고 국위선양이나 막대한 외화 유치를 한 사람은 병역을 면제해 줄 필요가 있고, 국회 내에 이를 위한 위원회를 설치해서 제대로 심사하게 하면 될 겁니다.

고객: 충분히 가능한 일입니다. 이에 대해 국민적 공감이 있는 거로 압니다.

필자: 휴전 후 70년이 지났음에도 조금도 변함없이 철조망을 사이에 두고 소모전이 이어집니다. 남북한의 협의와 군축이 중요하지 않겠습니까?

고객: 결국 그런 방향으로 가야죠. 저 같은 군인이 긴장하지 않고 한가한 게 더 나을지도 모릅니다.

필자: 한가한 군인이란 없습니다.

고객: 말이 그렇다는 거지 평시라고 설마 그렇겠습니까?

필자: 전 군인에 대한 존경심이 남다릅니다.

고객: 몇 가지를 지적하기에 반대로 생각하시는 줄 알았습니다.

필자: 군인이 멋있다고 분명히 말씀드렸건만. 보도를 보면 특히 미국

인은 군인에 대한 예우가 상당하더군요. 그 정도까지는 아니더라도 나라와 국민을 지키는 분들에 대한 고마움을 잊어서 되겠습니까? 가끔 그런 기본이 안 된 사람도 봅니다만, 그냥 뺨이나 한 대 올려주고 싶은 마음만 간절합니다.

° 안양 평촌에서 왔습니다

필자: 평촌이라면 제가 어릴 때 뛰어놀던 곳입니다.

고객: 고향이 안양입니까?

필자: 서울에서 태어났습니다만, 부친께서 일찍이 안양에 개업하셨기에 제 어릴 적 기억은 온통 그곳에 있습니다.

고객: 평촌은 논이었다고 하더군요.

필자: 인가도 없었습니다. 그때는 평촌 옆을 흐르는 안양천의 수심이 깊었죠. 최상류의 백운저수지에서 내려오는 물의 양이 지금보다 많았던 겁니다. 지금은 저수지의 물을 안양, 의왕 지역의 식수원으로 쓰기에 안양천의 수량이 줄어든 거로 압니다. 당시 안양천은 저를 포함한 동네 아이들의 주요 놀이터였죠. 물도 너무 깨끗하고 피라미 천지였습니다. 고기 잡고 물장구치며 놀다 보면 가끔 백운저수지까지 가게 되는데, 둑의 좌측으로는 어르신 두세 분이 줄낚시를 하고 계셨고 그 외에는 사람 보기조차 어려웠습니다. 워낙 외진 곳이라 이무기가 나온다는 얘기도 있었죠. 그래서 아이들 여러 명이 같이 가도 언제나 무서웠습니다. 저수지 인근, 지금의 의왕시 내손동의 뒷산에 가면 야

생 토끼가 있었는데 단 한 마리를 못 잡아도 종일 뛰어다니는 게 좋았습니다. 또 안양천에 홍수가 나서 인근의 논과 마을이 침수되면 불어난 물을 바라보며 어린 가슴을 쓸어내리기도 했습니다. 그런데 지금 다시 가보면 그때의 기억이 무색합니다. 백운저수지 옆에는 아파트 단지가 들어섰고, 휴일에 가면 인산인해라 사람 구경만 하다 오게 됩니다. 토끼 잡던 야산은 아파트와 주택에 가려 꼭대기만 겨우 보일 정도입니다.

고객: 어릴 때 남자애들은 딱지치기나 구슬치기가, 여자애들은 고무줄놀이가 기본이었죠. 우리 세대라면 누구나 "그때가 좋았지"라며 비슷한 추억을 떠올립니다.

필자: 온 동네를 사방팔방 다 뛰어다니고, 나무에 올라타는 건 일상이며, 담장 위를 뛰어다니질 않나, 겨울에 눈이 오면 버스 뒤의 범퍼에 매달려 눈썰매를 타다가 기사 아저씨한테 뒤통수를 얻어맞은 적도 있습니다.

고객: 그때 죽마고우들은 지금도 만납니까?

필자: 소식만 듣습니다. 안타깝게도 가장 친한 친구가 중학교 때 연탄가스 사고로 세상을 떠났습니다. 부모가 화교로 중국집을 했는데 영리하고 민첩한 친구였죠.

고객: 요즘 아이들처럼 자연을 접하지 못하면 정서적으로 취약해질 수 있습니다.

필자: 땅을 만지지 못해서 그런지 지나치게 깔끔한 아이들도 많아 보입니다.

고객: 전 어릴 때 만화방에 자주 갔던 기억이 있습니다.

필자: 그때의 만화는 아이들 최고의 문화생활이었습니다. 돈 되는 대로 빌려다 방바닥에 엎드려 보곤 했죠. 당시 집에는 백과사전

이 한 질 있었습니다. 12권짜리로 기억하는데, 책마다 사진이 가득해서 그걸 보고 또 봤습니다. 인문, 지리, 과학, 생물, 예술 등 제 지식의 반은 거기서부터 생겼다 해도 무방합니다.

고객: 그래서 공부를 잘하게 됐습니까?

필자: 제가 공부를 잘한 건 아닙니다. 요점정리를 잘했을 뿐이고 공부를 많이 한 것도 아니죠. 전 운이 좋았어요. 제 능력과 수준으로 의대에 합격한 건 분명 운이 좋았던 겁니다.

고객: 그동안 어떻게 살았다고 자평합니까?

필자: 대학 시절을 포함한 청소년기는 철이 없었습니다. 그러다 군의관으로 근무하면서 달라졌죠. 시간 나는 대로 책을 읽고 학생 때 부족했던 의학 공부도 제대로 했습니다. 인간관계도 많이 배워서 위 사람 어려운 것도, 아래 사람 힘든 것도 알게 됐습니다. 그러다 군의관 말년 차에 결혼하고, 전문의 과정을 마치고, 취직했다가 개업해서 오늘에 이르게 된 겁니다. 실상 개업한 이후의 제 삶은 변화가 거의 없었습니다.

고객: 안정적이니 그랬겠죠. 뭘 해도 잘 안 되어 변화무쌍하고 어려운 삶을 사는 사람이 많습니다.

필자: 잘 압니다. 그러니 제가 능력에 비해 운이 좋았다고 감사하는 겁니다. 이 사실을 가끔 꿈속에서도 되뇌곤 합니다.

고객: 지금껏 어떤 사람이었다고 평가합니까?

필자: 최소한 군의관 이후부터는 누구 못지않게 성실했습니다. 의원 개업 후 자의적으로 결석한 날이 단 하루도 없었습니다.

고객: 성실하면 된 겁니다. 성실하지 않으면서 남 탓, 부모 탓, 사회 탓하는 사람이 적지 않습니다.

필자: 말씀하신 대로 이 사회가 아무리 노력해도 안 되는 사람이 많

은 건 분명한 사실입니다. 그래도 성실하게 올바른 길을 걷는 분이 잘될 가능성이 크더군요. 그런 분은 돈을 많이 못 벌어도 행복해 보이기도 합니다.

고객: 돌아보면 후회는 없습니까?

필자: 있죠. 누구나 그렇지 않겠습니까? 그래서 지금부터 하고 싶은 것도 있습니다.

고객: 그게 뭐든 반드시 하세요. 잘하길 빌고 또 그럴 거라 믿습니다.

3장. 잘 사는 이야기

° 외국인 상대로 여행 가이드를 합니다

필자: 외국에서 살아본 경험이 있습니까?

고객: 외국에 관심이 많아서 여행은 자주 다녔지만 살아본 적은 없습니다. 젊어서부터 영어 공부를 열심히 했고, 덕분에 60세가 넘은 나이에도 가이드 일을 합니다.

필자: 대단하시네요.

고객: 제가 복 받은 사람입니다. 더구나 가이드 일이 적잖이 재미있어서 나이가 들수록 더 애착이 갑니다.

필자: 외국인이 한국을 보는 시선은 어떻습니까?

고객: 호의적이죠. 그들은 처음 보는 걸 좋아하는데, 도심에 산이 많은 걸 신기해합니다. 특히 현대식 건물 사이에 뜬금없이 놓인 조선의 고궁이 서구의 도시에서는 볼 수 없는 색다른 모습이라고 합니다.

필자: 한국 음식은 어떤 걸 좋아합니까?

고객: 외국인이 한국 음식을 다 잘 먹을 거 같지만, 실제로는 묵히거나 발효된 식품을 싫어하는 사람이 대부분입니다. 제가 본 서양인들은 대체로 냄새에 취약하더군요.

필자: 어느 나라에도 독특한 음식이 있지 않습니까? 묵힌 치즈나 중국의 삭힌 두부처럼 말이죠.

고객: 그렇긴 하지만 굳이 싫다는 외국인에게 식사용으로 권하는 건 예의가 아니라고 봅니다. 한 번쯤 도전해 보라고 하면 호응하는 편이나 그 음식을 또 먹으러 가지는 않죠.

필자: 저도 그런 음식을 선호하는 편은 아닙니다.

고객: TV에서 보면 외국인이 별로 좋아하지 않을 듯한 음식을 권하고, 또 잘 먹으면 뿌듯해하는 장면이 있는데 실제와는 거리가 있습니다.

필자: 혹시 곱창을 권한 적이 있습니까?

고객: 그런 적은 없네요.

필자: 얼마 전에 곱창을 먹다가 이걸 세로로 자른 후 안팎을 잘 씻어서 구워 먹으면 좋겠다는 생각이 들더군요. 곱이 있어야 제맛이라고 하지만, 제 취향에는 깨끗한 게 더 좋습니다. 서양인은 부속물을 안 먹는다고 하지만 곱창을 잘 씻어서 보기 좋게 구우면 맛있다고들 할 겁니다.

고객: 남부 유럽 등에서도 내장을 요리해서 먹는다는 얘기를 들은 적이 있습니다.

필자: 외국인들은 주로 뭘 먹고 갑니까?

고객: 아침은 호텔에서 간단히 해결하고 주로 점심은 한식, 저녁은 양식을 제공합니다. 외국인은 한국인에 비해 간단히 먹는 편입니다. 반면 한국인은 먹는 걸 너무 밝히는 사람이 많죠.

필자: 못 먹던 시절이 얼마 지나지 않아서 그럴 겁니다.

고객: 이제는 잘살게 됐으니 먹는 것만큼이나 문화나 취미생활에도 관심을 가졌으면 합니다.

필자: 한식으로는 육류가 주가 되겠네요.

고객: 네, 이제껏 소고기, 돼지갈비 싫다는 사람은 거의 못 봤고 비빔

밥이나 순두부도 좋아합니다. 떡볶이처럼 매운 음식도 아주 심하지만 않으면 생각보다 잘 먹습니다.

필자: 한국 요리는 손이 많이 가니 요즘은 밥보다 빵을 찾는 사람이 많아졌습니다.

고객: 그러나 한식은 열량이 적고, 알고 보면 최고의 건강식입니다. 다만 한식도 일식처럼 세계화가 필요해 보입니다. 전 세계에서 한식처럼 독특한 음식이 드문데 그 장점을 살리려면 세계인의 입맛에 맞게 어느 정도 조정할 필요가 있죠.

필자: 한국에서는 주로 어딜 많이 갑니까?

고객: 남한강, 북한강 변의 도로 등 한국적 자연이 두드러진 곳, 그리고 비무장지대처럼 한국만의 특별한 곳을 자주 찾습니다. 특이한 건 외국인 남자들은 지도를 보고 다니는 걸 좋아한다는 겁니다. 제가 지도를 사서 미리 목적지를 표시해 나눠주면 매우 좋아하죠.

필자: 요즘은 스마트폰으로 지도를 보지 않습니까?

고객: 스마트폰은 화면이 작고 표시가 어려워서 전 아직도 종이 지도를 씁니다.

필자: 그런 노력이 더해져 가이드 일을 오래 하시나 봅니다.

고객: 아직도 저를 써주는 회사에 감사하죠. 조금 불안하긴 합니다. 딱히 정년은 없지만 아마도 몇 년밖에는 더 못할 겁니다.

필자: 캐나다에서는 관광버스 기사가 인기 직업이라고 합니다. 한동안 집을 벗어나 돈 벌면서 여행한다 생각하면 그만한 직업이 또 없겠죠.

고객: 그들도 고충이 많을 겁니다. 가이드도 마찬가지입니다.

필자: 그럼에도 멋지게 사시고 인품이 좋아 보이십니다. 비결이 있습

니까?

고객: 제가 좋아하는 문구가 하나 있는데 'Be humbled'입니다. 되도록 소박하고 소탈하려고 노력합니다.

필자: 배우 주윤발이 떠오릅니다. 그는 홍콩에서 전철을 타고 다니고, 옷이나 신발도 명품이 아닌 시장에서 산 것을 입는다고 하죠. 또한 재산의 90%인 8천억 원을 기부했다고 알려져 있습니다.

고객: "재산은 내가 잠시 보관하는 것"이라 했다죠. 현시대에 존경받아 마땅한 분입니다.

필자: 본래 가난한 집안에서 태어났고, 젊은 시절에 아르바이트를 전전하다가 극장에 가면 시원한 에어컨이 있어서 매일 출근하다시피 하던 중 우연히 배우 공채에 응시했다고 합니다. 그의 환갑잔치에 친구 20여 명을 불렀는데 그때 쓴 비용이 고작 50만 원이었다는 얘기도 전해집니다.

고객: 빌딩이 몇 채면 행복할까요? 자가용 비행기를 타고 다니면 행복할까요? 그분을 통해 소박한 삶의 행복을 다시 생각하게 됩니다.

필자: 소박하다는 건 물질적인 것뿐 아니라 정신적으로도 그렇죠. 톨스토이가 이런 말을 했다고 합니다. "중요한 일을 하는 사람은 그 생활이 단순하다. 그들은 쓸데없는 일에 마음을 쓸 겨를이 없기 때문이다." 너무 많은 생각으로 골치 아플 이유는 없다고 봅니다.

고객: 정신적으로 소박하고 소탈한 사람은 잘 웃고, 고집이 세지 않으며, 자기 잘못을 금방 인정하고 긍정적일 겁니다.

필자: 많이 안다고, 공부 많이 했다고 목에 힘주는 것도 보기 좋지 않

습니다. 반면 빈 수레가 요란하다고 자랑이나 허영이 심한 사람은 내면에 열등감이 있다고 합니다.

고객: 주위에 유독 자랑이 심한 친구가 하나 있습니다. 그래서 제가 제안했죠. 친구들과 만나서 누구라도 자랑할 때마다 1만 원씩 내자고요. 그랬더니 자랑은 쑥 들어가고 그제야 힘든 얘기를 꺼내더군요.

필자: 현명하십니다. 그렇게 하면 친구들끼리 더 화목하고 서로 위로가 되겠네요. 그런 지혜로 가이드 일도 오래 하시길 빕니다.

고객: 실은 저도 오래 했으면 좋겠습니다. 능력이 되는 한 그렇게 해볼게요.

◦ 대학에서 미술을 가르치며 작품 활동을 합니다

필자: 사람이 하는 가치 있는 세 가지는 창조, 교육, 봉사라고 합니다. 대부분 하나도 하기 어려운데 두 개나 하고 계시니 얼마나 좋습니까?

고객: 겉보기엔 그렇겠죠. 실상은 돈이 없어서 별로입니다.

필자: 돈 많다고 행복하다면 한국에서 삼성의 이재용 회장이 가장 행복하겠네요. 돈은 행복과는 전혀 상관이 없다고 합니다. 오히려 돈이 많을수록 더 힘들게 산다는 말도 있죠. 돈이 남아돌면 은행에 넣어두기도 그렇고 어딘가에 투자해야 하는데 그게 또 상당한 고민거리가 될 수밖에 없을 겁니다.

고객: 저도 돈이 많아서 그런 고민 좀 해봤으면 좋겠습니다.

필자: 돈이 많으면 뭘 하실 겁니까?

고객: 조물주 위에 건물주라고 일단 건물을 살 겁니다.

필자: 설마 건물 자체가 목표는 아닐 테고 건물에서 나오는 돈으로 편하게 살겠다는 건데, 실상 건물주라고 그냥 앉아서 돈 버는 건 아니더군요. 그래서 불로소득이 아니라 투자소득이 맞는 표현이라고 합니다. 하여간 건물 사서 돈을 많이 벌었다 치죠. 그 돈으로 뭘 하시겠습니까?

고객: 일 그만두고 여행이나 다닐 것 같습니다.

필자: 그 좋은 교수직은 그만두실 겁니까?

고객: 그건 아닙니다.

필자: 그렇다면 지금 여행을 못 갈 정도로 궁핍하십니까?

고객: 그 정도는 아니죠.

필자: 내년에 안식년인 거로 아는데 그때 실컷 여행 다니면 되겠네요. 부럽습니다. 제게는 꿈같은 얘기입니다.

고객: 원장님은 많이 벌었는데 무슨 걱정이 있겠어요?

필자: 그렇지 않습니다. 저 역시 항상 돈이 모자랍니다.

고객: 원장님이 그렇다면 저 같은 사람은 오죽하겠습니까?

필자: 돈이 남는 사람은 없죠. 있으면 있는 대로 모자란 게 돈인 건 확실합니다. 이재용 회장은 더 큰 일을 도모하기 위해 천문학적으로 많은 돈이 필요하다고 합니다.

고객: 그래도 풍족하다 싶을 만큼 쓰고 싶은 게 여자의 마음입니다.

필자: 쓸 만큼만 벌면 되고, 번 만큼만 쓰면 되는 거죠. 돈은 목적이 아니라 수단이라고 합니다. 에리히 프롬도 "인간이 행복한 존재가 되는 데는 소유가 필요하지 않다"라고 했습니다.

고객: 그래도 스트레스 많은 회사원이 돈이 많다면 당장 사직서를 내

고 편하게 살 수 있죠.

필자: 복권에 당첨되어서 떼돈을 벌었다 칩시다. 하던 일 다 그만두고 마냥 노는 게 과연 좋을까요? 일이 주는 자기성찰의 기회를 잃을 수도 있습니다.

고객: 떼돈이 있으면 원하는 일을 골라서 할 수 있을 겁니다.

필자: 구체적으로 어떤 일입니까? 별장 지어서 텃밭 가꾸는 일?

고객: 원장님도 돈이 많으면 하고 싶은 게 있겠죠.

필자: 돈이 많으면 병원 그만두고 한가하게 여행이나 다니며 살고 싶습니다.

고객: 저와 다를 바가 없네요. 이제껏 한 말씀의 신뢰성이 떨어집니다.

필자: 솔직히 의사 일이라고 그렇게 재미있겠습니까?

고객: 그래도 사명감을 가져야죠.

필자: 그게 일을 계속하는 이유의 90% 이상일 겁니다.

고객: 의사는 정년도 없으니 오래 할 수 있지 않습니까?

필자: 오히려 독이 될 수도 있습니다. 80세가 넘도록 병원을 운영하는 분도 계시지만, 봉사가 아니라면 전 그렇게 하고 싶지 않습니다.

고객: 하긴 무슨 일이든 너무 오래 하는 건 그다지 좋아 보이지 않더군요.

필자: 그래도 제가 교수님보다는 더 오래 할 게 분명합니다.

고객: 일이 중요하다더니 참 잘됐네요.

필자: 비꼬진 마시고요. 혹시 은퇴하면 뭘 하실 생각입니까?

고객: 연금으로 취미나 즐기며 살겠죠.

필자: 지금은 그 취미를 못 하고 있습니까?

고객: 꼭 그런 건 아닙니다.

필자: 결국 그겁니다. 지금 내가 하고 싶은 걸 하는 게 삶을 좌우할 만큼 중요하지 않겠습니까? 그게 일이든 취미든 말입니다. 더구나 그걸 하는 데 있어서 무슨 돈이 그렇게 많이 필요하겠습니까?

고객: 일이나 취미도 고상한 걸 하려면 돈이 많이 들어갑니다.

필자: 프랑스 파리에 가서 명품을 사시렵니까? 예상보다 돈이 많이 들어가는 일이나 취미라면 애초에 나와 맞지 않은 겁니다. 결국 돈이 없어서 못 한다는 건 그저 돈을 핑계로 삼는 것뿐이라고 봅니다.

° 어느덧 80세 중반이네요

필자: 나이에 비해 젊어 보입니다.

고객: 젊을 땐 예쁘단 소리도 들었는데 이제는 팥죽할멈입니다.

필자: 예쁜 것보다 더 중요한 건 인상이라 생각합니다. 얼굴은 그 사람의 됨됨이를 보여주는 거울이라 하죠. 아무리 잘생기고 깨끗해도 인상이 이기적이거나 고집스러워 보이는 분이 있습니다.

고객: 나이 먹으니 마음이 좀 편해진 건 있습니다. 포기할 능력이 생겼다고나 할까요. 뭐든 그럭저럭 넘어가도 괜찮다 싶습니다.

필자: 요즘은 60대는 청년, 70대는 중년, 80대는 장년이고, 90세나 넘어야 노년 소리를 듣는다고 합니다.

고객: 그럼 50대는 사춘기네요. 돌아보니 저의 50대도 철없는 사춘

기였던 거로 기억됩니다.

필자: 어느 기사분이 차 운전하면서 남과 시비가 붙었을 때 싸우지 않고 잘 피하면 철이 든 거라고 하더군요.

고객: 부모가 돌아가시면 철든다고도 합니다. 어느 팔십 넘은 아버지가 육십 넘은 아들과 고궁에 놀러 가서는 매표소에서 "어른 하나, 애 하나!" 하더랍니다.

필자: 한국 남자는 군대 가서 철들고, 여자는 아이 낳고 철든다는 말도 있죠. 대체 사람은 언제쯤 철이 듭니까?

고객: 어릴 때부터 철드는 사람이 있는가 하면, 죽을 때까지 철없는 사람도 있더군요.

필자: 건강은 별 문제가 없으십니까?

고객: 큰 병은 없지만 실상 60세가 넘으니 새로운 일을 하기가 어렵고, 70세가 넘으면 새로운 일은커녕 만사가 귀찮고, 80세가 넘으면 쉽게 피곤해서 몸이 안 따라줍니다. 그저 TV 보는 정도면 만족이라는 친구도 있습니다.

필자: 폐의 기능이 저하되면 산소 공급이 원활하지 않아 쉽게 피곤해진다고 합니다. 적당한 운동과 풍선 불기 등으로 폐활량을 늘리는 게 도움이 됩니다.

고객: 좋은 팁이네요. 한번 시도해 보겠습니다.

필자: 젊을 때는 어떻게 사셨는지요?

고객: 우리 세대 여자들은 남편에 의한 영향이 컸습니다.

필자: 남편분이 좋았습니까?

고객: 남편 좋은 부인이 어디 있답니까? 매일 술 먹고 제멋대로였죠. 결국 칠십을 넘기지 못하고 저세상으로 갔습니다. 그런데 이상하게도 80세가 넘으니 그 양반 생각이 자꾸 납니다. 더구나 남

편이 사업해서 남겨준 거로 지금까지 큰 탈 없이 먹고사니 감사하죠. 저도 죽을 때가 되니 이제야 철드나 봅니다.

필자: 한국화를 하신다고 들었습니다.

고객: 우연히 친구 따라 문화원에 갔다가 미술 강좌를 들었죠. 세상에, 그림만큼 좋은 게 없더군요. 무엇보다도 그림 그리는 시간만큼은 세상의 시름을 다 잊을 수 있었습니다.

필자: 주로 뭘 그리십니까?

고객: 아직은 실력이 안 되니 추상은 못 하고 자연을 많이 그립니다. 그림 그린다는 핑계로 동료와 여행도 가죠. 그게 가장 좋은 시간입니다.

필자: 그림을 하게 되면 산, 바다, 하늘 등 원래 있던 것들이 더 아름답게 보인다고 합니다.

고객: 그냥 지구상에 있는 것들은 다 아름다워요. 지구는 축복입니다.

필자: 쓰레기 함부로 버리지 말았으면 합니다. 인류 최초로 1만2천 미터 심해에 내려갔더니 바닥에 플라스틱 쓰레기가 널려있었다고 하더군요. 어쨌든 60세 넘어서 제대로 삶의 활력을 찾으셨네요. 제게도 큰 조언이 됩니다.

고객: 나이 먹으면서 남의 말을 잘 들으려 합니다. 나이 먹으면 입은 닫고 귀를 열어야 하는데 친구 중에는 아직도 자기 얘기만 하는 사람이 있습니다. 그 얘기마저 매일 반복되는 내용이라 다들 지겨워하죠.

필자: 그런 사람이 하는 얘기의 세 가지 특징이 있는데 옛날 얘기, 허접한 얘기, 그리고 옛날의 허접한 얘기를 계속 반복하는 거라고 합니다.

고객: 새로운 경험이나 지식을 얻지 못하기에 그런 겁니다. 그러니 사람은 꾸준히 공부해야 한다는 말이 나오는 거죠.

필자: 말투도 그렇지만 행동도 조심했으면 합니다. 길에서 보란 듯이 이를 쑤시고, 침 뱉고, 화장실 나와서 바지 지퍼 올리고…. 봐주기 어려운 광경을 연출하는 사람이 많습니다.

고객: 그런 사람이 집에서 부인과 자식들에게는 잘할까요? 밥 먹고 나서 식기는 그대로 둔 채 소파로 직행해서는 과일 깎아오라 할 게 뻔합니다.

필자: 그 또한 자기밖에 모르고 철이 들지 않았기에 하는 행동일 겁니다. 나이 먹으면서 돈에 더 인색해지기도 합니다. 없어도 쓸 줄 아는 사람이 있고, 있어도 쓸 줄 모르는 사람이 있습니다.

고객: 요즘은 거의 N분의 1을 하더군요. 그게 편해요. 돌아가면서 내는 건 신경이 많이 쓰입니다. 그럴 필요가 뭐 있겠습니까?

필자: 남자도 나이 먹으면 전기밥솥과 세탁기 정도는 다룰 줄 알아야 한답니다.

고객: 원장님도 할 줄 아십니까?

필자: 오늘 집에 가서 배우도록 하겠습니다.

고객: 그러세요. 아는 것과 하는 건 다르죠.

필자: 저도 나이를 먹으니 주위에 신세 한탄하는 친구가 많아집니다.

고객: 제 친구는 자신을 밥만 축내는 쌀벌레라고 자책합니다.

필자: 그럼 밥 대신 빵을 먹으라 하지 그러세요?

고객: 아마 밀가루가 더 비싸다고 할 겁니다.

필자: 유난히 푸념과 불평이 심한 사람이 있더군요.

고객: 어떤 친구는 매번 도망갈 궁리만 합니다. 남편, 시댁, 자식으로부터 말이죠. 그런데 실제로 도망간 적은 한 번도 없고 그저 궁

상만 떠는 겁니다.

필자: 낙타는 사막을 떠나지 않는다는 합니다. 낙타가 물이 많은 정글이나 초원에서 살면 편하겠지만 잡아먹히기 쉽죠. 그 느린 발로는 맹수를 피하지 못하기 때문입니다. 게다가 사막에서는 느리지 않으면 체온이 올라서 살아남지 못한다고 합니다. 그러니 낙타에게는 척박한 사막이 최적입니다. 흰곰은 펭귄을 잡아먹지 않는데 흰곰은 북극에, 펭귄은 남극에 살기에 서로 만날 일이 없기 때문이죠. 만일 펭귄이 북극에 살았다면 다 잡아먹혔을 테니, 발이 느린 펭귄에게도 척박한 남극이 최적입니다.

고객: 사람이라고 자기 자리에서 최선을 다하는 게 우선입니다. 가끔 여기저기 옮겨서 성공한 사람이 있지만 그렇지 않은 사람이 더 많죠.

필자: 제 장모님과 연세가 비슷하신데, 언젠가 장모님 때문에 크게 놀란 적이 있습니다. 아내가 댁에 들렀더니 장모님은 안 계시고 탁자 위 노란 종이에 보란 듯이 '죽는 약 사오기'라고 적혀있더랍니다.

고객: 치매를 앓고 계십니까?

필자: 건망증 수준이지 치매는 없습니다. 아내가 제게 전화해서는 난리가 났죠.

고객: 노인은 혼자 살면 우울증을 피하기 어렵습니다.

필자: 오후 4시경 경찰에 신고하려던 즈음 다행히 집에 들어오셨다고 연락이 왔습니다. 아내가 올 줄 모르고 혼자 시장에 가셨다는데 쪽지에 관해 물으니 황당한 답을 하시더랍니다. 앞에 '벌레'라는 주어를 뺀 거라고. 살충제 사는 걸 자꾸 잊어서 그렇게 떡 하니 적어놓으신 거랍니다.

고객: 절묘한 해프닝이었군요.

필자: 행복은 무엇이라 생각하십니까?

고객: 나만의 소중한 일이 있으면 행복하겠죠. 종교 활동은 물론이고 글, 그림, 음악 등에서 말입니다. 그런 면에서 저는 그림 그릴 때 행복을 느낍니다.

필자: 재미없어도 해야 할 일이 있습니다. 그런 일에 하루 중 대부분을 보낸다면 행복한 시간은 적겠네요.

고객: 여유 시간이 조금도 없겠습니까? 일 끝나고 기다려질 만큼 즐거운 취미를 만들어야죠. 이 나이 먹으면 너무 어렵게만 살았다고 후회하는 친구들이 많아집니다.

필자: 서양인들은 즐기기 위해 태어났다고 자주 말합니다.

고객: 즐긴다는 게 얼마나 좋습니까? 심각하려고 태어난 건 아니죠.

필자: 살다 보면 이 순간만 벗어나면 즐겁겠다는 고난도 많이 겪게 됩니다.

고객: 그 순간도 어느덧 사라지더군요. 그러니 죽지 말고 오래 살아야 하는 겁니다.

필자: 남과 비교하지 않는 자신만의 행복을 찾으라고 합니다.

고객: 보다 근본적으로는 자신을 사랑하고 존중하는 게 행복의 최우선 조건 아니겠습니까? 자신을 존중하면 남 신경도 덜 쓰게 되죠. 반대로 남을 너무 신경 쓰는 건 자존감이 낮기 때문일 겁니다.

필자: 비교를 넘어 남 탓하는 사람이 많습니다.

고객: 부모를 포함해서 누구 때문에 이렇게 됐다고, 국가가 해준 게 없다고 불평만 하는 사람이 있습니다. 그런 사람이 과연 행복할 수 있을까요?

필자: 나이를 거슬러서 20대가 된다면 뭘 하고 싶습니까?

고객: 공부? 연애? 글쎄요. 지금이 좋은데 다시 돌아가고 싶은 생각은 없습니다. 아마 그때로 돌아가도 똑같은 삶을 살 겁니다.

필자: 나이가 많아서 못 한다는 사람을 자주 봅니다.

고객: 젊을 때처럼 추진력이 있겠습니까만, 하고 싶은 게 있다면 지금 하면 되지, 할 것도 아니면서 나이가 많아서 못 한다고 탄식합니다. 지금 하지 못하면 영영 못 하는 거고, 지금 행복하지 못하면 행복한 삶이 아닐 겁니다.

필자: 켄터키 프라이드 치킨집에 서 있는 커넬 샌더스 창업주는 60세 넘어 1,009번 만에 자신의 치킨을 팔아줄 매장을 찾았고, 그렇게 70세가 넘어서 대기업을 일구었다고 합니다.

고객: 그런 대단한 업적이 부럽지만, 일상의 사소하고 작은 것들이 더 소중하고 행복한 건지도 모릅니다. 소설가 전혜린이 이런 말을 했습니다. "세상을 많이 돌아다니고 남들 하는 거 다 해봤지만 지금 이 순간 따스한 볕이 드는 집안에서 옆집 아낙과 함께 커피 한잔 마시면서 도란도란 정담을 나누는 게 가장 좋다"라고요.

° 중국어를 공부하고 있어요

필자: 제 아내도 중문학 전공입니다만, 공부를 계속하신다니 존경스럽습니다.

고객: 끊임없이 해야죠. 중국어 학원에서 알게 된 네댓 명과 함께하

고 있습니다. 1년에 한 번은 중국 여행을 가려는데 서로 일정이 안 맞아서 잘되지는 않네요.

필자: 현지에서 배우는 게 확실하죠. 전공이 중국어입니까?

고객: 전혀 아닙니다.

필자: 그러면 중국어를 하게 된 계기가 있습니까?

고객: 제 친구들이 소위 금수저입니다. 그런데 그네들 사는 모습이 날이 갈수록 거부감을 유발하더군요. 경제적 여유가 있고 자기들이 좋아서 하는 거니 비난할 일은 아니지만, 고급 호텔이나 명품 등을 SNS에 올리고 서로 의견이랍시고 올리는 걸 보고는 차라리 난 뭐라도 배우러 다니는 게 좋겠다 싶었죠. 당시 지적 호기심에 목말라 있기도 했습니다. 문화원 광고를 보니 언어 강좌가 많았고, 외국어 하나라도 해보자는 마음에 별 고민 없이 택했던 게 중국어였습니다.

필자: 중국에는 정말 가볼 데가 많습니다.

고객: 전에는 대도시 위주로 갔는데 이제는 쓰촨성만 집중적으로 가려고 합니다.

필자: 팬더의 고향이죠. 청두와 구채구에 가본 적이 있습니다. 음식도 맛있더군요.

고객: 자연이 아름답고 기후도 온난합니다. 고대에는 중국의 변방에 지나지 않았으나 삼국지의 유비가 촉한을 세우면서 역사의 중심이 되기도 했고, 중국 한시의 2대 거장인 이백, 두보가 활동했던 곳이기도 합니다.

필자: 쓰촨성만 가려는 이유가 있습니까?

고객: 이왕이면 한 지역을 제대로 알고 싶은 거죠. 사실 우리 문화원 팀은 꿈이 있습니다. 쓰촨성부터 시작해서 그 지역의 역사, 풍

물이나 사람들 사는 모습을 담은 기행문을 내는 겁니다. 사진도 많이 올려서 멋진 책을 만들고 싶습니다.

필자: 중국어 실력이 많이 늘면 중국 서적을 번역하는 작업도 하세요. 잘 알려지지 않은 고서들도 많다고 합니다.

고객: 아직 거기까지는 의문입니다.

필자: 여행 가고, 중국어 늘고, 역사 공부하고, 맛있는 거 먹고, 책 내고, 무려 1석 5조네요.

고객: 꿈이 그렇다는 건데 잘됐으면 좋겠습니다.

필자: 지금껏 말씀하신 내용을 집에 가서 아내에게 알려줄 겁니다.

고객: 아내분이 현모양처 스타일입니까?

필자: 뭐, 그런 편입니다.

고객: 아마도 제가 하는 건 안 하려 하실 겁니다.

필자: 아니, 그걸 어떻게 아셨습니까?

고객: 왠지 느낌이 그래요. 더구나 경쟁자가 생기는 건 반가운 일이 아니죠.

° 웃는 모습이 좋다는 말을 들으려 합니다

필자: 나이 지긋한 분의 소탈한 웃음은 보는 사람을 행복하게 합니다.

고객: 사람이 아무리 힘들어도 유머를 잃지 않으면 좋겠어요.

필자: 유머도 지성에서 나온다고 합니다. 안 그러면 썰렁한 아재 개그나 될 겁니다.

고객: 쓸데없이 심각하면 삶이 피곤하죠.

필자: 제 의원에 오는 고객 중에도 전혀 웃는 모습을 보이지 않는 분이 있습니다.

고객: 아플 게 뻔한 데 웃음이 나오겠습니까?

필자: 그런 게 아니라 인생 자체가 심각해 보이는 분이죠. 그런 분은 치료에 대한 만족도가 낮기도 합니다.

고객: 자신이 하는 일 한 가지만 심각하고 진지하면 됩니다. 나머지는 깃털처럼 가볍게 해도 되죠. 취미도 즐기면 되는 걸 거기에 매번 내기를 걸고, 또 그걸 따먹겠다고 용을 쓰는 사람이 있습니다. 개인적으로 별로 좋아하지 않는 스타일입니다.

필자: 하루에 생각하는 시간을 5분도 투자하지 않으면 삶에 끌려다닌다고 합니다. 다만 뭔가를 결정하는 단계에서는 진지함이 필요합니다.

고객: 일단 결정했으면 또한 가볍게 하면 됩니다. 일이라고 종일 진지할 수는 없죠. 마냥 바쁘다는 사람도 있습니다만, 그래서야 삶의 의미나 여유가 있겠습니까?

필자: 그런 여유에서 웃음이 나오나 봅니다.

고객: 소소한 건 가볍게 넘기려고 합니다. 남의 잘못에 매번 나서는 사람도 있는데, 특히 자기와 관계도 없는 정치인이나 연예인의 잘못은 왜 그렇게 잘 따지나 모르겠습니다.

필자: 대범하지 않으면 스트레스만 받는 시대입니다. 사르트르는 "인간은 자기 그릇에 걸맞은 인생밖에 살 수 없다"라고 말했다 합니다.

고객: 그릇이 작으면 그만큼 사는 거겠죠. "사람은 자신이 생각한 만큼의 자신이 된다"라는 말도 있습니다. 용기나 도전도 대범함

에서 나오는데, 쪼잔한 사람은 그런 것과는 거리가 멀 수밖에 없습니다.

필자: 실은 제가 쪼잔한 편입니다.

고객: 쪼잔한 건 잘 모르겠고 일견 꼼꼼해 보입니다. 직업 때문에라도 그렇겠죠.

필자: 편하게 살았기에 웃음이 편한 건 아닐 겁니다.

고객: 우리 세대에 어디 편하게 산 사람이 있던가요? 어릴 때 미국에서 원조해 준 가루 분유를 먹으면 설사를 했습니다. 그래도 배가 고파서 또 먹고는 했죠. 그 시절에 비하면 지금의 한국은 천지개벽입니다.

필자: 누구나 재물을 잃기도 하고 지난날의 회한에서 벗어나지 못하기도 합니다.

고객: 그것도 대범해야죠. 지난날은 말 그대로 지난 겁니다.

필자: 한국인은 한이 많습니다.

고객: 한도 지나치면 청승이 됩니다. TV를 봐도 청승과 신세 한탄에 무슨 눈물이 그렇게 많은지.

필자: 한국인은 서양인에 비해 쿨한 면은 덜해 보입니다.

고객: 지난 시절의 회한을 다 끄집어내면 누군들 서럽지 않은 사람이 있겠습니까? 과거의 실패에서 후회 대신 교훈만 꺼내다 쓰면 되죠.

필자: 실패해서 다시 시작하는 게 쉽지만은 않습니다.

고객: 넘어지면 다시 일어나야지 그대로 기어갈 수는 없는 노릇입니다.

필자: 한국에서는 해도 해도 안 되는 사람이 많습니다. 길바닥에 나앉는 심정으로 하루하루를 버티는 사람들 말입니다.

고객: 소비를 줄여야 할 겁니다. 한국에서는 체면에 들어가는 돈도 만만치 않아요.

필자: 한국적 정서에서 체면을 버리기가 쉽겠습니까? 부모에게 받은 게 없어서 한탄하는 사람도 많습니다.

고객: 금수저네 흙수저네 다 얼빠진 생각입니다. 20대만 되면 독립해야 하는 겁니다. 경제적 독립은 말할 것도 없죠. 전 가난했지만 그렇게 살았습니다.

필자: 사람들의 짜증도 더 심해집니다.

고객: 다 순리대로 돌아갈 거고, 짜증 내서 잘될 건 없습니다. 알고 보면 이유 없는 짜증도 많더군요.

필자: 열등감에 의한 짜증이 가장 심하다고 합니다.

고객: 남과 비교하니 그렇겠죠. 외국을 많이 가봤는데 한국인은 남 신경을 많이 씁니다. 우리도 이제는 남 말고 자기가 만족할 만한 삶을 살았으면 합니다.

필자: 혹시 무슨 일을 하셨습니까?

고객: 마도로스라고 들어보셨습니까? 항해사였어요. 큰 배 타고 바다로 나가 안 다녀본 곳이 없다시피 살았습니다.

필자: 수에즈, 파나마 운하에도 가보셨겠네요.

고객: 둘 다 보름 정도면 도착하는 거리입니다.

필자: 젊을 때는 어떠셨습니까?

고객: 실은 제가 남의 잘못을 그냥 넘기지 못해서 싸움도 많이 하고 다녔죠. 불의를 못 참고 정의감이 충만했는데 돌아보니 정의감이 아니라 객기였어요. 그걸 대범함으로 알았건만 정작 소인배의 전형이었던 겁니다. 나이를 먹고서야 대범함이란 싸워 이기는 걸 의미하지 않는다는 사실을 알게 됐습니다.

필자: 사소한 데 목숨 걸지 말라고 합니다. 양보하고 물러서서 털고 일어날 줄 아는 사람을 보면 존경스럽기까지 합니다.

고객: 대인배적 기질입니다. 저도 그걸 50세가 넘어서야 알았으니 남들보다 늦은 편입니다.

필자: 그러나 일부러 양보하고 져줄 필요는 없지 않습니까? 자꾸 지다 보면 야무지지 못한 사람이란 취급을 받기도 합니다.

고객: 자신감이 없으니 그런 취급을 받고 여기저기 휘둘리는 거죠. 자신감이 있으면 절대 그렇지 않습니다.

필자: 어떻게 해야 자신감이 생깁니까?

고객: 그 또한 남 눈치를 안 봐야죠. 너무 나대지는 말되 자기 소신대로 사는 게 자신감이라고 봅니다.

필자: 대인관계의 스트레스로 회사나 사회생활이 어렵기도 합니다.

고객: 자기와 똑같은 사람은 없건만 다양한 대인관계에서 모두에게 사랑받으려 전전긍긍하는 사람도 있더군요. 그런 대인관계에 시달리는 것도 소인배입니다. 자기 일이나 잘하면 되죠. 그러면 남에게 인정받고 눈치 볼 일도 없습니다.

필자: 바다처럼 넓은 직장에서 일하면 소인배가 되진 않겠네요.

고객: 바다에서 일한다고 대범해지는 건 아닙니다. 바다는 생각처럼 낭만적인 곳이 아니에요. 제대로 된 폭풍을 한 번이라도 겪으면 그런 말이 쏙 들어갈 겁니다. 그런 폭풍이 일상이 되면 두려움을 넘어 경외감마저 들게 됩니다.

필자: 바다는 모든 생명체의 고향이라고 합니다. 오랜만에 바다를 마주하면 마치 어머니처럼 푸근하고 감성이 충만해집니다.

고객: 그러나 오랜 기간 바다와 함께하면 마치 10중 인격자처럼 보입니다. 고맙지만 두렵고, 아름답지만 격렬하고, 단순하지만

신비롭고, 모든 걸 다 품은 듯해도 때로는 모든 걸 다 거부해 버리죠.

필자: 사고라도 나면 사망 확률이 높은 비행기보다는 낫지 않습니까? 비행 중에 심한 난기류를 만나면 진짜 떨어져 죽을 것만 같습니다.

고객: 지인 중에 비행사가 있는데 난기류 없으면 비행이 지루하다고까지 하더군요. 가끔 심할 때도 있지만 생각보다 위험하지는 않아서, 승객이 어딘가 부딪히는 일이 없도록 안전벨트만 잘 매고 있으면 큰일은 없다고 합니다.

필자: 그보다는 공기가 희박한 에어포켓이 위험한데 그때 속력을 줄이면 날개가 양력을 얻지 못해서 추락할 수 있다고 합니다.

고객: 아무리 그래도 폭풍에 배가 흔들리는 것보다 무섭진 않을 테고, 실제로 비행기보다 배에 의한 사망자가 1만 배는 된다고 합니다. 게다가 항해사라는 직업이 바다나 바라보고 있을 만큼 한가하지 않습니다. 챙겨야 할 게 한두 개가 아니고, 한 번 나가면 몇 개월을 배 안에서 지내야만 하므로 그 안에서 인간관계의 어려움 같은 게 심해지는데 그런 해결도 다 항해사의 몫입니다.

필자: 파울로 코엘료의 《순례자》에 "배는 항구에 있으면 안전하다. 그러나 항구에 있으려고 만들어진 게 아니다"라는 구절이 있습니다.

고객: 폭풍을 향해 나가야죠. 우리네 삶도 그렇지 않습니까?

필자: 아무튼 항해사가 바다 한가운데서 멋지게 폼 잡는 직업은 아니로군요.

고객: 영화에서나 그렇게 보일지 모르겠습니다.

필자: 대범해지려면 어떻게 해야 합니까?

고객: 현명해야죠. 거기다 경험이 쌓이면 대범해질 수 있을 겁니다.

필자: 나이가 어리고 경험이 미천하면 대범하기 어렵다는 겁니까?

고객: 타고난 성품이 좋거나 책을 많이 읽어서 후덕하고 대범한 젊은 이들을 자주 봅니다. 반면에 나이 먹어도 자기 고집밖에 모르는 소인배가 많습니다.

필자: 사무실에 틀어박혀 종일 일해야 하는 사람이 많습니다.

고객: 꿈을 가져야겠죠. 반드시 원대한 꿈을 가져야 대범한 건 아닐 겁니다. 소박한 꿈을 이루는 것도 용기이자 대범일 수 있습니다.

필자: 지금은 은퇴하신 겁니까?

고객: 은퇴해서 외국계 선박회사에서 일 좀 봐줬는데 요즘은 거기서도 찾질 않네요.

필자: 갑자기 소속이 없어지면 사회적 존재감이 흔들린다고 하더군요.

고객: 사람마다 다르겠죠. 저는 다행히 덜한 편입니다.

필자: 앞으로 하고 싶은 건 없습니까?

고객: 특별히 하고 싶은 건 없습니다.

필자: 대범함과 꿈을 강조하시더니 의외의 말씀을 하십니다.

고객: 전 세계에서 가볼 만한 곳은 다 가봤습니다. 이제는 국내에서 한가하게 드라이브하면서 맛집도 찾아다니고, 영화도 보고, 손주들 오면 재밌고 놀아주고, 얼마나 좋아요?

필자: 버진그룹의 리처드 브랜슨은 70세가 넘은 나이에도 야심 차게 우주여행을 기획합니다.

고객: 그거 한다고 돈도 많이 까먹는다던데 그건 그 사람의 몫이자

그 사람의 인생입니다. 더구나 젊을 때부터 끊임없이 사업한다고 스트레스도 많았을 거예요. 쉴 때 되면 쉬는 것도 좋죠. 욕심도 지나치면 그 또한 소인배에게 어울리는 단어가 됩니다.

필자: 전 은퇴하면 하고 싶은 게 많습니다. 책 쓰고, 여행 다니고, 음악도 하고 싶고, NGO 활동도 하고 싶습니다.

고객: NGO는 솔깃하군요. 자원봉사하면서 사는 것도 좋죠.

필자: 대부분 은퇴 후 몇 년이 지나면 힘들어진다고 합니다.

고객: 당분간은 행복하게 쉬는 게 목표입니다. 하고 싶은 게 생기면 그때 가서 또 하게 되겠죠. 전 지금이 좋습니다.

° 미국 LA 인근에 사는 교포 한 분의 얘기입니다

필자: 멀리서 온 얘기네요.

고객: 어느 대기업의 중역들이 미국 LA로 출장을 떠났고, 모처럼 빈 날을 맞아 렌터카를 몰고 라스베이거스에 다녀오기로 했죠. 그런데 두세 시간 운전하던 중 어찌 된 일인지 차가 고장을 일으켜 대로에서 약간 벗어난 소도시에 들르게 됐고, 그곳에서 수리도 할 겸 하루를 묵기로 했습니다. 그 도시에는 마침 한국인이 운영하는 마켓이 하나 있었습니다. 마켓의 여주인은 한국 손님들을 집으로 초대해서 저녁을 정성스럽게 대접했습니다.

필자: 다행히 좋은 분을 만났군요.

고객: 식사 도중 여주인은 중역들이 하는 말을 듣고 그들이 어느 회사에서 온 사람들인지 알게 됐습니다. 곧 여주인은 자신의 과

거 한 토막을 얘기하기 시작했습니다. 한국의 시골에서 태어난 그녀는 집이 너무도 가난해서 중학교에 진학할 형편이 못 됐죠. 그렇더라도 친구들이 교복을 입고 학교에 가는 모습을 도저히 그냥 보고만 있을 수는 없었습니다. 먼저 서울에 올라갔다는 동네 언니의 주소를 알아내서는 그 길로 서울로 향하는 기차에 몸을 실었습니다. 기차 안에서 어린 그녀는 한 아저씨를 만나게 됩니다. 그는 그녀에게 도움이 될까 싶어 가고자 하는 곳의 주소가 적힌 쪽지를 봤습니다. 그런데 주소가 아무리 봐도 유흥가인 듯해서 "거기는 너처럼 어린 학생이 가는 곳이 아니란다. 아저씨가 수중에 돈이 조금 있구나. 이 돈으로 우선 저녁을 사 먹고 이 주소를 찾아가렴. 너그러운 사장님이 계신 공장인데 아마 잘 대해주실 거야"라고 했죠. 그녀는 아저씨가 소개해 준 공단의 한 공장에서 식당과 허드렛일을 하며 착실히 돈을 모았고, 그곳에서 만난 성실한 직원과 결혼한 후 미국으로 이민을 갔습니다.

필자: 불행 끝 행복 시작입니까?

고객: 그러나 기다리는 건 또다시 시작된 고생스러운 삶이었죠. 누군가에게 들은 대로 불가능한 것들을 종이에 적어서 땅에 묻어버리고는 하루를 마지막처럼 열심히 살았습니다. 그런 아득한 시절을 보내고 마침내 둘은 여유로운 삶을 살 수 있게 됐습니다. 여주인이 말했습니다. "저는 어려울 때마다 그분을 떠올렸어요. 비록 찾아뵙지는 못했지만, 그분은 저의 평생의 은인이셨죠. 그분이 당시 여러분들 회사에 다닌다고 하셨어요." 그녀의 말이 끝날 즈음 중역 중 한 분이 눈가에 가득 미소를 짓기 시작했고, 이윽고 바로 그분을 다시 만났음을 확인한 여주인은 평

생의 소원을 이룬 양 펑펑 기쁨의 눈물을 쏟아냈습니다.

필자: 아저씨를 다시 만난 건 참으로 운명이라 아니할 수 없네요.

고객: 허무주의자들은 인생이 미리 운명 지워진 것처럼 표현하기도 합니다. 물론 인간은 누구나 부모라는 타인의 의도에 의해 태어난 존재이며, 삶에 있어 많은 것들이 운명이나 우연에 의해 결정되기도 합니다. 그러나 저는 운명보다는 인간의 의지에 삶이 좌우된다고 믿고 있습니다. 의지에 따라 행하는 것으로 우리의 삶이 결정되는 거죠. 그녀가 지금의 편안한 삶을 누리게 된 것도 이런 특별한 의지가 있었기 때문입니다. 화가가 백지 상태의 도화지에 그림을 그립니다. 우리네 삶도 그림과 마찬가지로 시간이라는 도화지에 작품을 만들어 가는 것입니다. 인생은 단 한 번뿐일까요? 우리는 인생이라는 작품을 단 한 번만 만들 수 있는 걸까요? 그렇지 않습니다. 화가처럼 우리는 삶이라는 작품을 하루에 하나씩도, 때로는 1년에 하나씩도 만들 수 있습니다. 그러니 작품이 시원찮으면 다시 만들면 됩니다. 개인의 삶이 항상 잘 만든 작품이 될 리는 없으며, 비극이 희극보다 더 많을 수 있습니다. 이걸 어쩔 수 없다고 치부할 수도 있죠. 그러나 단순히 운명으로 받아들이는 데 그치지 않고 가슴 깊이 약동하는 의지로써 이에 대결하고 극복해 나가는 데 인간의 위대함과 존엄함이 있지 않을까요? 여기에 인간의 삶의 가치가 있지 않을까요?

◦ 너나
잘하세요!

필자: 어느 영화에서 나온 말 아닙니까? 철학을 전공한다고 해서 아포리즘 하나를 부탁드렸더니 예상 밖의 대답을 듣습니다.

고객: 소크라테스의 "너 자신을 알라"는 말은 어떻게 생각하십니까?

필자: '너'는 신, 태양, 달, 자연 등이 아닌 인간을 지칭하는 거죠.

고객: 철학이 인간과 사회의 학문이라면 소크라테스는 단연 '서양철학의 아버지'가 됩니다. 기록상으로도 인간에 대한 학문은 소크라테스가 처음이라고 인정됩니다.

필자: 인간은 아무것도 모르는 존재임을 인정하는 게 사유의 시작이라고 봅니다.

고객: 그러니 끊임없는 자문을 통해 정의, 진리, 선을 추구해야 인간다운 삶을 살게 됩니다.

필자: 자신을 안다는 건 쉬운 일이 아니죠. 그러기에 인간은 착각의 동물이라고 합니다.

고객: 내 생각과 행동이 틀릴 수도 있다는 걸 알고, 또한 이를 수정하려는 태도가 착각을 방지하는 지성적인 자세입니다.

필자: 인간은 남에게 비치는 자신을 객관화하지 못하고 주관적 나에 얽매이기를 잘합니다.

고객: 객관성은 중요한 의제로 개인뿐 아니라 사회나 국가에도 절실히 요구되는 과제입니다. 지나친 국수주의에 객관성을 잃어버리는 국민성도 흔한 오류죠.

필자: 자신도 잘 모르면서 남에 대해 참견하는 사람이 많습니다.

고객: 그와는 반대로 남에 의해 결정되는 나에 대해서도 경계해야 합

니다. 그런 면에서 알프레드 아들러는 '과제의 분리'를 강조했죠.

필자: '너나 잘하라'라는 건 실천적 의미입니까?

고객: '너 자신을 알라'에서 확장된 명언이라 할 수 있습니다.

필자: 배타적 취지로도 들립니다.

고객: 나부터 알아서 잘하겠다는 의미를 전제하면 그만한 명언이 없습니다.

필자: 자신은 모르면서 뭔가를 잘할 수 있을까요? 무엇을 잘해야 하는지조차 애매합니다.

고객: 간단히 말해서 인간이라면 개인적, 사회적 책무를 다해야죠.

필자: 자신에게는 관대하고 남에게 엄격한 사람이 있습니다.

고객: 남을 비판하기보다 차라리 침묵하는 게 나을 때가 많습니다.

필자: 이타적인 삶은커녕 남에게 피해를 주는 사람이 많습니다. 물질보다 정신적 피해는 더 흔합니다.

고객: 인간이라면 누구나 본연의 양심이 있습니다. 양심대로 살면 최소한 남에게 피해는 주지 않을 겁니다.

필자: 철학이 어떻게 살 것인가에 대한 해답이 됩니까?

고객: 그 또한 철학의 한 분야입니다. 철학에서는 존재론, 인식론으로 대표되는 형이상학과 윤리학, 논리학 등을 다루며 사회철학, 정치철학도 중요합니다.

필자: 인간 개인에 관해서는 본질과 실천적 과제를 다룬다고 보면 됩니까?

고객: 대략 그렇다고 봐도 됩니다.

필자: 본질이 더 어렵겠죠? 생성에서부터 창조론과 진화론이 충돌합니다.

고객: 생성은 본질과는 다른 문제입니다. '어떻게'가 아니라 '왜' 생겨났느냐가 본질에 가깝습니다.

필자: 답은 구하셨습니까?

고객: 모호한 본질의 탐구보다 실천적 담론이 더 중요하다면 차라리 실존주의를 택하겠습니다.

필자: 쇼펜하우어의 염세주의가 실존주의와 관련이 있습니까?

고객: 전혀 그렇지 않습니다. 니체가 쇼펜하우어의 영향을 받았고 그의 냉소와 회의를 염세주의로 잘못 알고 있는 사람도 있습니다만, 현실적 운명을 받아들이는 자세로 무기력을 넘어서려는 게 실존주의의 특징 중 하나입니다. 따라서 이의 선봉에 있었던 니체를 실존주의의 한 인물로 평가하기도 합니다.

필자: 본질은 그렇다 치고 철학에 입문해서 최초의 고민거리가 진리라고 합니다.

고객: 진리란 아마도 글이나 표현의 한계를 넘어서는 것인지도 모릅니다. 그러니 모호한 진리의 탐구보다 담배를 끊는 게 더 의미 있다고도 합니다.

필자: 발전기를 발명한 패러데이나 세균과 백신의 선구자 파스퇴르가 데카르트, 마르크스보다 더 위대한 건 아니죠.

고객: 실천적 규범이라도 사고에서 출발하므로 사고가 빈약하면 실천도 양호하지 못한 경우를 자주 봅니다.

필자: 가끔 철학책을 보는데 대중매체에서 아는 내용이 나오면 반갑기도 합니다.

고객: 니체의 "신은 죽었다"라는 말이 무슨 의미인지 아십니까?

필자: 신을 포함하여 인간의 본질을 정의하고 억압하는 기존의 모든 가치를 타파하자는 주장이죠.

고객: 니체는 전부 다 뒤엎었다 할 정도로 기존의 사유체계를 비판하는 발상이 많았습니다. 신에 대해서도, 계몽주의도, 형이상학과 이성주의로 근대철학의 아버지라 일컫는 데카르트도 거부했죠. 일상에서도 오랜 절친이었던 바그너를 비판하고는 절교했다고 합니다.

필자: 계몽주의가 엘리트주의가 되어서는 곤란합니다.

고객: 때로는 무식보다 유식의 아집과 교만이 더 심합니다.

필자: 그러나 인간이 자유 의지로 만사를 다할 수 있는 존재는 아닙니다.

고객: 저도 그의 사상에 전적으로 동의하지는 않습니다. 인간은 본래 나약하고 게으르며 모순덩어리입니다.

필자: 그런 모순을 개인이 어떻게 감당해야 합니까?

고객: 할 만큼 해야죠. 노력해야 하는 겁니다. 이 부분에서 니체가 시사하는 바가 있습니다.

필자: 기독교인이라면 그의 사상에 당혹스러울 겁니다.

고객: 종교적 가르침이나 실천적 요구에 거부감을 가질 필요는 없습니다. 그 가르침에 이미 세상의 모든 교훈이 포함되므로 이를 믿고 따르면 되죠. 다만 교인에게도 교리 외에 철학, 과학, 문학, 예술 등 폭넓은 관심이 필요합니다.

필자: 유명론 덕분에 중세를 넘어 근대로 넘어오면서 개인의 존엄성을 구체화할 수 있었다고 합니다.

고객: 한 단어가 특정 사물의 존재를 함축하지 않는다는 이유로 보편적 실재성을 부정했죠. 중세 신앙에 영향을 미친 플라톤적 실재론을 거부하고 경험주의적 성향을 띄기도 합니다.[15]

필자: 중세를 지나면서 육체를 찬미하는 예술가들이 해방을 선도합

니다.

고객: 니체가 주장한 '어린아이'가 육체와 연관이 있습니다. 니체는 '어린아이는 천진난만함과 거룩한 긍정의 존재'라 보고, 인간의 발전이 순응적 낙타와 독립적 사자의 단계를 지나 최종적으로 어린아이에 이르는 걸 목표로 제시했습니다.[16]

필자: 어릴 적에는 시멘트 블럭으로 만든 담장 위를 뛰어다니고 높은 나무에도 대수롭지 않게 올라가곤 했죠. 지금 생각하면 아찔하지만 한 번도 떨어진 적이 없었습니다.

고객: 물놀이는 안 했습니까?

필자: 그럴 리가 있겠습니까? 여름만 되면 냇가에서 노는 게 일상이었습니다.

고객: 아무런 고민 없이 생을 즐긴 겁니다.

필자: 성인이 되어서도 그런 삶이 가능하겠습니까?

고객: 사회는 성인에게 이성을 강요합니다. 니체가 활동한 1800년대에도 이성이 대세였죠. 그는 이걸 부정한 겁니다.

필자: 그래서 자유분방함으로 대표되는 포스트모더니즘의 탄생에 가장 큰 영향을 미친 철학자라고 합니다.

고객: 니체가 이성주의 전체를 싸잡아 비판한 건 아닙니다. 편협한 이성주의나, 이성이 본질을 초월한 이상(Idea)을 지칭하는 식의 주장은 무리라는 겁니다.

필자: 모든 철학적 사유에는 비평과 분석에 따른 이해가 요구됩니다.

고객: 그러한 사유가 이해되더라도 모두 옳은가는 또 다른 문제일 수 있습니다.

필자: 인간의 자유 의지가 어느 만큼이나 가능할까요?

고객: '초인'이면 좋겠죠. 자신을 뛰어넘어 목적을 향해 가는 사람 말

입니다.

필자: 정작 니체의 삶은 병치레를 많이 했고 의지가 대단한 편은 아니었던 거로 보입니다.

고객: 사유는 자신을 독려하는 목적이 더 크기도 합니다. 니체도 그랬는지 모르죠.

필자: 저 역시 의지가 박약하기에 니체의 초인이 멀게만 느껴집니다.

고객: 초인은 Superman이 아닌 Übermensch, 즉 Overman이라 하죠. 니체 스스로도 의미가 잘못 전달되었다고 하는데, 가장 근접한 해석은 자기 긍정을 방해하는 노예적 도덕을 뛰어넘자는 겁니다. 동시에 자기를 극복한 인간이라는 해석도 가능합니다.

필자: 자기를 극복한다는 건 무슨 의미입니까? 지금보다 더 성실히 살라는 겁니까?

고객: 한계가 높은 벽이 아니라면 누구라도 초인이 가능하지 않겠습니까? 따라서 질문하신 게 정답일 수 있어서 아침 일찍 일어나서 지금보다 성실해지면 초인일지 모릅니다.

필자: 인간은 습관과 관성에 지배되어 변화가 어렵다고 합니다.

고객: 니체는 "자기 영혼 속의 영웅을 외면하지 말라"고 했으나, 그가 주장한 어린아이가 대단한 영웅인 건 아닙니다.

필자: 작은 변화도 어렵더군요.

고객: 매일 똑같은 삶은 또 얼마나 지겹습니까?

필자: 니체도 그런 변화가 어려워 방랑했는지 모릅니다.

고객: 그래서 그의 책 제목대로 '인간적인, 너무나 인간적인' 철학자라고 불립니다.

필자: 《자라투스트라는 이렇게 말했다》에서 자신을 철저히 믿을 것을 주문합니다.

고객: 심지어 그렇지 않은 자의 말은 거짓이라 하고, 이것이야말로 초인으로 가는 첫 단계라고 했죠.

필자: 자라투스트라는 조로아스터교의 예언자로, 서양철학의 기조인 그리스철학과 기독교 신앙에 대한 저항으로 동양적 인물을 내세웠다고 합니다.

고객: 글이 산문시의 형태로 산만한 감이 있습니다만 힘, 권력에의 의지라는 개념에서 초인이 대두됩니다. 플라톤의 이데아(Idea)에 대한 비판부터 이해해야 하는데, 이데아란 시간을 포함하는 불변의 개념입니다.

필자: 중세 초기의 종교적 철학자들이 플라톤의 이데아에 유일신을 대입한 사실은 잘 알려져 있습니다.

고객: 니체에 의하면 절대는 존재하지 않으며, 진리도 변화하기 마련이므로 힘에의 의지로 통제가 가능하다는 논리를 폅니다.

필자: 변증법적 변화도 힘으로 통제가 가능합니까?

고객: 헤겔의 변증법은 정(正), 반(反), 합(合)의 과정을 통해 역사가 반복적으로 변화한다는 논리입니다만, 그 또한 인간의 범주이니 통제가 가능하겠죠.

필자: 마르크스가 프롤레타리아에 의한 반(反)을 도입합니다.

고객: 정, 반, 합은 고대 그리스의 헤라클레이토스에 의해 제기된 오래된 개념입니다.

필자: "만물은 변화하므로 같은 강물에 발을 두 번 담글 수 없다"라고 했죠.

고객: 다만 당시에도 변증법에 대한 치열한 비판이 있었습니다.

필자: 근, 현대의 철학도 상당 부분 고대 그리스 시대의 사상에 기초한다고 하더군요.

고객: 칸트를 관념론의 선구자라고 하나, 이미 그리스의 플라톤이 경험적 현실을 뛰어넘는 초월적 이데아를 통해서 관념론적 철학을 시작합니다. 그에 비해 플라톤의 제자였던 아리스토텔레스는 경험적, 자연주의적이었습니다.

필자: 칸트의 비판 철학은 매우 어렵다고 정평이 나있습니다.

고객: 서양 근대 사상이 지향했던 도덕적 이상을 집대성하고, 오늘날 자유민주주의 사회의 초석이 되는 평등과 개인의 존엄성에 입각한 보편주의를 내세웠죠. 프랑스의 합리론과 영국의 경험론을 융합한 철학자라고 평가됩니다.

필자: 합리론은 연역적, 경험론은 귀납적 논리를 취합니다.

고객: 칸트는 그러한 논리적 사고를 중시했던 철학자입니다.

필자: 그의 선험적 경험은 인정됩니까?

고객: 논란이 많습니다. 칸트의 철학은 관념에 치우친 경향이 있는 것도 사실입니다.

필자: 연역적 추론에 의하면 신은 완전하다, 완전은 존재를 포함한다, 고로 신은 존재한다는 명제가 성립할 수 있는데 동의합니까?

고객: 논리적으로 맞더라도 진리에 부합하는지는 별개입니다. 제시한 명제는 비교적 단순하지만, 복잡한 논리적 문제에서는 마치 말장난처럼 보이기까지 합니다.

필자: 그가 소년 때 들어갔던 신학교에 대해 노예제도라고 비판했다는 일화가 있습니다.

고객: 그러나 대학도 신학 전공으로 들어갔고 평생 신앙을 지켰다는 게 정설입니다.

필자: 신에 대해 어떤 생각을 했는지 궁금합니다.

고객: 워낙 방대한 지식에 비해 신학은 별로 알려진 게 없습니다.

필자: 헤겔의 이성이란 무엇입니까?

고객: 이성에 의해 변화하는 역사가 이루어진다는 거죠. 이성과 현실의 조화를 통해 개인을 넘어선 시민 정신 같은 인륜이 생성된다는 겁니다.[17] 니체는 이와 반대로 인류의 근본은 비이성이며, 비이성은 이성에 의해 감추어진 것뿐이라고 합니다. 그의 신에 관한 서술 또한 그런 맥락입니다.

필자: 쇼펜하우어가 헤겔을 비판했다고 합니다.

고객: 변증법을 통해 인간이나 사회가 절대정신에 이른다는 논리를 허무맹랑한 소리라고 비판했고, 대신 인간의 의지가 본질이라고 주장합니다. 그러나 역설적으로 의지는 고뇌를 수반하기에 그의 사상이 금욕이나 염세적 성향을 띠기도 합니다.[18]

필자: 인간은 쾌락 욕구에 따라 행위의 동기가 발생하기도 합니다.

고객: 그러나 니체는 고통의 회피나 쾌락이 아닌 힘과 권력을 향한 욕구가 동기를 유발한다고 단언했죠.

필자: 니체의 방식대로라면 그의 주장들 역시 해체되어야 하지 않겠습니까?

고객: 해체만 하다 보면 정답은 요원합니다. 어차피 그럴듯한 답을 안고 사는 겁니다.

필자: 니체가 비판한 이성이 쓸모없는 건 아닙니다.

고객: 현대철학에서 이성이 다시 조명을 받게 되죠. 자유로운 토론과 방법론에 있어 이성의 위대한 힘을 무시할 수 없는 겁니다. 다만 일체의 감정이 배제된 이성이 아니어야 하며, 이에는 중용의 동양적 개념이 요구됩니다. 개인적으로 중용은 위대한 사상이라고 생각합니다.

필자: 실존주의에 대해 말씀해 주시겠습니까?

고객: 사르트르의 "실존은 본질에 앞선다"는 말에서 보듯 개인의 존재 자체가 본질에 앞선 의미를 지닌다는 겁니다. 본질이 'What?'이라면 실존은 'How?'의 문제라고 할 수 있습니다.

필자: 한국에서도 실존주의가 인기가 있었습니다.

고객: 한국은 일제 시대까지도 서양에 큰 관심이 없었죠. 그러다 한국전쟁 이후 서양 문화와 사상이 급격히 밀려 들어오게 됩니다. 유럽의 철학사상과 미국의 대중문화가 그것인데, 당시 유럽의 철학은 실존주의가 유행이었죠. 따라서 한국이 실존주의의 영향을 받은 건 시기적으로 맞았기 때문이며 키에르케고르, 하이데거, 사르트르 등의 이름도 낯설지 않게 된 겁니다. 그러나 실존주의는 서양철학의 한 분야일 뿐입니다.

필자: 실존주의에서 중요한 인물인 하이데거는 나치즘과 관련이 있다고 합니다.

고객: 초기 나치즘에 협력하는 태도로 교수로 복귀하지도 못하고 평생을 조용히 저술에 몰두했죠. 세계 내에서 '나'라는 존재가 타인과 조화를 이루며 미래를 향해 나아가느냐에 대해 깊이 있는 사고를 한 철학자입니다.

필자: 합리적 이성이나 선험적 경험은 실존보다는 인간의 본질을 이해하는 방식이 아니던가요? 그런 것들을 무시하고 인간이 되고자 하는 바를 선택할 수 있습니까?

고객: 실존주의에서는 대체로 이성이나 경험을 인정하지 않습니다.

필자: 본질을 인정하지 않으면 인간을 정의하지 않는 격이 됩니다.

고객: 존재의 탐구에 있어서 인간을 어느 한 개념으로 특징짓지 않으며, 모든 사람의 얼굴이 다르듯 존재도 다 다르다고 보는 겁니

다. 즉 실존은 특수하고 개별적입니다. 여기서 타자와의 사회적 관계가 대두됩니다. 하이데거가 '세계내 존재'라고 했듯 인간은 다른 사물이나 타인과의 관계에 직면하는데, 이 과정에서 주체성을 상실한 퇴락한 상태에 들지 말아야 한다는 겁니다.

필자: 퇴락한 상태로부터 실존을 되찾기 위한 방법이 있습니까?

고객: 진지함, 자각, 양심 등을 동원해야 하는데, 하이데거는 특히 양심을 역설했습니다. 최근 관심이 높은 사회적 정의에 양심을 기본 조건으로 들기도 합니다.

필자: 철학자라면 대개 마르크스를 존경합니다.

고객: 위대한 철학자입니다. 사물은 모순에 의해 지속적으로 변화한다는 헤겔의 변증법과 관념보다는 물리적 조건들을 중시하는 포이어바흐의 유물론을 결합시켜 변증법적 유물론을 제창했죠.

필자: 지양해야 할 부분에 이성도 포함됩니까?

고객: 마르크스도 계몽주의적 이분법을 부정합니다.

필자: 하물며 유물론도 비판했다고 하더군요.

고객: 유물론자이면서 유물론을 비판했다고 알려져 있으나, 실상은 기존의 유물론이 지나치게 기계적이라고 반박한 겁니다. 대상이나 현실을 고정적인 객체로만 보는 걸 인정하지 않고, 대신 '실천'이라는 개념을 도입합니다.[19]

필자: 마르크스에 의해 실천의 개념이 처음으로 제기된 겁니까?

고객: 아리스토텔레스도 실천을 제안했기에 그렇지는 않습니다만, 윤리적 측면에서의 실천과는 다른 개념이므로 그렇다고 볼 수도 있습니다.

필자: 실천에 관해 조금 더 설명해 주세요.

고객: 대상은 주체의 관념으로 파악하면 단순한 객체가 되므로 실천적 맥락으로 파악해야 한다는 겁니다. 즉 대상은 어떻게 실천하느냐에 따라 달라진다는 거죠.

필자: 인간이라는 주체도 실천으로 이해됩니까?

고객: 인간의 관념이나 본질을 한두 단어로 정의할 수는 없고, 사회적 관계 내에서 실천적 의미가 있다고 했습니다.

필자: 인간의 감정은 무시됩니까?

고객: 유물론이 인간의 정신 현상이나 감정을 배제하지는 않으나 물질의 작용이나 산물이라 보는 개념이 우세하긴 합니다.

필자: 목표를 위해 혁명을 제안했습니다.

고객: 프롤레타리아의 역사적 반(反)의 과정에서 자본을 포함한 주종관계를 타파해야 하고, 이를 위해 혁명을 주장한 건 맞습니다.

필자: 혁명에는 폭력이 포함됩니까?

고객: 그의 동료이자 함께 마르크스주의를 확립한 엥겔스는 "소수정예에 의한 혁명은 자각 없는 대중을 선두에 서게 해서 혁명을 수행하는 것에 종언을 선언하고, 대중 스스로가 현안에 참가하도록 가르치고 일깨워야 한다"라고 했습니다. 즉 폭력적 방법을 설파한 건 아닙니다.

필자: 그의 이론을 추종한 사람들은 현실에서 그렇지 않았습니다.

고객: 안타까운 일이죠. 다만 마르크스는 근대철학에서의 주체 개념이나 절대정신을 해체하여 새로운 사회철학을 제시한 위대한 철학자인 건 분명합니다.

필자: 낭만적인 면도 있었나 봅니다. 자신을 후원하던 귀족이 딸과의 결혼을 반대하자 같이 영국으로 도피했다고 하더군요.

고객: 유명한 일화도 있습니다. 아들이 《자본론》을 썼다는 얘기를 들은 모친이 자기 자본도 관리 못 하는 애가 무슨 자본론이냐 했다죠.

필자: 러시아를 제외한 반(半)사회주의 유럽 국가들이 마르크스 혁명 없이도 분배가 적절한 체제를 이루었습니다.

고객: 그러나 제2차 세계대전 후 유럽 국가 대부분은 많든 적든 마르크스의 영향을 받았던 건 사실입니다.

필자: 인간이 빵만 먹고 살 수 있느냐는 비판이 있습니다.

고객: "현실의 삶을 보지 못하는 이념은 스스로를 조롱거리로 만든다"라고 했으나 《자본론》은 마르크스 사상의 일부일 뿐입니다. 그는 개인보다 사회철학의 중요성을 제시했고, 그렇다고 해서 실존주의가 탄생하기 전의 시대에 인간 본질에 관한 연구를 게을리한 것도 아닙니다.

필자: 그리스 시대부터 이상 사회를 제시하지 않은 철학자는 없다고 해도 과언이 아닙니다.

고객: 그러나 마르크스만큼 대중과 시스템에 영향을 미친 인물은 없죠. 현대 사회에까지 그의 영향력은 현존합니다.

필자: 그의 사상에 많은 비판이 있는 것도 사실입니다.

고객: 초기부터 그러해서 헝가리의 루카치는 마르크스주의자임에도 유물사관에 반대하고, 인간은 의식적인 주체로서 역사 속에서 능동적으로 활동한다고 했습니다. 20세기 들어서도 이탈리아 공산당의 창설자인 안토니오 그람시를 시작으로 신좌파 계열의 학자들이 공산주의에 반한 자본주의의 번성을 연구하기 시작합니다. 헤게모니 이론이 대표적인데 공산주의적 강압이 아닌 민중의 동의와 자발적 생성에 의한 집단정신 체계를 강조합

니다.[20] 유럽 국가들은 마르크스주의뿐 아니라 이런 다양한 이론에 기초하고 있다고 봐도 됩니다.

필자: 현대의 선진사회는 대중주의가 더 확고해지고, 이에 자본의 대중화가 포함되어 마르크스주의의 유효성이 적어집니다.

고객: 자본의 대중화가 완전할 리는 없습니다. 그러나 건전한 방식으로 비슷하게는 가야 한다고 봅니다.

필자: 현재는 무슨 일을 하고 계십니까?

고객: 철학을 전공하면 할 일이 별로 없습니다.

필자: 인간에 관한 절대적인 학문을 연구했음에도 할 일이 없다니 모순입니다.

고객: 취직시험에 철학을 보는 회사라도 있으면 좋겠네요.

필자: 철학 하는 분은 보통 교수를 하지 않습니까?

고객: 임용에 실패했죠. 암담하더군요. 그렇다고 회사에 취직해서 전공과 다른 일을 하기도 그렇고, 출판사 이곳저곳을 헤매다 지금은 집필에 몰두하고 있습니다. 조만간 책이 나올 예정입니다.

필자: 기대됩니다. 철학과 관련해서 사는 데 도움이 되는 책입니까?

고객: 자기계발과는 거리가 있습니다. 그런 책은 서점에 널려있죠.

필자: 어떤 분야에 중점을 두었는지요?

고객: 정치철학인데 《감시와 처벌》의 미셸 푸코로부터 시작합니다. 그 또한 니체의 영향을 받은 사람이죠.

필자: 포스트모더니즘의 핵심은 그에 의해 정립됐다고 합니다.

고객: 현대철학에서 대단히 중요한 분입니다. 근대 이후부터 생성된 사회적 감시 시스템이 자유를 억압하는 수단으로 이용되고 권력에 순응하는 개인을 만들어 낸다고 했죠.

필자: 모더니즘 지식인들이 당시 대중의 인식은 바꾸었으나 권력과 전체주의를 막지는 못했습니다.

고객: 왕정이 지속되던 그 시대에 정치철학이 소외된 감이 있긴 합니다.

필자: 권력에 대항하기 위해 무엇을 해야 합니까?

고객: 한마디로 깨어있어야 합니다. 제 책에서 그 부분에 많은 내용을 할애했습니다.

필자: 책이 나오면 반드시 사보겠습니다.

고객: 어렵지 않게 썼으니 시간 보내기 좋을 겁니다.

필자: 철학에서 쓰는 용어는 어렵습니다.

고객: 새로운 개념을 주장하려면 그에 걸맞은 새로운 단어를 창조해야죠. 알고 보면 그 말이 그 말이기도 합니다.

필자: 독일에서는 헤겔 책을 펴고 5분 안에 머리에 쥐가 나지 않으면 천재라는 말이 있습니다.

고객: 그렇다면 제 머리에 쥐가 1만 마리는 들어있겠습니다.

필자: 철학에서는 비판이라는 단어를 자주 접합니다.

고객: 모든 철학자는 비판을 주업으로 한다고 해도 무방한데, 일례로 분석철학의 대가인 버트런드 러셀은 철학 자체가 현실을 무시하고 관념에만 치우쳤다고 비판합니다. 그러나 제가 이제껏 연구한 바로는 어느 철학자라도 전적으로 그러하지는 않았고, 또한 전적으로 틀린 얘기를 하지도 않았습니다.

필자: 과학에서는 틀릴 수밖에 없고 그걸 통해 더욱 발전하게 됩니다.

고객: 구조주의에서도 철학에 과학을 대입하려는 시도가 있었습니다만, 철학은 그 자체로 눈부신 학문이라고 생각합니다. 다름

아닌 '인간'을 다루기 때문입니다.

필자: 인간은 누구나 철학자라고 합니다.

고객: 타인과 사회에 피해를 주는 범죄적 사고나 행동이 아니라면 그 누구의 철학이라도 존중받을 권리가 있습니다.

필자: 철학이 인간의 사유를 자유롭고 풍요롭게 하죠.

고객: 그 자유와 풍요를 위해 치열한 사투를 벌이기도 합니다.

필자: 사투란 정답의 부재 때문입니까?

고객: 그렇죠. 대학 시절 논리학, 존재론 등 무슨 말인지도 모르는 책들을 수없이 접하고, 진리를 탐구하고, 인간과 사회의 많은 고민거리를 공부했으나 아직도 정답이라고 찾은 건 없습니다. 대신 그럭저럭 유사한 답을 안고 살아가는 겁니다.

필자: 인간은 고민만 하다 가는 존재일 수 있습니다.

고객: 아무것도 없고 모른다면 불교의 '공'이 진리로 여겨지기도 합니다.

필자: 그래서 서양의 철학자들이 머리를 쥐어짜다 한계를 느낄 때 그 해답을 동양철학에서 찾는다고 합니다.

고객: 인도 힌두교의 가르침도 그렇습니다. 직접적이지 않음에도 가늠하기 어려운 깊이를 느끼기도 합니다.

필자: 그래도 한 사람의 철학자로서 끊임없이 진리를 구하고 있지 않습니까?

고객: 때론 눈에 보이는 것도 믿기 어려운데 진리가 과연 무엇이겠습니까? 온갖 불완전한 설명, 때로 천박을 가리기 위한 미사여구나 반전, 또는 숨길 수 없는 역겨운 우월감의 표식 같은 걸 뛰어넘었다 싶으면 다시 내 자리로 돌아와 아무것도 변한 게 없는 세상과 마주해야 하는 현실이 암담하죠. 진리를 구하기는커녕

이제 겨우 '참을 수 없는 존재의 가벼움'을 벗어났다고 할까? 아마도 이게 제가 드릴 수 있는 답입니다.

필자: 극명하게 진지함이 사라져 가는 시대입니다. 깊이에 몰두하기보다 치열하게 살 궁리부터 해야 하는 현실이 더 심각한 고민거리일지 모릅니다.

고객: 특히 한국이 심하죠. 생각 없이 먹고 사는 게 삶의 전부는 아닙니다.

필자: 한국에도 성리학의 이황이나 이기론의 이이 등 위대한 철학자가 있었습니다.

고객: 그들의 철학을 인용한 계파에 의해 남인과 서인으로 나뉘어 조합이 아닌 갈등을 유발한 건 아쉽습니다. 아직도 한국에서는 철학적 사상을 실생활에 적용하여 생각하며 살고, 정의롭게 살고자 노력하고, 쉬운 길이 아니라 의미 있는 길을 택하는 등의 사회적 역량이 구축되지 못한 것으로 보입니다.

필자: 서구는 이미 이성의 단계를 넘어 또다시 이성의 재평가를 치르는 수준이라고 합니다만, 한국에서는 아직 이성의 단계에도 못 미치고 대신 즉흥적 감정이 우세해 보입니다.

고객: 늦게 시작한 산업화에서 철학적 사고는 뒷전이었던 거죠.

필자: 돈만 많이 번다고 좋은 나라는 아닙니다. 정의와 양심을 생각하는 사회철학이 아쉽습니다.

고객: 수많은 철학자의 사상에 대해 잘 알아야만 하는 건 아닙니다. 인간의 본질과 실존을 잘 이해해야 하는 것도 아닙니다. 철학은 생각하는 힘을 갖게 합니다. 인간과 사회에 대해 생각한다는 자체만으로도 철학은 그 가치를 다합니다.

필자: 그러니 철학 하는 분이 자주 대중 앞에 나서야죠.

고객: 그렇긴 합니다. 책이라도 많이 내보겠습니다.

필자: 한때 김용옥 선생의 출현이 화제였습니다.

고객: 그 방면의 전문가나 비평가로부터 비판도 있었지만, 저는 좋게 봤고 신선했습니다.

필자: 학자, 철학자, 비평가를 포함한 사람들이 모여서 차분하고도 열띤 토론을 펼치는 프로그램을 상상하게 됩니다.

고객: 유럽의 카페에서 차 한잔을 앞에 두고 대여섯 명의 학자들이 철학이나 예술을 논하는 모습이 담긴 오래된 사진을 보면 너무 부럽기도 합니다.

필자: 이제는 그런 모습을 학회에나 가야 볼 수 있을 겁니다.

고객: 사람은 누구나 생각하고 또 생각해야 합니다. 그래야만 우리가 인간임을 확인하며, 더불어 행위의 정당성과 자유를 얻게 됩니다.

° 치료실에서 스메타나의 '몰다우'가 흘러나오네요

필자: 저도 좋아하는 아름다운 곡입니다.

고객: 스메타나는 체코의 국민 음악가로 비행기가 프라하 공항에 도착하면 이 곡을 들려주기도 한답니다. 클래식 음악을 좋아하시나 봅니다.

필자: 좋아하지만 잘 알지는 못합니다. 치료실에서 들려주는 CD 20개에 담긴 곡 정도나 아는 수준입니다.

고객: 한국인은 클래식 음악과는 덜 친숙한데 그 정도면 많이 아는

거죠.

필자: 전 음악이라면 다 좋아해서 힙합, 랩도 구성이 인상적이면 즐겨 듣습니다.

고객: 사람마다 좋아하는 장르가 있더군요.

필자: 특히 기타 소리를 좋아하는데, 한때 기타를 무척 잘 쳐보고 싶은 꿈이 있었습니다.

고객: 한때라면 지금은 아닙니까?

필자: 너무 어려워서 포기했습니다. 은퇴해서 시간이 많으면 다시 도전해 보고 싶은데 지금은 심심할 때 한 번씩 쳐보는 정도입니다.

고객: 뭐가 어려웠습니까?

필자: 연주 테크닉이 너무 어렵습니다. 손가락이 잘 안 돌아가는 거죠.

고객: 전 피아노를 더 좋아합니다.

필자: 편견일지 모르나 남자는 기타를, 여자는 피아노를 더 선호한다고 합니다.

고객: 좋아하는 곡이나 뮤지션이 있습니까?

필자: 발라드 록의 Neil Zaza, 블루스의 Joe Bonamassa 등입니다. 둘 다 실력이 뛰어나고 멜로디가 좋은 뮤지션들입니다. 음악은 멜로디가 좋아야 인상적이죠. 대중은 듣기 편하고 쉽게 따라 할 수 있는 멜로디에 매료되는 경향이 있습니다.

고객: 전 클래식 음악을 들으러 오스트리아 잘츠부르크까지 가기도 합니다.

필자: 전공이 음악입니까?

고객: 평범한 회사원입니다.

필자: 월급이 많은가 봅니다.

고객: 적은 월급 모아서 1년에 한 번이라도 갑니다. 제가 신혼 때 남편으로부터 고맙고 귀한 조언을 들었죠. 남편이 총각 시절 혼자 배낭여행을 갔는데 너무 좋았다며 제게도 한 번 가보라는 겁니다. 그 말에 별 고민도 없이 당돌하게 혼자 여행을 떠나서 런던과 파리를 보고 왔습니다.

필자: 용기가 대단했네요.

고객: 용기보다는 정말 아무것도 모르고 떠났다 해도 과언이 아닙니다.

필자: 혼자 여행하기에 위험하지 않던가요?

고객: 그때도 소매치기가 있었으나 지금처럼 심하지는 않았습니다. 당시 마구잡이로 돌아다녔는데 정작 한국에 돌아온 후 탈이 나기 시작했죠. 막연한 동경까지 겹쳐서 마치 런던이나 파리가 제 고향이었던 것처럼 거꾸로 된 향수병을 앓게 된 겁니다.

필자: 그것도 부럽네요. 전 단 한 번도 혼자서 자유여행을 가본 적이 없습니다.

고객: 한 번 도전해 보세요. 오스트리아를 추천합니다. 전 지금껏 3번을 다녀왔죠. 오스트리아에 비해 물가가 저렴한 독일 남부에 숙소를 정하고 국경을 지나다니곤 합니다.

필자: 언어가 자유롭습니까?

고객: 처음부터 그럴 리가 있겠습니까? 여행에 필요하니 한 10년은 영어를 열심히 공부했습니다. 그 덕에 지금은 의사소통에 문제가 없습니다.

필자: 한국에서는 영어를 너무 안 씁니다. 그로 인해 외국의 사정에 어둡다는 지적이 있습니다.

고객: 사실 여행 가서 소통할 만큼만 하면 큰 노력이 필요치는 않습니다. 역으로 필요도 없으면서 현지인처럼 듣고 말하겠다는 건 욕심입니다.

필자: 여행 가서 소통할 정도도 안 되니 문제 아니겠습니까? TV 여행 프로그램에서도 영어가 안 되는 출연자로 인해 보는 사람이 거북하기도 합니다. 반대로 영어를 잘하면 무슨 특별한 재능인 거로 간주하기도 하죠.

고객: 싱가포르처럼 제2의 공용어가 될 리는 없고, 사실 개인이 노력해야 한다는 현실이 씁쓸하기는 합니다.

필자: 팝송도 가사를 알고 들으면 재미가 더하더군요. 그 유명한 'Hotel California'도 호텔을 알리는 게 아니라 호텔에서 희희낙락하는 현대 문명을 비판하는 내용입니다.

고객: 한국은 가장 늦게 영어를 접한 나라 중 하나라고 합니다. 식민지 시대에 좋든 싫든 영어에 노출된 나라들이 많았죠.

필자: 비트겐슈타인은 "내가 사용하는 언어의 한계가 내가 사는 세상의 한계를 규정한다"라고 했습니다. 언어에 아무런 제약이 없는 서양의 젊은이들이 세계를 제집처럼 나돌아다니는 걸 보면 부러울 때가 있습니다.

고객: 그러나 너무 자유로우면 단점도 있습니다. 회사의 단체생활에 적응하지 못하는 사람도 많다고 하더군요.

필자: 영어 말고도 클래식 음악에 조예가 깊어 보입니다.

고객: 음악 듣는 시간이 가장 행복했고, 그러다 보니 저 역시 피아노를 잘 쳐보고 싶은 욕망이 생기더군요. 처음에는 회사 앞의 학원을 끊어서 연습했죠. 점심시간을 주로 이용했습니다.

필자: 밥도 안 먹었습니까?

고객: 밥은 구내식당에서 간단히 먹고 나머지 시간은 학원에 있었습니다.

필자: 대단하네요. 다른 사람이 뭐라고 안 그럽니까?

고객: 처음엔 별종 취급을 하더니 나중에는 다 이해합니다.

고객: 실력이 어느 정도인지 궁금합니다.

필자: 쇼팽을 칠 정도는 됩니다.

필자: 즉흥 환상곡도 가능합니까?

고객: 많이 틀리긴 하지만 비슷하게는 칩니다.

필자: 악기라는 것이 웬만한 열정 갖고는 잘하기가 어렵죠. 기타도 그렇습니다.

고객: 원장님은 기타를 포기했다고 했습니다. 그 이유가 뭡니까?

필자: 열심히 한 분 앞에서 갑자기 할 말이 없어집니다.

고객: 설마 세계적인 기타리스트가 되려는 건 아니죠?

필자: 당치도 않네요.

고객: 이제는 꿈도 잃어버렸습니까?

필자: 아직도 꿈은 있죠. 그런데 말씀드린 대로 기타는 어렵습니다. 잘 치는 사람도 많지만 전 한계가 있더군요.

고객: 그냥 습관적으로 하세요. 하지 않는 이유는 다른 일이 급하다는 등의 핑계가 많아서거나 정작 필요치 않아서입니다. 후자의 경우라면 고민할 필요도 없죠. 안 하면 되는 겁니다.

필자: 필요한데 너무 어려워서 하기 싫으면 어떻게 합니까?

고객: 그것도 후자의 경우입니다. 말은 필요하다고 하나 실은 꼭 필요한 게 아닌 겁니다.

필자: 그럼 그만둬야겠네요?

고객: 기타를 왜 해야 하는지에 대해 먼저 고민해 보세요.

필자: 되묻고 싶습니다. 피아노를 왜 하고 싶었습니까?

고객: 그냥 피아노를 잘 치고 싶었습니다.

필자: 필요에 의한 건 아니네요.

고객: 그게 필요가 아닐까요? 잘 치고 싶은 게 필요했던 거죠.

필자: 저도 잘 치고는 싶습니다.

고객: 하고 싶고 필요한데 무슨 생각을 그렇게 하십니까? 하고 싶은 게 있으면 시간을 내서 그냥 하는 겁니다. 사람이 지금 하고 싶은 것 말고 얼마나 더 중요한 일이 있겠습니까?

필자: 조만간 할 겁니다.

고객: '습관이 그 사람의 전부'라고도 합니다.

필자: 때로 습관보다 열정이 더 중요하지 않습니다? 무언가를 간절히 열망하면 이루어진다는 거 말입니다.

고객: 감탄을 자아내는 결과물을 보고 그 사람의 열정이 대단했을 거라 단정하게 되죠. 그런데 그 사람도 그 결과물을 얻기 위해 지겨울 정도로 오랜 시간을 보냈을 겁니다.

필자: 하지만 의지나 열정 없이 뭔 일을 시작이나 하겠습니까?

고객: 시작할 때는 반드시 필요합니다. 그러나 처음부터 끝까지 의지와 열정으로 밀고 나가기는 어렵죠. 어느 때라도 지겨워지기 마련이니 습관적으로 하는 게 더 낫습니다.

필자: 습관이란 뇌의 에너지를 덜 쓰는 방향으로 적응한 결과라고 합니다. 반대로 습관에서 벗어나면 뇌가 다시 생각해야 하므로 에너지를 많이 쓰게 되고, 결국 피곤해지는 거죠. 일례로 일상적인 출근길에서 벗어나 어딘가에 들러서 할 일이 있다면, 그게 매우 간단한 일이라도 신경이 많이 쓰이고 그만큼 뇌에서 에너지를 써야 하는 겁니다.

고객: 그럴 수 있겠네요. 저도 아침에 가끔 우체국이나 동사무소에 들르는데 10분 정도 걸리는 일이라도 뭔가 큰일인 것처럼 느껴질 때가 있습니다.

필자: 소중한 걸 습관처럼 하면 하루를 헛되이 보내지는 않겠네요. 그러나 남들 다 하는 평범한 건 창조가 아니라는 생각도 듭니다.

고객: 창조하면 좋죠. 그러나 저처럼 평범한 사람은 사소한 거라도 잘하면 만족감으로 충만할 수 있습니다.

필자: 하긴 모든 사람이 다 창조자일 수는 없습니다.

고객: 그럴 필요도 없다고 생각합니다. 설사 뛰어난 창조자가 있다고 하더라도 분명 소수입니다. 대다수는 그 창조물을 습득하고 확장하는 역할을 하게 되죠.

필자: 불행하게도 전 그 대다수에 속하네요.

고객: 그게 왜 불행합니까? 창조자라고 다 행복한 건 아닐 겁니다.

필자: 그래도 돈과 명성은 많이 얻습니다.

고객: 제게 그런 건 별로 중요하지 않습니다. 남과 비교하지 않고 나만의 소중한 일이 있으면 행복하겠죠. 종교 활동은 물론이고 글, 그림, 음악 등에서 말입니다.

필자: 행복도 그렇지만 자기 성취에 대해 고민하는 사람이 많습니다. 자기계발서가 엄청나게 많은 이유이기도 합니다.

고객: 자신이 하고 싶은 일을 하는 게 행복이자 자기 성취일 겁니다.

필자: 영어나 피아노를 하면서 중간에 포기하고 싶을 때는 없었습니까?

고객: 왜 없었겠습니까? 한 달 이상 쉰 적도 있습니다.

필자: 그럴 땐 어떻게 했습니까?

고객: 아직 습관이 되지 못했음을 반성도 했지만, 대체로 별생각 없이 다시 시작했습니다. 쉬었다가 그냥 또다시 한 겁니다.

필자: 평범하네요.

고객: 달리 방법이 없습니다. 다시 시작하는 거죠.

필자: 선불교의 숭산스님은 "오직 할 뿐"이라고 하십니다. 스님 혼자 미국에 가서는 세탁소에서부터 일했다고 하죠.

고객: 정주영 회장의 "해봤어?"와도 비슷하네요.

필자: 현실에서는 열심히 했는데 결과가 안 좋은 경우도 많습니다.

고객: 사람은 목적론적 키네시스(Kinesis)보다는 과정적 에네르게이아(Energeia)의 삶을 살아야 한다고 봅니다. 그러니 목적을 이루지 못하더라도 과정의 의미를 간과하지 말아야죠. 가령 여행할 때 목적지에 도착해서 다시 돌아오는 게 전부는 아닙니다.

필자: 버킷리스트가 노년에나 해당하는 건 아니죠. 젊을 때부터 리스트를 갖고 살면 인생이 더 풍요로워질 겁니다.

고객: 조사에 따르면, 죽기 전에 가장 후회하는 게 '왜 그렇게 어렵게만 살았나? 왜 그렇게 아등바등 살았나?'라고 하더군요. '하지 않은 것'에 대한 후회도 흔한데 다들 유사하게 사랑, 용서 등의 감정에서부터 여행, 외국어, 악기 등을 꼽는다고 합니다. 반면 더 많은 돈을 벌어야 했다거나 더 큰 명예를 얻어야 했다고 후회하는 사람은 없다고 하죠. 삶에서 그런 게 중요하지 않다는 점을 시사합니다.

필자: 시드니 해리스라는 칼럼니스트는 "했던 일에 대한 후회는 시간이 가면서 누그러진다. 그러나 하지 않았던 일에 대한 후회는 무엇으로도 위로받지 못한다"라고 했습니다.

고객: 《바보는 항상 결심만 한다》는 책도 있더군요.

필자: 예전에 박광수의 만화에 실린 "연말에 요식행위로 고아원 등에 가서 사진이나 한 장 찍고 오는 고위 인사분들이 있죠. 그러나 그런 분들을 비난하기에 앞서 당신은 고아원에 한 번이라도 간 적이 있나요?"라는 글을 봤습니다.

고객: 결정했으면 해야 해요. 도중에 결정이 바뀔 때도 있죠. 하지만 그때까지는 해야 하는 겁니다. 그러다 보면 습관이 되고, 그 습관이 힘이 됩니다.

필자: 저도 그렇게 해보겠습니다. 하다 보면 뭔가 되겠죠.

고객: 그냥 하세요. 아무리 훌륭한 믿음과 철학이라도 행하지 않으면 가치가 없습니다. 《Ping》이란 책에서 본 구절입니다. "To do is to be." 행하는 것이 곧 존재하는 것이라고 자신을 위해 뭔가를 하는 사람은 그 뭔가가 아무리 사소하더라도 인생을 가치 있게 사는 거라 생각합니다.

° 중도 얼굴이 깨끗해야죠

필자: 오래전 비구니 한 분이 오셨는데, 스님께서 오신 건 이번이 두 번째입니다.

고객: 요즘은 중도 점 빼고 얼굴이 깨끗해야 신도님들 보기에도 민망하지 않습니다.

필자: 스님들은 언제나 대중에게 좋은 말씀을 전하십니다.

고객: 중이라면 부처님의 말씀을 잘 전달하는 게 우선입니다. 대중을 상대로 너무 인생 상담에만 치우쳐서는 안 되겠죠.

필자: 목사님으로부터 비슷한 말씀을 들은 바 있습니다. 성경에 입각한 설교보다 재미와 기복을 위한 내용이 많아서는 곤란하다는 취지였습니다.

고객: 기독교 신자입니까?

필자: 교회에 가끔 나가는 엉터리 교인입니다.

고객: 가끔 나가는 이유가 있습니까?

필자: 엉터리 교인이기 때문입니다.

고객: 그 말이 그 말이네요. 괜히 물어봤습니다.

필자: 모친께서 원불교에 귀의하셔서 법당에서 불공을 드린 적이 있고, 종교에 관심이 있던 시절에는 관련 서적도 여러 권 봤었습니다.

고객: 책을 많이 읽는 것도 중요하지만, 반드시 실천이 따라야 합니다. 불교의 참 의미는 깨달음을 얻고 모든 중생을 제도하는 것이라 할 수 있습니다. 그런데 깨달음을 얻는 건 '아무것도 모름'에서 시작되는 법이며, 선(禪)과 고행을 통해 평생을 정진해도 어려운 일입니다.

필자: 마태복음에도 주님의 말씀을 들었으나 행하지 않는 자는 천국에 들 수 없다는 구절이 있습니다.

고객: 교회에서 무엇을 배웠습니까?

필자: 회개에 대해 배운 듯합니다.

고객: 자신을 돌아보는 것만큼 중요한 게 없죠. 그런 의미에서 많이 배운 겁니다. 불교에도 참회게라는 것이 있습니다. 참회란 지난 시절의 죄를 돌아보고 다시는 같은 죄를 짓지 않도록 다짐하는 건데, 깨달음을 얻는 과정도 이와 크게 다르지 않습니다.

필자: 모든 종교는 일맥상통하는 면이 있다고 생각합니다.

고객: 그러니 종교가 서로 배타적일 이유는 없습니다.

필자: 종교가 없는 사람이 종교인에 배타적인 경우를 자주 봅니다.

고객: 무의미한 일입니다. 종교인 중에 악한 사람이 있다고 해도 비종교인에 비하면 그 정도가 낮고, 참회할 줄 아는 교인이라면 악행 할 가능성이 크지 않습니다.

필자: 종교에 과학을 들이대기도 합니다. 예컨대 성경의 '홍수와 노아의 방주'가 실재했을 가능성이 있다는 주장을 들은 적이 있습니다만, 그런 논쟁 자체가 무슨 의미가 있겠습니까? 예수님의 부활이나 기적을 행하신 일들이 터무니없다는 주장도 받아들이기 어렵습니다. 믿음의 영역인 종교와 근거 중심의 과학은 애초에 전혀 다른 차원이자 비교의 대상이 아닙니다.

고객: 인간의 사랑, 슬픔 등을 과학적으로 입증하려는 것과 같죠.

필자: 창조론과 진화론 중 어느 게 맞느냐에 대해서도 동의하기 어렵습니다. 굳이 따지자면 둘 다 맞는 걸 형이상학과 형이하학을 서로 비교하여 옳고 그름을 판단할 수는 없습니다.

고객: 불교를 신앙이 아니라고 하는 사람도 있습니다. 신이 있다고 믿으면 신앙이고, 없다고 믿으면 신념이라고도 합니다. 아무려면 어떻습니까? 말장난에 불과하며 그나마 신념이라도 없으면 온갖 번뇌를 헤치기 어렵습니다.

필자: 신이 없다고 믿는 것도 믿음이라고 하더군요. 누구나 믿는 방식과 대상은 있을 겁니다. 다만 번뇌를 음주가무 등으로 해결하려는 사람도 있습니다.

고객: 일시적일 뿐입니다. 저라면 '내려놓음'을 택하겠습니다. 다만 이것도 쉽지 않아서 오랜 수행에도 만만히 얻어지는 게 아닙니다.

필자: 불교경제학이란 용어를 들었습니다. 욕심을 버리면 최소의 비용으로 최대의 만족을 얻는 경제학적 소비를 하게 된다는 겁니다. 스님께서는 내려놓음에 익숙하십니까?

고객: 이제 반쯤이나 그럴지 모르겠습니다.

필자: 현재에 만족해야 합니까?

고객: 어려운 문제입니다만, 현재에 만족하고 아무런 발전이 없으면 그 또한 공허할 겁니다.

필자: 부와 명예가 현저히 부족함에도 타인과 사회에 공헌하는 분들이 있습니다.

고객: 그런 분들은 이미 부처의 경지에 오른 겁니다.

필자: 그러면 불교에서는 어떻게 살라고 가르칩니까?

고객: 좋은 업(業, Karma)을 쌓아야지요. 불교에서는 열 가지의 좋은 업이 있다고 합니다. 보시, 도덕, 선정, 공손, 봉사, 공덕, 수희찬탄, 법을 듣는 것, 법을 전파하는 것, 자신의 견해를 똑바로 지키는 것 등이 그것입니다.[21]

필자: 열 가지가 너무 많게 느껴집니다.

고객: 한 마디로 축약한다면 옳은 일을 하라는 겁니다. 인간 내면에는 옳은 일을 하고자 하는 열망이 있습니다. 누구나 마음의 소리가 있어서 내가 해야 하고, 내가 하고 싶은 옳은 일이란 게 있기 마련입니다. 그걸 따르는 것만큼 중요한 게 없습니다.

필자: 성선설을 믿으십니까?

고객: 사람을 이분법으로 나누는 건 좋아 보이지 않습니다.

필자: 기독교에서도 성경 말씀에 따라 살라고 합니다.

고객: 어느 종교나 가르침은 비슷합니다만, 중요한 건 행(行)해야 한다는 겁니다. 깨달음을 얻는 것만으로는 부족하고, 그것을 옳

은 방향으로 행하는 것이 어떻게 살아야 하는지에 대한 답이 될 것입니다.

필자: 믿음은 행하는 데 주저함이 없도록 해줍니다.

고객: 실은 우리네 삶 자체가 믿음에서 시작하게 됩니다.

필자: 사도 바울이 생각납니다. 로마로부터 인정받은 엘리트 유대인으로서 전도양양한 미래와 부귀영화를 다 버리고 갖은 고초와 순교를 마다하지 않았던 그분의 고귀한 일생을 마주하면 눈물을 주체할 수가 없습니다.

고객: 붓다께서도 그러하셨죠. 자신의 부귀영화를 내려놓는 건 아무나 할 수 있는 게 아닙니다.

고객: 스님께서도 그러하지 않았습니까?

필자: 저는 미천해서 내려놓을 것도 없었습니다.

필자: 믿음이란 마음에서 생깁니까?

고객: 영혼에서 생긴다고나 할까요? 본래 마음은 오락가락을 잘해서 믿음의 기초가 되기 어렵습니다. 영혼이 혼탁한 사람도 많죠. 그런 사람은 대개 믿음이 생긴다 해도 혼탁한 믿음이기 쉽습니다.

필자: 일상생활에 지친 우리가 항상 영혼이 맑을 수 있습니까?

고객: 그러기에 우리는 따로 시간을 내서 수행해야만 합니다.

필자: 종교인이라면 기도나 수행을 합니다만 비종교인은 어떻게 해야 합니까?

고객: 명상이나 사색을 해야죠. 일기라도 쓰면 좋습니다.

필자: 스님들은 여유롭다는 느낌을 받습니다.

고객: 저도 미리 준비하고 천천히 살고자 합니다. 때로 급히 결정하고 급히 서둘러야 할 일이 있죠. 그러나 인생 전체를 보면 그런

일은 흔치 않습니다.

필자: 천천히 사는 것 또한 버림과 수행의 결과입니까?

고객: 그것도 연습하고 훈련해야 얻어지는 건 맞습니다.

필자: 자연에서도 바쁜 동물은 수명이 길지 않습니다. 느린 거북이가 100년 이상 오래 사는 반면 심장박동이나 행동이 빠른 동물은 오래 살지 못한다고 합니다.

고객: 사람도 마찬가지 아니겠습니까? 급한 사람이 스트레스도 많고 병에 더 취약할 겁니다.

필자: 요즘은 분명 살기 좋아졌는데 더욱 살기 어려운 이상한 현실에 놓여있습니다.

고객: 바쁘지 않으면 도태되는 삭막한 환경에 처한 거죠.

필자: 언젠가 휴일에 예술의 전당에 갔는데 거기서도 바쁜 사람이 많더군요.

고객: 일이 바쁜 건 할 수 없으나 쉬는 시간에도 그러하면 삶이 피곤해질 뿐입니다.

필자: 한국인은 '바쁘다', '빨리빨리'가 입에 뱄고 여유가 없어 보입니다. 신호등이 켜지기가 무섭게 뒤 차에서 경고음이 날아들고, 종일 휴대폰이 울려댑니다.

고객: 미국에도 명상실을 둔 회사가 있다고 하고, 일 자체에서 자기 성찰을 추구하는 사람이 많아진다고 합니다. 그런 게 본래 동양적 가치입니다만 뭔가 뒤바뀐 느낌입니다.

필자: 여유로운 시간에 생각이 깊어지면 가끔 삶이 허무하게도 느껴집니다.

고객: 그런 말을 하면 죽비로 맞을 수 있습니다. 시간 날 때 허튼 생각에나 몰두하기에 허무해지는 법입니다.

필자: 그러면 행복은 무엇입니까?

고객: 행복을 얻는 방법에는 여러 가지가 있습니다만, 옳은 일을 하라고 말씀드렸습니다. 그러면 또한 행복해지는 법입니다.

° 죽고 싶었습니다

필자: 섬뜩합니다. 아무리 어려워도 해서는 안 될 말입니다.

고객: 대기업에 자동차 부품을 납품하는 회사를 운영했었죠. 잘 나갔습니다. 그런데 자동차가 전자화되면서 그 부품이 필요 없게 되고 하루아침에 쫄딱 망했습니다. 그나마 공장 땅을 팔아서 빚 갚고 남은 돈은 있었죠. 그것도 당시로는 큰돈이었는데, 마침 친구가 서울 인근에 큰 상가건물을 짓는다고 해서 투자하게 됐습니다. 그런데 그 친구가 어느 날 갑자기 사라졌더군요. 공사 현장에 가봤더니 빈 땅에 몇 가지 자재만 널브러져 있었습니다. 2년만 지나면 분양해서 큰 수익이 된다는 친구의 말을 믿은 게 큰 실수였죠. 백방으로 헤매며 친구를 찾았는데 자기도 피해자라는 말만 들었습니다. 고소해도 소용이 없더군요. 집행유예를 받더니 이후로는 얼굴도 못 보고 내 돈은 찾을 길이 없었습니다. 아내와 딸 둘을 데리고 낮에도 빛이 잘 안 드는 반지하로 이사 갔는데 그저 죽고만 싶었습니다. 그때부터 안 해본 일이 없었습니다. 번듯한 회사 사장이었던 제가 말입니다. 그나마 아내와 밥집을 할 때가 수입이 가장 좋았으나 형편이 나아질 기미는 보이지 않았습니다. 원망도 많이 했습니

다. 그러던 어느 날 이웃의 권유로 아내와 함께 처음으로 교회라는 데에 나갔는데, 바로 그날 목사님의 말씀으로 인해 제 인생이 송두리째 바뀌게 됐죠. 말씀은 어느 사형수의 얘기였습니다. 사형을 하루 앞둔 죄수의 방에 한 목사가 방문했습니다. 그런데 그 상황에서 어느 설교라도 죄수의 귀에 들어오겠습니까? 안타까운 마음에 목사가 방에 성경책을 두고 갑니다. 그날 밤, 잠을 이룰 수 없었던 사형수가 우연히 성경책을 들고 읽기 시작했습니다. 그렇게 밤새 성경을 읽고는 아침이 되어 간수와 함께 사형장으로 가던 중, 문득 사형수가 잔뜩 미소를 머금은 평안한 얼굴로 간수에게 말합니다. "이보세요. 예수님 믿으세요."

필자: 믿음은 죽음을 목전에 둔 사람에게도 미소 짓게 하네요.

고객: 내용이 사실에 기반한 건 아닐 겁니다. 그러나 그 말씀은 제게 구원의 손길이었습니다. '난 그래도 사형수는 아니지 않던가?'라고 생각하니 감사하더군요. 그렇게 감사를 배웠습니다. "항상 기뻐하라. 쉬지 말고 기도하라. 범사에 감사하라." 사도 바울의 서신이라고 알려진 데살로니가전서의 말씀입니다.

필자: 혹독한 고초를 겪으면서도 얼마나 복음과 전도에 기뻐하고 감사했기에 그런 글을 남겼겠습니까?

고객: 나를 돌아보게 됐죠. 세상에는 곤경에 처한 사람이 많습니다. 아니, 누구나 곤경에 처하며 그에 따라 삶을 포기하려는 사람도 있습니다. 그러나 하나님께서는 그런 고난을 준 이유가 다 있는 것이며, 또한 고난을 헤칠 힘도 함께 주십니다. 그러니 하나님께서 하라는 대로 감사히 받아들이고 변화하면 되는 겁니다. 제 경우만 봐도 그렇더군요. 고난이 결코 삶의 전부가 아닙

니다.

필자: 어려움조차 감사할 줄 아는 게 믿음 없이 가능한 일이겠습니까?

고객: 실은 우리가 그냥 지나치는 일상이 감사의 연속입니다. 제가 안 해본 일이 없었다는 것도 돌아보니 또한 감사한 것이었습니다.

필자: 감사한다는 건 마음을 비운다는 뜻일 겁니다. 반면 감사하지 못하면 뭘 자꾸 가지려 하고 채우려 합니다.

고객: 감사할 줄 아는 사람이야말로 철이 들었다고 합니다. 그러니 매사에 여유롭고 잘 웃기도 합니다. 주일에 예배드리고 나면 환하게 웃는 사람이 대부분인 이유입니다.

필자: 감사할 줄 모르는 사람은 매사에 불만인 걸 웃음이 나올 리가 있겠습니까?

고객: 본래 인간은 나약함에도 교만하고, 타성에 젖어 게으르고, 혼자의 힘으로 의지를 갖기 어렵습니다. 제가 딱 그랬으니까요.

필자: 하나님 믿고부터 그와 반대로 겸손하고 부지런하고 든든한 후원을 얻으신 거네요.

고객: 다 믿음이 준 선물입니다. 우리는 하나님의 믿음 속에 살아야 합니다. 그것만이 구원의 손길이며, 하나님의 영원한 사랑으로부터 비로소 자신의 존귀함을 찾을 수 있게 된다고 생각합니다.

참고문헌

1 《미움받을 용기》, 기시미 이치로/고가 후미타케, 인플루엔셜, 2014.

2 《도대체 왜 나는 이럴까》, 김현옥, 그물, 2012.

3 《생각한다는 착각》 닉 채터, 웨일북, 2021.

4 《인간은 왜 늙는가》, 스티븐 어스태드, 궁리, 1999.

5 《이주헌의 프랑스 미술 기행》, 이주헌, 중앙M&B, 2001.

6 《20세기 문화지형도》, 코디 최, 컬처그라퍼, 2011.

7 《먼 나라 이웃 나라, 프랑스》 이원복, 김영사, 2001.

8 《공자가 죽어야 나라가 산다》, 김경일, 바다출판사, 1999.

9 《체 게바라 평전》, 장 코르미에, 실천문학사, 2001.

10 《서양 정치철학사 3》, 레오 스트라우스/조셉 크랍시, 인간사랑, 2007.

11 《군주론》, 니콜로 마키아벨리/서정태 엮음, 소울메이트, 2013.

12 《먼 나라 이웃 나라, 도이칠란트》, 이원복, 김영사, 2001.

13 《회사를 그만두고 성공하는 50가지 방법》, 혼다 신이치, 인터, 2006.

14 《세이노의 가르침》, 세이노, 데이원, 2023.

15 《철학과 굴뚝청소부》, 이진경, 그린비, 2004.

16 《곁에 두고 읽는 니체》, 사이토 다카시, 홍익출판사, 2015.

17 《지혜를 얻는 철학여행》, 안재훈, 새날, 1998.

18 《마흔에 읽는 쇼펜하우어》, 강용수, 유노북스, 2023.

19 《칼 마르크스》, 이사야 벌린, 미다스북스, 2012.

20 《안토니오 그람시》, 김현우, 살림, 2005.

21 《쉽게, 깊이 읽는 불교입문》, 나라다스님, 숨, 2000.

다음은 이 책을 쓰는 데 도움이 됐던 도서들입니다.
대부분 쉽게 읽을 수 있는 교양서적들이니 일독을 권합니다.

- 《수명의 비밀을 벗기는 5가지 열쇠》, 가와사마 세이이치로, 중앙일보MI, 2003.
- 《내 몸 다이어트 설명서》, 마이클 로이젠/메멧 오즈, 김영사, 2008.
- 《프랑스 문화 예술 기행》, 조화림/강경란/김덕수/서영민/유지은, 소리내, 2018.
- 《지중해 문화 기행》, 이희수, 일빛, 2004.
- 《유럽, 그 지독한 사랑을 만나다》, 김솔이, 이가서, 2006.
- 《혁신의 탄생》, 가토 데쓰오, 에이지21, 2012.
- 《몰입의 즐거움》, 미하이 칙센트미하이, 해냄, 1999.
- 《인도에 대하여》, 이지수, 통나무, 2002.
- 《고민하는 힘》, 강상중, 사계절, 2008.
- 《103인의 현대사상》, 김우창/유종호/도정일/김상환/김성기/이정우/임경순 엮음, 민음사, 1996.
- 《달라이 라마의 행복론》, 달라이 라마/하워드 커틀러, 김영사, 2001.
- 《살아있는 것은 다 행복하라》, 법정잠언집/유시화 엮음, 조화로운 삶, 2009.
- 《술 취한 코끼리 길들이기》, 아잔 브라흐마, 이레, 2008.
- 《진리 청바지》, 김창호 엮음, 웅진지식하우스, 2006.
- 《당신에겐 철학이 있습니까?》, 박이문, 미다스북스, 2006.
- 《강철의지》, 오리슨 스웨트 마든, 오늘의책, 2010.
- 《30년만의 휴식》, 이무석, 비전과리더십, 2007.
- 《살아있는 동안에 한 번은 꼭 해야 할 것들》, 박창수, 새론북스, 2018.
- 《느리게 산다는 것의 의미》, 피에르 쌍소, 현대신서50, 2000.

나는 오늘도 인간을 진단한다

초판 1쇄 발행 2025년 12월 22일

지은이 조항준
펴낸이 류태연

펴낸곳 렛츠북
주소 서울시 영등포구 문래북로 116, 1005호
등록 2015년 05월 15일 제2018-000065호
전화 070-4786-4823 | **팩스** 070-7610-2823
홈페이지 http://www.letsbook21.co.kr | **이메일** letsbook2@naver.com
블로그 https://blog.naver.com/letsbook2 | **인스타그램** @letsbook2

ISBN 979-11-6054-789-4 03190